钱学森 中国星

杨照德　熊延岭 ◎ 著

上海交通大学出版社
SHANGHAI JIAO TONG UNIVERSITY PRESS

内 容 提 要

　　本书是"钱学森与中国航天"课题组的最新研究成果之一。作者是曾经长期在钱学森身边学习和工作的老科技工作者。本书通过大量的采访和个人回忆,搜集了有关钱学森与中国卫星事业发展的第一手资料,完整记录了中国卫星事业在钱学森的指导、关心下从无到有,从弱到强的不凡历史历程。

　　本书有助于普通读者了解钱学森与中国卫星事业发展的那段光辉的历史。

图书在版编目(CIP)数据

　　钱学森　中国星 / 杨照德,熊延岭著. —上海:上海
交通大学出版社,2012
　　ISBN 978 - 7 - 313 - 09125 - 3

　　Ⅰ. ①钱… 　Ⅱ. ①杨…②熊… 　Ⅲ. ①钱学森
(1911~2009)-生平事迹 　Ⅳ. ①K826.16

　　中国版本图书馆 CIP 数据核字(2012)第 247126 号

钱学森　中国星

杨照德　熊延岭　著

上海交通大学 出版社出版发行
(上海市番禺路 951 号　邮政编码 200030)
电话:64071208　出版人:韩建民
上海交大印务有限公司印刷　全国新华书店经销
开本:787mm×1092mm　1/16　印张:21.75　字数:266 千字
2012 年 12 月第 1 版　2012 年 12 月第 1 次印刷
印数:1~3030
ISBN 978 - 7 - 313 - 09125 - 3/K　定价:49.00 元

告读者:如发现本书有印装质量问题请与印刷厂质量科联系
联系电话:021 - 54742979

引　言

铺路者的足迹

　　钱学森,1911 年 12 月 11 日出生于上海,祖籍浙江省杭州市。1923 年 9 月,进入北京师范大学附属中学学习。1929 年 9 月,他怀着科学救国和振兴中华的远大理想,以优异成绩考入交通大学机械工程系。他在刻苦钻研专业知识的同时,深入思考国家和民族的前途与命运。1934 年 6 月大学毕业后,他考取清华大学公费留学生。1935 年 9 月,他进入美国麻省理工学院航空系学习,获航空工程硕士学位,此前曾到杭州笕桥飞机场和南京、南昌飞机修理厂实习一年。1936 年 9 月,他转入美国加州理工学院航空系,在世界著名力学大师冯·卡门教授指导下,从事航空工程理论和应用力学的学习研究,先后获航空、数学博士学位。

　　天资聪慧、受过严格的家庭和学校教育、勤奋好学、勇于开拓的钱学森在美国显示出令人瞩目的才华。他在冯·卡门工程科学思想的影响下,自己总结二战中雷达、原子弹等提高综合国力的经验,从中看到了技术科学是一个国家从贫穷走向富强的关键。在美国长达 20 年的时间里,他在科学理论和工程设计两方面都取得了飞速的进步,始终如一地以推动航空和航天新技术的发展为目标,努力探索科学与技术最前沿的问题。早在 1937 年从事博士论文研究的同时,他就参加了由同学弗朗克·马林纳组织并得到冯·卡门支持的火箭技术研究小组,他对火箭研究中的诸多理论问题,如燃烧室中的温度、火箭的理想效率、燃烧产物膨胀不足和过度膨胀对火箭的影响、燃烧喷嘴设计、发动机推力计算等,进行了成功的研究,解决了火箭设计中的许多理论问题。该小组后来发展成为美国火箭研究的中坚力量,即当今世界遐迩闻名的喷气推进实验室。

钱学森在第二次世界大战结束前夕,参加了由冯·卡门为团长的美国科学咨询团,并于1945年5月赴欧洲考察,特别了解德国在航空和火箭方面的新进展。他作为咨询团的核心成员,在哥廷根大学见到了冯·卡门的老师普朗特,并与冯·卡门一起代表战胜国方审问代表战败国方的普朗特及冯·布劳恩等,掌握了当时德国飞机和火箭技术已经走在美国前面的准确情况和大量第一手资料,并写出了若干颇有见地和深度的考察报告,全面展现了他的过人才华。回到华盛顿后,咨询团写出了著名的《迈向新高度》的研究报告。该报告共九卷,其中3、4、6、7、8卷中的部分出自钱学森之手,它成为美国导弹发展的规划蓝图,并为美国后来20～50年空军发展指明了方向。美国专栏作家密尔顿·维奥斯特曾写道:"钱(学森)是帮助美国成为世界第一流军事强国的科学家银河中的一颗明亮的星。"[1]

在20世纪30年代,火箭在技术和理论上都是很不成熟的,并且由于常常和科幻小说中的登月和宇宙航行相联系,而被蒙上了一层神秘的外衣。当时还很年轻的钱学森勇于向未知挑战,选择它作为严肃的科学研究对象,这些都需要有持之以恒的动力,和献身于科学工程与技术创新的精神。

在美国学习和工作期间,他始终心系祖国,密切关注国内局势变化,希望能早日报效祖国。1948年,他为了准备回国,退出美国空军科学顾问团,辞去海军军械研究所顾问职务。新中国成立后,他回国

---

[1] 叶永烈:《钱学森》,上海交通大学出版社,2010版,第1页。

的心情更加迫切。1950 年夏,为了顺利返回祖国,他向加州理工学院提出回国探亲,但临行前被以莫须有的罪名拘捕,遭受无理羁留达 5 年之久。他不屈不挠地斗争,在毛泽东、周恩来等党和国家领导人的亲切关怀下,经过我国政府的严正交涉和国际友人的热心帮助,冲破重重阻力,于 1955 年 10 月回到祖国,并立即投入到新中国建设的热潮中。

1956 年,钱学森起草了《建立我国国防航空工业的意见书》,并积极参与制定新中国第一个长期科技发展的规划《1956 年至 1967 年科学技术发展远景规划的纲要》的工作,将喷气技术火箭导弹事业纳入了国家长远发展规划,勾画了这一尖端技术的发展蓝图,对推动航天事业发展起了重要作用。

1956 年 1 月,钱学森担任中国科学院力学所所长;10 月任国防部五局第一副局长、总工程师兼国防部第五研究院院长;1965 年 1 月,钱学森任第七机械工业部副部长,主持制定了《火箭技术(1965～1972)发展规划》;1968 年 2 月,他兼任新成立的中国空间技术研究院院长。钱学森指导并开创了中国的空间事业,主持了我国第一颗人造卫星的研制和发射工作,培养了我国第一代人造卫星技术专家,规划了我国空间技术的发展,推进了我国空间事业成功起步和快速发展。中国的空间科学技术成就举世瞩目,从无到有,从小到大,一步一个脚印,一步一个台阶,跨过了近地轨道、太阳同步轨道、地球同步轨道三个发展阶段。东方红卫星太空奏乐,神舟飞船返回大地,嫦娥奔月成功,实现了中华民族几千年的飞天梦想。

钱学森,他的名字将永远镌刻在中国空间事业这座丰碑上,与日月同辉,与祖国同在。他被国务院、中央军委授予"国家杰出贡献科学家""两弹一星元勋",其经历岂止是不同寻常,更多的是给人们以深刻的启示。他的名字与中国航天的许多第一联系在一起,在他的名字的背后,有主席、总理、元帅和将军们强有力的支持,他还有一个伟大的名字——人民科学家。

　　水有源,树有根。今天中国卫星的基础是靠老一代科学家用心血、青春奠定的。钱学森在中国卫星史上竖起了一座丰碑。中国航天事业靠着一代又一代航天人的勇气和智慧,铸就了今日的辉煌。

　　作为亲历了共和国航天事业从艰难起步到今日腾飞的航天工作者,我们每当回首钱学森与中国卫星时,许多激动人心的场面历历在目。用文字去追忆钱学森,听到的是进军的号角;用语句去叙述钱学森,看到的是春天的绚烂;用阅读去触摸钱学森,感到的是民族精神。钱学森,携着科技的雷霆,挟着创新的电光,一路驰骋。历史留给我们的不仅仅是钱学森在中国卫星上的光辉成就,更是他的无穷智慧和思想……

目　录

第一章
海外归来描绘宏图

中国卫星从中关村起步

中华民族在人类发展的历史上,曾创造过灿烂的古代文明。众所周知,中国是火箭的故乡,中华民族是龙的传人。可是鸦片战争中,火箭故乡却遭到了英国侵略军的库格里夫火箭的轰炸。处在战争状态下的旧中国,国民经济遭到严重破坏,生产力得不到发展,科技工作缺乏起码的物质条件,研究力量十分薄弱,不少爱国科学家空有发展中国现代科技良好的愿望,却难以发挥自己的聪明才智。

1935 年 8 月,钱学森从上海坐美国邮轮公司的船只赴美留学。当时他的心情是:中国混乱而落后,先赴美学习先进科学与技术,日后回来为祖国效劳。

钱学森虽然远在大洋彼岸,在科学道路上攀登着,但他并不是一个完全脱离尘世的探求者。从只身漂洋过海的闯荡到功成名就之后的奔波,他目睹了美国社会的一幕幕悲喜剧,目睹了外国移民或"二等公民"在这里的境遇。直到 20 世纪 20 年代美国仍存在歧视华人的排华法。中国有过辉煌灿烂的文化,近 100 年来它所蒙受的屈辱和盘剥,在每个中国人的心灵中都留下了极深的烙印。钱学森越来越感到不安宁,他怀念祖国,祖国大地发生的每一件事、每一个微小的变化,他都留心关注着、思索着。他受教于世界航空理论权威冯·卡门,以空气动力学和超音速飞行的科学成就享誉世界,曾是美国麻省理工学

1935年9月3日,21名赴美留学的中国学生在杰克逊总统号邮轮即将到达西雅图时的合影,舷梯末排右一为钱学森

院最年轻的终身教授,面对个人的卓越成就,他却说:

> 我在美国前三四年是学习,后十几年是工作,所有这一切都在做准备,为的是日后回到祖国后能为人民做点事,因为我是中国人。

1948年,祖国解放在即,钱学森开始准备回国。他与留美爱国知识分子经常以舞会、酒会的形式相聚、交流,讨论国内时局。上海解放了,从中国传来的令人振奋的消息,在美国华人中迅速传播开来。

1949年3月,中共中央迁到北平,立即着手组建新的中国人民政治协商会议,拟定"共同纲领",筹建中华人民共和国。1949年5月,由中国科学社、中华自然科学社、中国科学工作者协会以及东北自然科学研究会四个团体联合发起成立全国自然科学工作者代表会议的筹备会的促进会在北平召开。5 月 20 日,钱学森收到美国芝加哥大学金属研究所副教授研究员、留美中国科学工作者协会美中区负责人葛庭燧的来信;信中同时转来 1949 年 5 月 14 日曹日昌教授(中共党员,当时在香港大学任教)写给钱学森的信,转达即将解放的祖国召唤他回国服务,领导新中国航空工业建设之切切深情。这时钱学森还看到周培源写给林家翘的信,得知解放前夕解放军占据北平西郊的良好状况;也见到加州理工学院的研究生罗沛霖,他亦认为钱学森回国为祖国服务的时刻到了。钱学森加紧了回归祖国的准备。

1949 年 9 月,在全国政治协商会议上拟定的"共同纲领"第四十三条是:"努力发展自然科学,以服务于工业、农业和国防建设,奖励科学发现和发明,普及科学知识";第四十四条是:"提倡用科学的、历史的观点,研究和解释历史、经济、政治、文化及国际事务,奖励优秀的社会科学著作";第四十二条上还把"爱科学"规定为国民公德的"五爱"之一。① 这些实际上为新中国发展科学确定了基本方针。1949 年 10 月 1 日中华人民共和国正式成立的消息传到美国,钱学森和大多数爱国的中国留学生一样,深感中国有了新的希望。

1949 年 10 月 19 日,中央人民政府委员会第三次会议通过任命历史学家、考古学家、文学家郭沫若为中国科学院院长的决议。10 月 31 日,中央人民政府主席毛泽东向郭沫若颁印。11 月 1 日,中国科学院正式成立,归政务院领导,它标志着中国科学事业开始进入一个新的历史时期。中国科学院是全国性机构,不仅领导本院科学家,而且担负着关心和指导全国科学工作的任务;此外,还要积极争取和协助在国外的科学家回国参加建设。

1949 年 12 月 21 日晚 7 时,竺可桢、陶孟和以及涂长望夫妇,到中南海参加中苏友好协会举行的庆祝斯大林七十华诞晚会,郭沫若夫妇

---

① 钱临照,谷羽主编:《中国科学院》上,当代中国出版社,1994 年版,第 11 页。

也来到了会场。晚会中间,竺可桢、涂长望和郭沫若商量,怎样吸引海外的留学生回国参加祖国建设。涂长望说,在美、英、法等国的留学生中,有中国科学工作者协会的分会,大约有三分之一的留学生参加了这些组织。涂长望进一步提议:可以通过这些组织开展工作。郭沫若表示赞成,并说,我们可以以领导机关负责人的身份,向他们发出号召书,算是有凭有据的邀请。此后,郭沫若便以政务院副总理兼中国科学院院长的名义,写了致各国留学生、学者的号召书,涂长望亦以气象局局长的名义写了号召书,号召海外学子回国,参加新中国的建设事业。郭沫若还采纳了涂长望的建议,与教育部领导商定,由教育部授权在各国的中国科协分会代发回国证件,英国领事馆根据这些证件签发经香港入境的手续。这样,就为留学生回国安排了具体而可行的通道。然而,由于美国法律限制外国团体在美国设立分支机构,因此,留美中国科学工作者协会与中国科协无隶属关系,但尚有工作联系,实际上也起到了分会的作用。他们通过聚会和办刊物等方式,介绍新中国情况,发动留学生、学者回祖国参加建设,并出具介绍回国的证明,在协助留学生回国方面发挥了重要作用。如地质学家李四光经过艰苦历程,终于在 1950 年 5 月回到祖国;数学家华罗庚、物理学家葛庭燧、曹日昌、李薰以及叶笃正、谢义炳、王希季等一大批科学家冲破重重阻挠,克服种种困难,陆续回到祖国的怀抱,参加到新中国宏伟事业的建设中。

　　然而,自 1950 年 6 月 25 日美国发动侵略朝鲜的战争之后,中国留美科学家回国的势头便被扼杀了,美国非美活动委员会①的特务加强了对中国留学生、学者的控制和迫害,特别是留美科学协会会员,被列为重点对象。1950 年 9 月 12 日,核物理学家赵忠尧、沈善炯、罗时钧三人,自美归国途经横滨时被驻日美军扣押;大致与此同时,正欲归

---

① 1938～1969 年,美国国会众议院设立的反共、反民机构。

1950 年,钱学森在美国联邦调查局和移民局联合召开的听证会上接受审查

国的钱学森亦在美国遭到拘禁,这导致他在 20 世纪 50 年代初期未能如愿返回祖国。

　　早在中国科学院成立之初的 1949 年 11 月,钱三强以中科院计划局名义与吴有训讨论中国物理学研究机构设立问题时,吴有训对中科院设立近代物理所和应用物理所提出了建设性意见。他还特别建议中科院设立数学及应用数学研究所筹备处和工程科学研究工作筹备处,以招揽钱学森、林家翘、陈省身等旅美学者回国工作。他是新中国第一个主张中国科学院专门为钱学森等旅居国外的中国科学家预设研究机构,用虚位以待的诚心召唤他们归国服务的人。他的这些高瞻远瞩的意见得到了政府有关部门的高度重视。1950 年 7 月初,李四光为使在美国的钱学森安全回国,和陶孟和、竺可桢共同给钱学森发电报要他先去欧洲。7 月 15 日,收到中共中央统战部秘书处来函说:"钱学森因时间匆促,实在来不及去欧洲,又因环境上的困难不便回电,计划已决定,回国之期不远,因此代致意迄为转达为感。"

　　为了援救被扣押的钱学森、赵忠尧等中国科学家,中华人民共和国总理兼外交部长周恩来发表严正声明。1950 年 9 月 24 日,李四光以中华全国自然科学专门学会联合会主席名义,发表《抗议美帝非法拘捕我科学家钱学森等》的声明。郭沫若以中国保卫世界和平大会委员会主席的身份,于 1950 年 9 月 25 日致电世界和平大会主席居里博士,抗议美国无理拘捕钱学森。1950 年 9 月 30 日,吴有训和首都科学教育界严济慈、曾昭伦、钱三强等 189 名科学家,联名抗议美国政府无理扣押钱学森、赵忠尧,并向全世界控诉这一侵犯人身自由的暴行。在签署了对美国政府的抗议书之后,吴有训即与副所长钱三强联合致信郭沫若,说明赵忠尧是物理所研究员,在被美军扣押期间,院方应给其家属发放生活补助费,并建议对钱学森的家属也应采取相应措施。郭沫若院长随即主持科学院院务会议,经讨论决定,认定赵忠尧是近代物理所研究员,从 9 月 1 日起按照中国科学院一级研究员的现行工资标准,给其家属按月发放其工资总额 70% 的救济金;从 10 月份开始,新聘任钱学森为中国科学院研究员,也以同一标准给其家属发放救济金。

　　这项决定的重要意义是不言而喻的。对于当时的中国来说,赵忠尧和钱学森实在是太宝贵了。赵忠尧是中国第一位加速器专家;钱学森则是航空火箭技术的国际翘楚,当时空气动力学界找不到第二个能与之比肩的人。有了他们二位,无疑将使中国科学技术如虎添翼。这是一种政治姿态,它表明新中国永远是海外学子的坚强后盾。过去,国民党政府腐败无能,在国际形势风云变幻的危难时刻,往往顾及不了广大海外学者的安危;而现在,共产党能够及时给遇难学者送一份温暖,这无疑对海外学子产生一股强大的感召力。甚至,这对于国内学者,也不能不说是感情上的慰藉——共产党和人民政府是可亲可靠的。

　　在 1950 年至 1955 年钱学森争取回国的这段时间里,因受特务监视,他失去了人身自由,这给了他巨大的精神压力,社会活动和学术活动也很少参加。他在加州理工学院将精力全都放在教书和研究工作

钱学森一家启程回国时,在克利芙兰总统号
轮船的甲板上留影

上。环境的险恶并没有吓倒这位执著的科学家,他以坚强的毅力和非凡的才华,在工程控制论和物理力学两个领域,又取得了开创性的研究成果。这期间,中美两国政府之间在日内瓦曾就双边关系和平民回国问题举行了多次大使级会谈,促使美国政府于 1955 年 4 月间宣布取消扣留中国留学生的法令,使一大批留美学者启程回到了祖国。但钱学森仍被扣留,当中国谈判代表问及此事时,美国代表无法置辩,只好推说钱学森本人不愿

回国。1955 年 6 月,钱学森在一封家书中夹带了一封写给当时全国人大常委会副委员长陈叔通的短信,请求人民政府帮助他早日回归祖国。1955 年 8 月 1 日,中美大使级会谈在日内瓦举行,周恩来总理立即指示王炳南大使,以钱学森这封信为依据,与美方进行交涉和斗争。同时,为缓和关系,中国政府也决定提前释放在朝鲜战场俘获的 11 名美国飞行员。最后美国政府只得于当年 8 月 5 日通知钱学森可以回国。

1955 年 9 月 15 日上午,中国科学院办公厅主任秦力生通知吴有训副院长,钱学森即将启程回国,请他考虑钱学森的工作安排,吴有训高兴得两眼放光,紧紧握住秦力生的手说:"好啊! 老秦,非常感谢你给我带来这么好的消息,今天中午我请客,庆祝中国航空和火箭技术事业的诞生!"在当天中午的宴席上,吴有训又禁不住绘声绘色地把钱学森在美国的工作和他在世界上的重大影响,向郭沫若、李四光、张稼夫、陶孟和以及秦力生等人详细地讲述了一遍(竺可桢副院长因出差在外,故未出席)。由于他的情绪太激动,嗓音太高,大有"泄密"的危险,弄

得张稼夫不得不几次笑着提示他："吴老、吴老，请小声点，慢慢说。"

1955年9月22日，代表中国科学院前往深圳专程迎接钱学森的全国科普协会常委朱兆祥向吴有训请示有关事宜。吴有训当即将他与钱三强联名写的一封慰问信交给了朱兆祥，并请他在回来的路上转告钱学森，中国科学院已决定请他来院创建力学研究所，并出任所长；以钱伟长在数学所建立的力学研究室为基础，并由钱伟长任副所长。吴有训还特别提示，他个人的意见是，请钱学森先到科学院工作，暂时不要到国防部门去，这样在国际上的影响会更好些。

1955年10月8日，对于钱学森来说，这是历史性的一天。上午，钱学森一家乘坐"克利夫兰总统号"邮轮从美国到达香港九龙；中午，跨过罗湖桥，抵达深圳；晚上，到达广州。周恩来总理得知钱学森平安归来，打电话给广东省委书记兼省长陶铸，并指示：要好好接待钱学森。陶铸会见了钱学森，并安排他在广州参观访问。陶铸向钱学森介绍了祖国各地和广东省各项建设事业欣欣向荣的景象，令他耳目一新。为此，他在新华书店专门买了《中华人民共和国第一个五年计划》和《中华人民共和国宪法》等小册子，认真阅读和学习。钱学森一家于10月13日到达上海，参观了母校交通大学，拜会了老师和朋友，在回杭州老家探亲以后，又匆匆乘火车前往北京。

1955年10月28日上午，钱学森一家抵达北京。中国科学院副院长吴有训和著名科学家华罗庚、严济慈、周培源、钱伟长、赵忠尧等二十多人，到北京前门车站欢迎。10月29日清晨，钱学森自己迫切要做的一件事，就是带领全家来到天安门广场。作为"老北京"的钱

1955年10月28日，钱学森到达北京，中国科学院副院长吴有训等前来迎接

学森,曾多次来到这里,然而如今展现在他眼前的是,五星红旗高高飘扬,天安门城楼正中挂着毛泽东主席画像。钱学森满怀深情地说:"我相信一定能回到祖国,现在我终于回来了。"接着,钱学森拜访了中国科学院院长郭沫若、副院长张稼夫和吴有训。11月1日郭沫若举行宴会,欢迎钱学森归来。席间,吴有训向钱学森正式通知了由他牵头组建中国科学院力学研究所。1956年1月5日力学研究所正式成立,钱学森任所长,钱伟长任副所长。从此,钱学森便在北京西郊中关村安家立业。

中关村位于北京城西约八公里处。它与清华大学、北京大学相邻,形成了中国科学文化的中心。1949年新中国刚刚建立不久,中关村便迎来了以华罗庚为代表的一大批著名科学家和学者。

1950年6月,在中国科学院第一次院务扩大会议上,宣布首批研究机构成立,并确定了基础科学、新兴技术、国民经济和国防建设重大综合研究方向。在建立初期的1950年,只有21个独立单位,在职人员575人,其中科研人员316人,高级研究人员172人。1950年8月,中国科学院选址,由科学院办公厅主任严济慈、计划局局长钱三强,会同清华大学建筑学家梁思成等人研究,并多次实地考察,经综合比较选定了一块风水宝地,报经郭沫若审批后,确定邻近清华大学和燕京大学所在的中关村一带为新的院址。

中关村位于北京西郊的海淀,这里早在元朝初年还是一片沼泽,只有少数居民。当时海淀一带的地下水非常丰富,遍地沼泽,处处有泉。玉泉山是最有名的山泉,泉水经青龙桥入淀,名北淀(北海淀)。南淀之水发源于巴沟村东南,这里有万泉之称,亦称南淀(南海淀)。北淀之水流入清河;南淀之水流入"御河",达白石桥,最后与高粱河会合,经积水潭,流入通惠河。由于海淀多水多泉,远借苍翠西山,层峦叠嶂,风景十分优美,明代便有人在这里兴建庭院。在北海淀兴建的"清华园"亦称李园,园中央建有"海棠",匾额上写着"清雅"二字。园内培植了大面积名贵花卉——牡丹,又称"花海",是当年西郊的一大名园。1909 年 7 月,清政府设立游美学务处,同时筹设游美肄业馆,8 月,原皇室赐园——清华园被拨给了游美学务处,作为游美肄业馆的馆址。1911 年 2 月游美学务处和筹建中的游美肄业馆迁入清华园,同时更名为清华学堂。该年——1911 年被定为清华大学的历史发源年。清华学堂以"培植全才,增进国力"为宗旨,以"进德修业、自强不息"为教育方针。由于自建校起就一直与民族兴衰紧密联系在一起,振兴中华的强烈愿望始终鞭策着清华师生发奋图强,因而这一时期的清华学子笃志求学并学有所长,日后终于成为我国各行各业的"领袖人才"。

1951 年 2 月,中国科学院决定近代物理研究所(吴有训兼任所长)、社会研究所(陶孟和兼所长)等单位在中关村征地并于年底开工建设。1954 年 1 月,近代物理研究所大楼在中关村建成,中国科学院应用物理研究所(严济慈兼所长)第一个入驻中关村。随后,力学研究所、计算技术研究所、自动化研究所、生物物理研究所、化工冶金研究所等科研大楼亦相继拔地而起,相关人员及科研设施陆续迁入,形成了我国科研、教育力量最为集中、研究设施最为庞大先进的区域。1955 年中国科学院学部宣告成立,这里集中了全国各地区、各部门最优秀的科学家,他们不仅参与了中国科学院学术领导工作,而且共同担负起发展和繁荣中国科学事业的伟大重任。

钱学森在担任力学研究所所长之后,被安置在预留已久的中关村宿舍特字 1 号楼(即现在的 14 号楼)西边单元二楼居住;与他家一墙之隔的东边单元二楼,住的是钱三强、何泽慧一家。在当时科学院的事业经费和基本建设费相当紧张的情况下,为了安置好著名科学家和从海外归来的学者,科学院领导决定优先在中关村宿舍区盖起一批特字楼、甲字楼与乙字楼。起初,楼号按照建筑的先后顺序编排。但在1960 年年底海淀区政府批准中关村宿舍区为独立社区建制后,又将

楼号重新统一编排,按照顺序,特 1 楼改为 14 楼;特 2 楼改为 15 楼;
郭永怀、杨嘉墀、屠善澄等居住的甲 26 楼改为 13 楼。曾先后在中关
村宿舍区居住过的还有赵九章、贝时璋、陈芳允、钱骥、王大珩、顾德
欢、华罗庚、关肇直、金建中、林兰英、杨南生、陆元九、陆绥观等老一辈
科学家。

钱学森回国后在中关村的住所 14 号楼

　　中关村,新中国科技发展的摇篮,中国空间科学技术的主战场;中
关村,以独特的传承见证了民族科技的辉煌,它是以创新追逐梦想,以
奉献智慧推进人类文明的科学殿堂;中关村,这片燃烧理想与激情的
沃土,留下了众多拓荒者的足迹,为了中国的航天事业,他们甘当铺路
石。而钱学森早期就是在这片土地上,统领了同在中关村居住的赵九
章、郭永怀、陈芳允、杨嘉墀、钱骥等中坚力量,以满腔热血谱写了"两
弹一星"的光辉诗篇,培养出了成千上万的研究人员及科技工作者。
他们以超凡的学识、智慧的头脑、踏踏实实的工作作风,创造着空间科
学技术领域的一个又一个奇迹,以拳拳爱国心与浓浓报国志,描绘出
中国航天发展史的美丽画卷。

在这片孕育了钱学森等科技精英们的事业并充满希望的沃土上，中关村云集了天文学、力学、化学、物理学、数学、地球物理学、生物学、电子学、自动化和计算机等许多学科的理论和技术研究所。在此基础上，钱学森充分发挥了系统工程的特长，进行了学科交流、渗透和交叉发展，奠定了中国的空间科学技术，加速了中国卫星的发展进程。"东方红一号"卫星、返回式卫星、地球同步轨道通信卫星……一颗颗卫星从这里诞生，创业者们实现了中华民族的飞天梦想，中国卫星史上铭刻着建设者们的丰功伟绩。

东北之行深入调研

1955 年 11 月 5 日，主管国家科学技术和中国科学院的国务院副总理陈毅接见了钱学森，代表党和国家欢迎这位爱国科学家。陈毅副总理问他回国后的感想。他回答说："通过回国后近一个月的参观访问，我看到新中国成立才几年时间，但面貌发生了很大变化。祖国到处进行着社会主义建设事业，其规模之大，是我回国之前没有想到的。"接着钱学森向陈毅副总理汇报了组建力学研究所的一些初步设想。他认为，应该扩大力学研究的范围。科学技术的研究，要走在工业生产的前面。科学技术应该为工业指导方向。陈毅坦率地说：现在国家要搞建设了。我们这些人打仗是可以的，搞建设就不行了。所以我们千方百计地把你们这些科学家请回国门，目的就是打一个现代化的翻身仗。接着还谈了一些有关知识分子政策问题，如我国科学家绝大多数都愿意接受党的领导，在科学工作上做出一番成绩，贡献给国家。科学家是国家的宝贵财富，必须重视和尊敬他们。首要任务在于发挥科学家在科学研究上的积极性，关心帮助他们，为他们研究工作安排便利条件。党要我们在科学院工作，是要我们帮助科学家工作。

钱学森也直言不讳地提出许多建议,技术与科学研究现已成为国家的事情。科学研究现在是现代工业整体中的一个组成部分,不提到科学研究就谈不上现代工业。既然工业是国家富强的基础,技术和科学研究就是国家富强的关键。这次会见,给钱学森留下深刻的印象。从此,钱学森报效祖国的决心更坚定了。①

从 1955 年 11 月 22 日到 12 月 21 日,钱学森在东北地区整整参观、调研了一个月的时间。先后到哈尔滨锅炉厂、哈尔滨电机厂、鞍山钢铁厂、大连化工厂、沈阳化工厂、抚顺煤矿等厂矿参观,并到汽车厂、飞机厂作了重点考察。对钱学森而言,这是他回国后了解新中国情况的极好机会,因此他非常珍惜这次机会,认真参观,仔细调研。在调查中,钱学森高兴地看到新中国成立以来,由于党的正确领导和全体人民的努力,工业面貌大为改观。钱学森记得早在 20 世纪初,人类飞向太空的黎明时代,就有一些仁人志士,为了振兴中华,热心发展航空事业,尝试制造军用飞机,并为此做过许多艰苦的努力。但是,在半殖民地半封建的旧中国,始终未能建立起独立的航空工业,航空科学研究仅在个别大学的航空系有所开展,由于试验设施简陋,缺乏起码的科研手段,成效甚微,一批受过航空工程高等教育的人才也无用武之地。而如今在苏联专家帮助指导下,调整了航空修理厂的业务,相应集中了设备与技术力量,学习并掌握了飞机和发动机的修理技术,完成了抗美援朝战争中的飞机修理任务。同时,坚持贯彻"密切结合修理的需要,兼顾技术发展,积极试制新产品"这一原则,使得制造零部件的范围不断扩大,技术人员和工人的素质不断提高,为进一步掌握生产和制造技术创造了条件。在此基础上,飞机厂成功仿制生产了初教 5型教练机、歼 5 喷气式歼击机和运 5 型小型运输机,掌握了飞机生产制造技术,提高了工艺技术和管理水平,实现了中国军用飞机从修理

① 上述内容,来自钱学森在力学所办公室与杨照德的交谈。

到仿制的转变。

通过调查，钱学森还看到在新建并投入生产的现代化工厂中，大多配有自动检测调节、自动控制的设备。在这些工厂中，拖动生产机械的电机都配有继电器或用电机放大机控制，也有少数采用电子管、离子管控制的。由于有了这些自动化设备，减少了工人们的繁重体力劳动，产品的数量与质量都比旧设备有显著的提高。通过座谈，钱学森了解到一些人迷信进口设备，不相信国内也能研制和发展；一些技术人员存在保守思想，他们把自动化设备看得过于神秘，认为难以掌握，因而采取敬而远之的态度；还有一些技术人员水平较低，缺乏使用自动化设备的基本知识，以致安装质量不高，不会正确调整和校验自动化设备；有些工厂缺少自动化设备上的零配件，未能做到及时检修或更换设备的零部件。针对以上情况，钱学森提出应该进一步发挥各企业内现有自动化设备的作用，大力培养掌握自动化技术的人才；应吸取国外发展自动化的经验教训，大力开展自动化仪表设备的研究和试制；关键是解决仪表设备的标准化、系列化、组合化；未来工业的发展，必然要走向自动化，这不仅可节省大量劳力，而且也是保证产品高质量所必需的。

钱学森去东北参观访问期间，严济慈打电话通知金属所、石油研究所（大连化学物理所）、应用化学研究所、长春光学机械研究所等单位，要求各单位领导热情接待，详细介绍研究所的建立与发展、方向与任务，以及早期工作的成就。东北是我国的重工业基地，而且比全国其他地方早解放，加上朝鲜战争爆发，东北又变成了毗邻前线的重要后方基地。早在1951年6月9日，郭沫若、李四光、陶孟和等听取了吴有训的考察报告，根据东北的具体情况和即将到来的大规模经济建设的需要，做出了重要的决议：设立以东北科学研究所为基础的东北分院，接受中国科学院和东北人民政府的双重领导。同年8月，在大连举行的自然科学报告会上，一些归国的知名科学家，向工业部门的工作人员作了有关学术报告,还参观了东北的工业城市和大型厂矿,了解工业发展对科技的需求。

1952年8月28日,经中央人民政府政务院批准,中国科学院东北分院正式成立,由严济慈担任分院院长。中国科学院东北分院聘请张大煜领导大连石油研究所;聘请王大珩筹建长春中国科学院仪器馆;聘请李薰领导沈阳金属所;聘请刘恢先筹建哈尔滨土木建筑研究所;提请中国科学院批准,将上海物理化学研究所迁至长春,与长春综合研究所合并,侧重于化学方面的研究。1954年,中央决定撤销大区建制,各有关研究所改由各有关学部直接领导。钱学森通过参观访问了解这些研究所,深深感到中国当时的经济发展战略重点是以重工业为基础,这就使中国科学院的技术部门,特别关注钢铁研究方面的工作。1952年,正在筹建中的金属研究所抽调了大批科技人员组成工作组,前往鞍山钢铁公司、抚顺钢厂等企业,和工厂的技术人员共同研究解决生产中出现的种种技术难题。金属研究所在国内首先建立了钢中气体和非金属夹杂物的分析鉴定技术,并提出了《冶炼过程中钢液含氧变化》的报告,报告中明确了钢液中氧的主要来源和对它的主要控制因素,进而指出了操作过程中若干注意事项,这些建议被鞍山钢铁公司、抚顺钢厂采纳和应用。大连石油研究所针对国家建设和抗美援朝急需液体燃料,而当时中国石油工业基础尚很薄弱这一现实,在天然石油和页岩油的加工以及合成石油方面进行了各种各样的探索与实践,包括原油与油品的评价鉴定、裂化、重整,合成催化剂的研究与试制,高压加氢技术和水煤气合成液体燃料工艺的开发等等,为改善和扩大液体燃料来源作出了重大贡献。此外,在光学精密仪器的研制,合成橡胶的开发,稀有元素的提炼,地区电力系统的整顿和水利建设以及土木建筑等诸多方面,中国科学院都投入了相当大的力量,或者建立专门研究机构,为配合国家经济建设进行了有意义的工作。

通过这次参观,钱学森对中国科学院所属的研究机构有了初步了解。这一时期分布在北京、上海、南京等地的研究所、研究室的规模都不是很大，主要侧重在基础研究，而东北地区的 9 个研究机构，却侧重于技术科学等方面的研究，规模也较为可观。这些单位为中国的社会主义建设，特别是为国防、钢铁、机械、能源、化工等工业的恢复和发展作出了重大贡献。几年之后，钱学森在对杨照德的谈话中，曾经谈到回国后的这次东北之行，认为为他后来参加国家规划，以及组织火箭、卫星领域的大协作打下了坚实的基础。历史亦证明，钱学森的那次调研，对后来中国科学院组织东北有关研究机构参加"两弹一星"的任务起到了决定性作用。郭沫若曾经对吴有训说过："钱学森去东北调研，在中国科学院的发展史上也是一件大事。"

钱学森在东北访问期间，还到哈尔滨工业大学及沈阳东北工学院等单位参观，并应邀就技术科学问题作了演讲。他指出："在人们从事生产的过程中，他们必然地累积了许多对自然界事物的经验。这些经验可以直接应用到生产上去，也可以先通过分析、整理和总结，然后再应用到生产上去。直接应用这一个方式是工艺的改进，是所谓工程技术。把经验加以分析、整理和总结就是自然科学的起源。所以工程技术和科学研究，只不过是人们处理生产经验和对自然界观察结果的两方面，基本上是同一来源，而且两方面工作的最终目的也是一样的，都是为了改进现有的和创造更新的生产方法，来丰富人们的生活。"

他还进一步指出："虽然自然科学是工程技术的基础，但它又不能够完全包括工程技术。如果我们要把自然科学的理论应用到工程技术上去，这就不是一个简单的推演工作，而是一个非常困难、需要有高度创造性的工作。我们说科学理论应用到工程技术上去是不合适的，应该更确切地说是科学理论和工程技术的综合。因此，有科学基础的工程理论就不是自然科学的本身，也不是工程技术本身；它是介乎自然科学与工程技术之间的，它也是两个不同部门的人们生活经验的总和，有组织的总和，是化合物，不是混合物。"报告还明确指出，技术科学是人类知识的一个新部门，"它是从自然科学和工程技术的互相结合中产生出来的，是为工程技术服务的一门学问。"

最初，钱学森东北之行的行程鲜为人知，随着时间的推移，这一神圣使命的秘密才逐步揭开。1955年初，中共中央作出发展原子能事业、研制原子弹的决策后，国务院、中央军委立即开始研究发展导弹技术有关问题。时任中央军委副总参谋长、军事工程学院院长的陈赓大将，很早就关注钱学森的动向，深知钱学森的学识和在美国学术界的地位。在钱学森回国后，陈赓立即向国防部长彭德怀建议：应当请钱学森先生考察哈尔滨军事工程学院，听取这位著名的火箭专家对于中国研制火箭的建议。彭德怀随即将这一意见报告周恩来总理和毛泽东主席。适逢彭德怀转告陈赓，可以邀请钱学森考察军事工程学院的时候，钱学森已经在中国科学院的安排下来到了哈尔滨。

1955年11月25日上午8时多，钱学森一行来到了哈尔滨军事工程学院。出乎他意料的是，出来迎接他的竟是学院院长陈赓大将，他是清晨乘专机从北京赶回来亲自接待钱学森的。陈赓在欢迎辞中说："我们军事工程学院打开大门来欢迎钱学森先生。对于钱先生来说我们没有什么密要保的。那些严格的保密规定，无非是在美国人面前装蒜，不让他们知道我们的发展水平。"他陪同钱学森参观了空军工程系和海军工程系以及炮兵工程系。这所学院聘请了20多位苏联专家，建设发展很快，现代化风洞、水槽都已建成，实验室里很重视教学演示设备的配备，而且采用部队的模式加以管理，做到井井有条，一尘不染。在陈列馆里，陈列着许多从朝鲜战场上缴获来的美军轰炸机、坦克、带有电子管能够自动搜寻的炮弹等。陈赓指着这些东西，笑着说："都是些美国人的玩艺儿，保什么密。"

在室外的一个小火箭试验台前，钱学森停了下来。这是一台非常简陋而又原始的固体燃料火箭试验装置，钱学森饶有兴味地和正在安装调试的教师讨论起来。陈赓大将谦和地问道："钱先生，您看我们自己能不能造出火箭、导弹来?"钱学森回答道:"有什么不能的,外国人能造出来,难道中国人比外国人矮一截不成!"陈赓听到钱学森这句话,开始十分惊异,继而变得兴奋起来,他握着钱学森的手说:"好,我就是要你这句话。"钱学森告诉陈赓,依照他的估计,中国如果着手制造射程为300公里至500公里的短程火箭,弹体和燃料用两年时间可望解决,但关键是自动控制技术。相对于火箭而言,研制导弹的工作量80%在于自动控制技术。陈赓说:"钱先生的话让我心里有了底,我们一定要搞自己的火箭,自己的导弹。我可以表个态,我们'哈军工'将全力以赴,要人出人,要物出物,钱先生只要你开口,我们义不容辞!"

多年以后钱学森才知道,陈赓是带着彭德怀的指示,专程赶回哈尔滨,就此事专门请教钱学森的。也许就是因为这句话,决定了钱学森从事我国导弹和航天事业的生涯。

规划蓝图综合决策

20世纪50年代中期,中共中央制定社会主义建设总方针,下决心发展科学技术,并向全国人民发出了向现代科学进军的号召,为实现这个目标,需要制定一个长远规划。

1956年1月14日至20日召开的关于知识分子问题会议上,国务院总理周恩来在《关于知识分子问题的报告》中明确提出:"要求国家计委负责,会同有关部门,在三个月内,制定从1956年到1967年科学发展远景规划。"[①]同时,指出这个规划的目标"必须按照可能和需要,把世界最先进的成就尽可能迅速地介绍到我国的科学部门、国防部门、生产部门和教育部门中来,把我国科学界最短缺而又是国家建设

---

① 《周恩来选集》,人民出版社,1980年第一版,第184页。

所最急需的门类尽可能迅速地补足起来,使十二年后,我们这些门类的科学和技术水平可以接近苏联和其他世界大国。"周总理强调"科学是关系我们国防、经济和文化各方面的决定因素",认为人类正处于新的科学技术和工业革命的前夕,指出已经被远远抛在后面的中国必须急起直追。这些也就是制定规划的指导思想。概括地说,就是"重点发展,迎头赶上"的方针。

大会结束后,接着研究全国科技发展问题,先后由竺可桢、吴有训、严济慈、潘梓年等四人,分别代表技术科学部、生物地学部、数理化学部、哲学社会科学部,介绍了当代科学技术的发展情况及今后工作的意见,重点讲述我国各门类科技工作的现状与世界先进科技水平之间的差距。会议于 1 月 21 日在中南海举行。下午 2 时,郭沫若、张稼夫召集各位报告人编排一下演讲次序,简单地商量一下注意事项,然后由郭沫若率领来到中南海怀仁堂,登上了会议主席台。台上毛泽东、刘少奇、周恩来、陈云、陈毅、李富春、邓小平、彭真、薄一波等中央政治局领导带头鼓掌,欢迎专家光临。台下中央各部委、各省市自治区领导等 1 300 多人听取了四位科学家的报告。毛主席一直坚持到下午 7 点半散会,才与郭沫若、竺可桢、吴有训等几位科学家一一握手告别。

吴有训作有关物理方面的报告,他重点介绍了核物理和固体物理中的金属学、无线电电子学(包括半导体材料学)以及理论物理学;数学中的微分方程、概率论和数理统计以及计算数学;力学中的弹性力学、塑性力学和空气动力学;化学中的稀有元素提取应用、药理分析和有机化合物合成以及分析化学、物理化学等与中国当时经济和国防建设关系密切的研究领域的情况;天文学方面,他简要介绍了我国历史上的辉煌贡献,目前美、苏两国的情况,以及我们现代天文学落后的状况。他还在会上向各省市自治区领导介绍他们省内数学、物理学、化学领域的重要人才,请他们注意发挥这些人的作用。

在同一时期,国防部部长彭德怀元帅接见了钱学森。彭德怀直截了当地说："我们不想打人家，但若人家打过来，我们也要有还手之力。"他问钱学森："我们能不能先搞出一种短程导弹，比方说射程 500 公里，这需要什么样的人力、物力和设备条件？估计需要多长时间可以造出来？"①钱学森当即回答说："搞导弹当然不是一件容易的事，需要有一支搞研究和设计的队伍，需要建造一些地面试验设备，还需要有专门的加工制造厂，原材料则可能需要全国各有关部门的支持。至于人力、物力，这需要仔细估算一下。而时间嘛，美国从军方开始支持搞导弹，到搞出第一枚导弹，用了近 10 年的时间。我们可以比他们快些，有 5 年的时间我想是可以的。"彭德怀很高兴地对陈赓说："你安排钱先生给我们的高级干部讲课。"于是钱学森在西郊总政排演场，给解放军高级将领作了火箭导弹技术的演讲。钱学森的演讲深入浅出，生动丰富，口齿清晰，声音洪亮，受到与会者的热烈欢迎。报告会盛况空前，引起我军高级将领们的极大兴趣。

他侧重介绍了火箭知识与弹道导弹。弹道导弹是带有火箭发动机的无翼的飞行装置，其发动机仅在轨道初始段工作，进入主动段以后它就按惯性沿着弹道曲线飞行。此外，安装有控制本身飞行和其发动机在主动段工作的专门仪表。受控军用弹道火箭（弹道导弹）是在第二次世界大战末首先在德国出现的。德国统帅部想以制造这种导弹的办法，得到比当时所有炮弹威力更强大的炸弹，而且能以很大的速度飞越几百公里，造价又比当时轰炸机的低。到 1944 年，德国已经能制造重 13 吨、长 14 米、携带 1 000 公斤普通炸药的"V - 2"弹道导弹。

二次大战后，苏联、美国都在大规模地开展研究制造各种导弹的工作。当时，弹道导弹在陆军和海军中的作用更加重要了。由于弹道导弹及其战术性能的进一步完善，使得能够制造新的大推力火箭，它们能够克服地球引力作用，并将数吨有效载荷送入环绕地球的轨道。

---

① 涂元季，莹莹：《钱学森故事》，解放军出版社，2011 年版，第 97 页。

美国根据完成任务的不同,将弹道导弹分为战略导弹和战术导弹。短程导弹属于战术导弹,在陆军兵团和部分部队作战的战场上使用它们来消灭集结的部队、火箭和炮兵阵地、坦克等。中程和远程导弹属于战略导弹,可以用它们攻击敌方国土纵深的目标,诸如大的行政和工业中心、战略导弹基地和发射场、控制中心等。若按照发射装置及目标的位置,又可分成"地-地"、"舰-地"、"空-地"导弹。美国"诚实约翰"火箭是对 25 公里距离内的目标进行核打击的主要手段。用这些火箭装备的火箭营由发射连和控制连组成。发射连包括两个发射排,每排有两个发射装置。"诚实约翰"火箭由两部分组成:装有炸药的较粗的弹头部分和装有固体火箭发动机并带有十字形尾部安定面的圆柱形部分。发射装置安装在载重量约为 5 吨的汽车上。它配有升降平衡机构、旋转机构和一个长 12 米的滑道。

导弹是赢得未来战争的决定性战略武器。它们具有大速度和高达 10 000 公里以上的远射程,可从地面或地下发射装置上发射。为了满足当前和将来的要求,还要经常地进行改型。总的发展方向是完善控制系统、减轻导弹重量并简化结构、提高射程和打击威力、缩短导弹发射准备时间、改进导弹的性能和便于运输等。

钱学森的演讲引起了军内各兵种的重视,对推动国防科技发展规划的制定和重点项目的选择起到了举足轻重的作用。

面对美国的核威胁,中共中央和中国政府在抓紧国民经济建设的同时,决定减少军政费用,下决心发展国防科技,首先是发展以原子弹、导弹为主要内容的国防尖端技术。当中央军委在收到哈尔滨军事工程学院火箭教授会主任任新民等三人对研制火箭武器和发展火箭技术的建议后,国防部长彭德怀和总参谋长黄克诚又专门指派总参装备计划部部长万毅,与钱学森详细分析了研制导弹武器的有利条件与需要解决的问题。1956 年 1 月 20 日,彭德怀主持中央军委会议,讨论万毅提出的《关于研究与制造火箭武器的报告》。彭德怀在会上说:

"我们要解决火箭防空、海上发射火箭等问题,目前即使苏联不帮助,我们也要自己研究;苏联帮助,我们就去学习。"会议决定向中共中央提出研制导弹的报告。与此同时,赵尔陆也向国务院提出研制导弹的建议报告。

1956 年 1 月 25 日,毛泽东主席在最高国务会议上说:"我国人民应该有一个远大的规划,要在几十年内,努力改变我国在经济上和科学文化上的落后状况,迅速达到世界上的先进水平。"5 天之后,在政协二届二次全体会议上,周恩来总理明确提出了"向现代科学技术大进军"的号召,并要求国家计划委员会、中国科学院和有关部门,在 4 月份以前,制定出 1956 年至 1967 年的《十二年科学技术发展规划》。晚间,毛泽东设宴招待全体委员,并特别安排钱学森与他坐在一起。这是毛泽东第一次接见钱学森。据钱老回忆说:"毛主席教导我要懂得新生的、最有生命力的东西,总是在同旧的、衰亡的东西斗争中成长起来的,并要我培养一些青年科技人员。"毛泽东这番话,对于刚从海外回国,又参与了美国极其秘密的军事工程研究的钱学森来说,是极大的信任和鼓励。

1956 年 2 月 1 日,毛泽东宴请全国政协委员,特地把钱学森安排在他的身边

1956 年 1 月 31 日,在周恩来总理的领导下,由当时中共中央主管科学工作的陈毅、国务院副总理兼国家计划委员会主任李富春具体领导,召开了包括中央各部门、各有关高等学校以及中国科学院的科学技术工作人员大会,动员制定《十二年科学技术发展规划》。会上宣布了国务院决定,由范长江、张劲夫、刘杰、周光春、张国坚、李登瀛、薛暮桥、刘皑风、于光远、武衡负责主持规划的制定。不久又正式成立了以聂荣臻为主任的科学规划委员会具体领导这项工作。钱学森应聘担任规划综合组组长。

在周恩来总理的启示下,1956 年 2 月 17 日,一份由钱学森亲自起草的关于《建立我国国防航空工业的意见书》送到了周恩来总理的案头。当时为了保密起见,用"国防航空工业"这个词代表火箭、导弹和后来的航天事业。钱学森的《意见书》提出了我国"国防航空工业"的组织草案、发展计划和具体步骤,并且开列了一张可以调来做高级技术工作的 21 人名单,包括任新民、罗沛霖、梁守槃、胡海昌、庄逢甘、罗时钧、林同骥等。钱学森的意见书,受到了党中央的高度重视。1956 年 3 月 14 日,周总理亲自主持中央军委会议,研究决定由周恩来、聂荣臻和钱学森筹备组建导弹航空科学研究的领导机构——航空工业委员会。会议决定按照钱学森的建议,组建导弹航空事业的科研机构、设计机构和生产机构。1956 年 4 月 13 日,国务院任命聂荣臻为航空工业委员会主任、钱学森为委员,下设导弹管理局,由钱学森任第一副局长兼总工程师。1956 年 10 月 8 日,导弹研究院正式成立,由钱学森任院长。

关于《十二年科学技术发展规划》,中国科学院究竟应处于什么样的地位的问题,中国科学院领导多次听取钱学森等科学家的意见后,于 1956 年 3 月 9 日向中共中央作了书面汇报,阐明了中国科学院的观点:认为"过去由于产业部门的研究机构尚未普遍建立,高等学校的研究机构亦未普遍开展,而许多厂矿提出的各种生产技术上的问题都送交科学院来解决,致使许多科学家不能集中精力从事带有普遍性、关键性的重大科学理论问题的研究,这对国家的整体利益来说是一种极大的浪费。现今厂矿和各产业部门的研究机构已逐步建立,各高等学校的科学研究工作亦纷纷开展起来,因此,中国科学院、高等学校、产业部门以及厂矿的研究机构便有明确分工的必要,彼此各有侧重且能做到相互衔接,使之成为一个有机的整体。"①

在制定《十二年科学技术发展规划》这一时期,钱学森不仅工作繁忙,而且肩负国家重任,需要他考虑和研究的工作问题已不单单局限于中国科学院力学研究所,以及单一的导弹、火箭等方面的技术问题。他需要花很大的精力参与中国科学院以及国防科技的规划制定,还要负责国家规划的综合平衡,他的远见卓识对规划制定中的重点项目的选择及落实,发挥了重大的作用。规划根据国民经济发展的需要和赶上世界先进水平的要求,确立了55项科学技术研究的重点任务,并以这些重点任务为横线,再以各学科为纵线,从而确定各学科在各项任务中需要解决的问题。各单位再根据各自的科学技术力量决定所能承担的研究工作。在初步确定了55项重点任务之后,钱学森进一步指出,这种方法虽好,但忽视了各基础学科的理论研究。问题反映到周恩来总理处,经同意后增加了第56项的"重大理论问题"研究任务,并列出了"情报资料"为第57项任务,还同时专门制定了基础科学规划,该规划体现了"重点发展,迎头赶上"的方针。这57项重大科学技术任务大致分为六类:

一是发展新兴技术领域为国家工业化、国防现代化的迫切需要服务。例如:"原子核物理、原子核工程及同位素的应用"、"自动学与自动化系统"、"半导体及其应用"、"飞机、导弹和火箭"以及"电子计算机"等等。

----

① 钱临照,谷羽:《中国科学院》,当代中国出版社,1994年版,第76页。

二是调查研究中国自然条件和资源情况,保证重要区域的综合开发和工业、农业生产建设的需要。它所包括的重大项目有:"中国自然区域划分和经济区域划分",比如,"青海、甘肃、新疆、内蒙古经济区综合开发的调查和研究"、"中国重要矿产分布规律及其预测方法的研究"、"中国地震活动性、地震预告以及工程地震的研究"、"海洋的综合调查和研究"等等。

三是配合国家重工业建设的若干项目。例如,在动力资源的开发和动力系统的建立方面有:"大型发电站与高压输电系统及其设备"、"高坝水利枢纽的研究"。在冶金和机械工业方面有:"有色金属复合矿石与低品位矿石选矿及冶炼方法的研究"、"合金钢系统建立中的科学问题"。在燃料工业和化学工业方面有:"煤作为燃料及化工原料的综合利用"、"石油及天然气生成、聚集、勘探及开采的问题"、"基本有机合成及其工艺"。在建筑方面有:"建筑企业工业化和建筑结构问题"。在仪器和计量方面有:"精密机械仪器、特种光学仪器与电子仪器"、"计量技术与计量标准"。在交通运输方面有:"交通运输的综合研究"等。

四是为提高中国农业收获量和发展林业所进行的重大科研项目。例如"土地资源和荒地开发的研究"、"施肥、灌溉的理论和方法的研究"、"适合于中国自然条件的农业机械的研究"等。

五是为人民的保健事业进行的重大科研项目。如"中医中药的科学基础研究"、"抗生素的研究"等等。

六是基本理论问题的研究。这些项目尽管短期内还不能在生产上广泛应用,但是具有重大的科学价值,从长远看,势必会对生产建设有所裨益。如"蛋白质的结构、生物合成、代谢及生理功能的研究"、"光合作用的研究"等等。

钱学森作为一名火箭技术专家,在他的主持下,与王弼、沈元、任新民等合作,共同完成了第37项"喷气和火箭技术建立"这一大项目,使喷气技术和火箭导弹事业纳入了国家长远规划,勾画了这一尖端技术的发展蓝图,对推动这一事业的发展起到了举足轻重的作用。他们在规划的说明书中指出:"喷气和火箭技术是现代国防事业的两个主要方面:一方面是喷气式飞机;另一方面是导弹。没有这两种技术,就没有现代的航空,就没有现代的国防。建立了喷气和导弹技术,民用航空方面的科学技术也就不难解决了。"规划的目标是:"建立并发展喷气和火箭技术,以便在 12 年内使我国喷气和火箭技术走上独立发展道路,并接近世界先进技术水平,以满足国防的需要。"解决该任务的大体进度为:"1963~1967 年在本国研究工作的指导下,独立进行设计和制造国防上需要的且达到当时先进性能指标的导弹。"

国防科技发展规划提出的五大任务被列在国家《十二年科学技术发展规划》12 项重点任务的前列,主要是:原子能技术,喷气与火箭技术,半导体技术,电子计算机技术,自动控制技术等五个方面。这些任务对增强国防力量、带动国家科技进步及国民经济发展,都具有十分重要的意义,曾被誉为中国国防科技发展的"五朵金花"。

经过半年多的紧张工作,在聂荣臻的亲自领导下,由张劲夫调集钱学森等一批科学家们起草了一份全面、先进并便于操作和检查的科学技术发展规划。这个远景规划包括《1956~1967 年科学技术发展规划纲要》以及《国家重要科学任务说明书和中心问题说明书》《1956 年紧急措施和 1957 年研究计划要点》等共 600 万字的文件。这个规划草案确定了 57 项重点科研任务,616 个中心课题。其中明确重点项目 12 个。

当张劲夫等人带着这些规划向周恩来总理汇报时,周总理提出问题说:"这么多重点,国务院应该主要抓哪些呢?"张劲夫也意识到这确实是个问题,于是立即趁着参加规划的科学家们尚未离开北京,又将他们召集起来共同研究这个问题。科学家们的情绪很高涨,会上各抒己见,提出了许多好的意见。张劲夫、吴有训、严济慈、钱学森等人加以归纳,认为最重要的也是最紧急的有六项,其中,原子能技术、喷气与火箭技术这两项属于保密的军工尖端技术,国家已经作了特别安排。剩下的四项分别是:计算技术、半导体、自动化技术、无线电电子学。以上四项是科技发展中的重中之重,必须摆在其他重点任务的前面来抓。于是,张劲夫风趣地说:"就叫它'紧急措施'吧。"这"四项紧急措施"因此而得名。上报国务院后,周总理立刻批准,并肯定地说:"对! 先抓这四项。"张劲夫接着说:"为落实这'四项紧急措施',需要集中全国的科技力量,还要再从国外吸纳一些专家回来,大家齐心合力搞。"周总理说:"那科学院就着手筹建这四个领域的研究机构吧!"张劲夫又汇报说:"连个工作的地方都没有!"最后,周总理下定决心,从新建的西苑大旅舍中拨出三座楼给中国科学院,并对张劲夫说:"毛主席说要集中人马,大干快上,科技工作不能再等了,要抓紧。"①1956年7月28日,中国科学院第20次院务会议便根据这"四项紧急措施",决定成立计算技术研究所、自动化及远距离操作研究所以及曾一度被撤销的电子学研究所设立筹备委员会,并在应用物理研究所建立半导体物理研究小组,分别由华罗庚、钱伟长、李强和王守武担任这4个新研究单位的筹委会或筹备小组主任。后来我国及国际科学技术的发展,充分证明了这一决策的远见卓识。这四项科技的发展,不仅为稍晚一些的中国"两弹一星"研制成功提供了保障,而且直到今天,它们依然是世界科学技术的热点和尖端领域,前景无可限量。张劲夫、钱学森等相当一批的中国科学家们在当时就能预见到它们的极端重要性,足见其科学眼界之广阔、深邃和敏锐。

原中国科学院副院长张劲夫在《让科学精神永放光芒》②一文中,有一段美好的回忆:

---

① 孟庆春:《历史大转折中22个首任首长,市长和自治区主席纪实》,中共党史出版社,2009年版。
② 张劲夫:《让科学精神永放光芒——读〈钱学森手稿〉有感》,《人民日报》,2001年9月24日。

1956 年 6 月 14 日中共中央领导人接见参加拟制全国长期科学规划工作的钱学森等科学家合影

记得我与钱学森同志第一次见面，是 1956 年春节后在北京阜成门外的西郊宾馆。当时有 200 多位科学家聚集在那里，在周恩来总理直接领导下，研究制定我国十二年科学规划，即 1956～1967 年科学技术发展远景规划。我作为郭沫若院长的助手，主持中国科学院的日常工作，并任国务院科学规划委员会秘书长。刚一上任，陈毅元帅就谆谆告诫我："各学科的负责人，是科学元帅（意为科学大师），绝不要从行政隶属关系来看待他们，要从学术成就来看待。尊重科学，首先要做到尊重学者。中国的科学家是我们的宝贵财富，一定要重视发挥科学家的作用。"这段谈话对我教育至深，至今仍记忆犹新，因为它是我后来长期在科学院工作的座右铭，也成了我和钱学森同志及众多科学家建立深厚友谊的基础。

当时，钱学森同志是力学所所长，还担任十二年规划综合组组长。那年我 42 岁，钱学森同志长我两岁半。40 多岁的他，身材不高，宽阔的脑门儿下，一双深邃睿智的眼睛，白洁的脸庞透着秀气，思想活跃，知识渊博，离开祖国 20 年之久，仍说得一口标准的普通话，浓重的京腔京味，使我感到惊讶。他所作的关于核聚变的精彩报告，令人眼界大开，使大家看到了当时世界科学技术的前沿。

在讨论制订规划的过程中，钱学森发言很积极，他用自己的智慧，给规划出了不少好主意，特别是他亲自主持制订的第 37 项任务"喷气和火箭技术的建立"，我感到既志存高远又切实可行。在规划完成后，提出"四项紧急措施"，即计算机、自动化、电子学、半导体，包括落实措施，学森同志也是立了大功的。

第二章
开拓创建卫星事业

呼吁倡导人造卫星

20世纪50年代初,钱学森就在航空与航天领域提出了若干重要的概念:提出火箭助推起飞装置的构想,从而使飞机起飞距离缩短;提出火箭旅客飞机的概念和关于核火箭的设想。他还在1953年研究了行星际飞行理论的可行性,并提出从卫星轨道上起飞的可能;在1962年出版的《星际航行概论》中,提出了用一架装有喷气发动机的大飞机作为第一级运载工具,用一架装有火箭发动机的飞机作为第二级运载工具的天地往返运输系统概念。他的超前设想和科学预见,已被后来航空航天技术的发展陆续实现。

1955年,美国首先向世界宣布它将为国际地球物理年发射人造地球卫星。美国的宣布并未引起世界太多注意,然而从事星际航行理论与火箭技术研究的钱学森却以极其敏锐的洞察力和渊博的知识,意识到了人造卫星在科学研究和军事应用等各大领域的重大作用,以及发展这一事业的深远意义。

国际地球物理年是当时人类规模最大的国际科技协作研究活动。这项活动要求所有国家一致行动,对大气、海洋、空间进行为期一年的观测。这次国际地球物理年定于1957年7月1日至1958年7月31日进行。这项活动由国际科联理事会于1950年提出之后,1952年就开始着手准备了。国际地球物理年的前身是国际极年,主要是对极地的气象、地磁、极光、高层大气物理和日地关系等进行观测，1879年由奥匈极地考察队领导者魏普雷希特建议，得到了国际气象委员会的支持。第一次极年于1882～1883年进行，参加者有奥地利、匈牙利、瑞典、法国、俄国等12个国家的科技工作者，规定参加单位在一年内环绕南北两极圈设立一些观测站，并配合各国已设站，对气象、地磁、极光等现象做统一时间的观测和记录，曾获得一些高空物理现象和日地关系的资料。第二次国际极年于1932～1933年进行，有44个国家参加，中国气象界在竺可桢的主持下，依靠当时的条件作出了应有的贡献。而这次为第三次国际极年，范围已扩大到全球，从此改称为国际地球物理年。

新中国参加这一活动是经过周恩来批准的，并在中国科学院成立了国际地球物理年中国国家委员会，竺可桢为主任，涂长望、赵九章为副主任。气象系统是国际地球物理年主力，许多具体任务由中央气象局和全国气象台承担。然而，事情还有曲折。新中国气象科学事业为人类作出贡献的良好愿望，却遭到了以美国为首的一批西方国家的阻挠。1956年6月下旬，中国科学院和中央气象局已经为国际地球物理年的观测工作做好了准备。这时，国际科联理事会少数人的排华活动得逞了。1956年6月26日，国际地球物理年专门委员会通知我国，宣称他们无法拒绝台湾方面要求参加国际地球物理年中国委员会。对此，竺可桢代表国际地球物理年中国委员会，于6月29日发表严正声明，对专门委员会提出严重抗议，在该委员会没有撤销其错误之前，中国暂时退出这一组织，但仍参加排除了台湾代表的有关机构和会议的活动，如国际地球物理年西太平洋区域会议的活动。中国的态度和立场，获得了许多国家的支持与同情。

1956年编制《十二年科学技术发展规划》期间，赵九章担任规划委员会气象组组长，主持制订全国气象领域和地球物理部分的规划。规划会期间，赵九章、涂长望与钱学森多次就气象、海浪、地震、地球物理等学科发展进行探讨,将《中国地震活动性及其灾害防御的研究》列为全国科学技术重点发展的 57 项重要科技任务中的第 33 项任务。钱学森还提出将人工降雨试验作为重点项目列入规划,涂长望、赵九章积极支持,并愿意承担任务。他们不仅从以往研究的历史,意识到由"极地"研究扩展到"全球"研究,是质的飞跃,更意识到发射探空火箭和人造地球卫星将使"地球物理"获得向"空间"扩展的极好机遇。过去人们只能通过观测地面的物理过程推测空间环境产生的变化,而不久的将来就有了在空间进行探测的可能性,这将为人类认识宇宙打开一扇新的窗口,一门全新的、具有极强生命力的"空间物理学"将应运而生。

1957 年 2 月,钱学森在北京主持第一次全国力学学术报告会,会上他作了《论技术科学》的报告,这篇报告后来发表在《科学通报》上,成为技术科学领域的权威性论述。他以渊博的学识对科学的历史发展与技术科学概念的形成、技术科学的研究方法、力学与航空技术以及技术科学的一些新的发展方向做了全面论述,对技术进行了界定。他认为力学对航空技术的贡献是决定性的,是技术科学与工程技术相互作用的典型。例如,在二次世界大战中,飞机的时速已经达到 700公里,接近了声速传播的速度。当时因为初步实验发现物体阻力在声速附近急骤加大,工程师中有人以为要飞机超过声速是不可能的,说存在着声速的墙。就在这时候,气体动力学家做出超声速气流的实验。他们用理论和实验齐头并进的方法证明超声速飞机的阻力系数实际上不会太大,所以并不会有所谓的声速的墙。另一方面,气体动力学家也参加了喷气推进机的创造和发展方面的实际工作,大大提高了飞行推进机的效能,从而减轻了它的重量。力学家的这些贡献,促成了超声速飞行的实现。这一关一被打破,航空的发展更快了。现在流体力学家正致力于高超声速气流动力学和稀薄气体动力学的研究,帮助超高空、超高速飞行的实现,因而也在促进火箭技术的发展。

为了推动《十二年科学技术发展规划》，钱学森还指明了技术科学的一些新发展方向，以及需要开拓的一些学科，如化学流体力学、物理力学、电磁流体力学、流变学、土和岩石力学、核反应堆理论、工程控制论、计算技术、工程光谱学、运用学等。力学所副所长郭永怀也在会上作了关于《现代空气动力学问题》的报告，指出了现代空气动力学发展的前沿领域以及当时还没有得到很好解决的许多重大课题。他还就当时应用工程技术和国防科研所需要的且正处于蓬勃发展时期的高超声速空气动力学发表了许多精辟见解。郭永怀还指出："现在各国又在从事技术和军事的竞赛，洲际导弹和人造卫星不久将成为事实，于是我们面临着空气动力学第三个新时代的开始。"

1957年2月25日～3月2日，赵九章以"国际地球物理年"中国委员会副主任委员和中国代表团团长的身份与涂长望一起赴日本，出席在东京召开的"国际地球物理年"西太平洋区域会议。除了开会外，他们还对日本的气象科学进行了考察，为"向科学进军"寻求借鉴。赵九章回国后向竺可桢、钱学森等有关人员详细汇报了会议情况，特别提到会上讨论了第三次国际地球物理年委员会的计划，其中提出了一些新的观测手段，包括组建探空火箭网、发射人造地球卫星等。国际地球物理年的活动，成了各国展示科学水平和技术能力的竞赛。对火箭和卫星探测计划，竺可桢、赵九章、钱学森都非常感兴趣。这时的赵九章，受国际地球物理年启迪，已经在研究高层大气物理，将要筹建和组织有关的实验研究。钱骥也按照赵九章的安排，由地震研究转向空间物理探测。空间物理研究的主要任务是认识空间、利用空间和改造空间。和地球物理、大气物理一样，探测和试验工作在空间物理中占有重要的位置。倘若追溯起来，火箭还是中国的古老发明，第二次世界大战时被德国希特勒用来袭击英国，现在成了苏、美等国的尖端技术。中国科学要赶超世界先进水平，就必须加强这方面的工作。

这一时期，钱学森所著的《工程控制论》获得1956年国家自然科

钱学森《工程控制论》1957 年获中国科学院自然科学一等奖

学一等奖。它一方面奠定了自动化科学的理论基础,另一方面又指出了这一新学科进一步研究和发展的方向。1957 年 5 月,钱学森、沈尚贤、钟士模、陆元九及郎世俊等人发起组织中国自动化学会,经过有关部门酝酿和中华全国自然科学专门学会联合会的商定,产生了由钱学森、杨嘉墀、屠善澄等 29 人组成的中国自动化学会筹备委员会,确定该筹备委员会挂靠在中国科学院自动化及远距离操纵研究所。同年 6 月筹委会在北京召开了第一次全体会议,会上选出了钱学森、杨嘉墀、屠善澄、钟士模等 9 人组成的常委会,并选出钱学森为主任委员。

1957 年 8 月底,钱学森委派杨嘉墀、钟士模代表中国参与发起和筹建国际自动控制联合会(IFAC)工作。IFAC 创办国会议于 9 月 10 日～12 日在法国巴黎的法国高等工艺学院召开,有 18 个国家的代表参加。会议主要内容是讨论 IFAC 章程。经参与国代表讨论,确认了 IFAC 的性质,是各国自动控制学术团体联合组成的非政府性的学术组织。联合会的宗旨是通过国际合作促进自动控制理论和技术的发展,推动自动控制技术在各部门应用。联合会每三年举行一次由成员国代表团组成的全体会议,选举会长。联合会设有理事会,下设若干技术委员会。钱学森被选为理事会理事。钟士模应聘担任理论委员会委员,杨嘉墀也先后应聘担任元件和仪表委员会委员、空间委员会副主席。

1957 年 8 月 3 日,苏联洲际导弹试验成功,钱学森敏感地意识到苏联的这一成就预示着运载火箭有能力以每秒 7.8 公里的第一宇宙速度,把人造地球卫星送入地球轨道。9 月钱学森随聂荣臻赴苏联访问,就新技术援助问题与苏联进行谈判。作为聂荣臻的技术顾问,钱学森同苏方专家进行了认真仔细的讨论。在总体方面,全面了解苏联火箭导弹的概况、计划规划、组织体制和人员结构;从技术方面,又深入探讨了冲压式发动机、液体火箭高能推进剂、固体火箭的新型固体推进剂、各种大型试验设备、靶机等;还同苏联专家探讨了中国火箭导弹的发展和苏方可能提供的援助,派遣哪些方面的苏联专家和可能接收的中国留学生等等。他按照中央规定的方针,聂荣臻提出的统一口径,和苏方谈判,并要求自己"该问清楚的问题一定要问清楚"。他还参观了苏联科学院的有关研究所和导弹研制机构。苏联方面当然知道他是一位著名的科学家,在空气动力学和火箭导弹方面有很深的造诣,于是邀请他在苏联科学院作学术报告。他以"工程科学"和"工程控制论"为题材作了讲演,受到热烈欢迎和高度评价。苏联是一个严格保密的国家,很多核心机密均不会和你交谈,至于发射人造地球卫星这件大事则一字未提。1957 年 10 月 4 日,苏联在事先没有透露任何消息的情况下率先成功发射了世界上第一颗人造地球卫星"斯普特尼克"。这一壮举震动了整个世界,尤其是美国。苏联第一颗人造地球卫星上天,是人类第一次对地球引力进行的强有力挑战,从此揭开了人类航天活动的序幕,宣告了人类梦寐以求的星际航行新纪元——"航天时代"的到来。

1957 年 10 月,中国科学院、中华全国自然科学专门学会联合会、中华全国科学技术普及学会组织召开了"关于苏联发射成功第一颗人造地球卫星的座谈会"。与会者中有许多在京的各领域的著名科学家,会上科学家们就苏联发射成功人造地球卫星的意义、影响及其需要解决的重大问题各抒己见。

1957 年 9 月钱学森参加中国工业代表团随同聂荣臻团长访问苏联

钱学森在会上对苏联成功发射第一颗人造地球卫星给予高度评价。钱学森谈到：

　　这一颗卫星的重量和体积看来并不惊人，但是，作为一个科学技术工作者来说，我们必须把我们的注意力转到发射这颗卫星的工具上去……火箭连续将卫星送入近圆形的轨道，可以看得出来，这一工作需要非常精确的控制和遥测系统。所以苏联发射人造地球卫星的成功，也标志着苏联的科学技术工作者在自动控制和计算技术方面的高度成就。值得我们深思的是：苏联并不是第一个发展计算机技术的国家，第一个制成现代大型计算机的是美国。但是美国先有了这个有力的工具，却不好好使用它，真正使用了计算机的是苏联。这是什么缘故呢？我看这是因为美国的科学技术工作者，是资本主义制度下的科学技术工作者，他们充满了个人主义，争权夺利，因而，做实验的看不起做理论的，做理论的也看不起做实验的，两方面的人合作不到一起。我们可以看到，在科学技术工作中有效地使用计算机方法就等于用理论的方法去解决实际的问题。理论工作者必须和实践工作者紧密地结合起来,这是资本主义国家里的科学技术工作者所做不到的。而且理论与实际的结合绝对不是一种机械地连接,而是辩证唯物的。所以只有在社会主义国家里,只有在马克思列宁主义的党的正确领导下,科学技术工作者才能普遍地掌握理论联系实际的原则,才能把这一项宝贵的原则灵活地应用到所有的问题上去,从

苏联的导弹改装为发射卫星的运载火箭

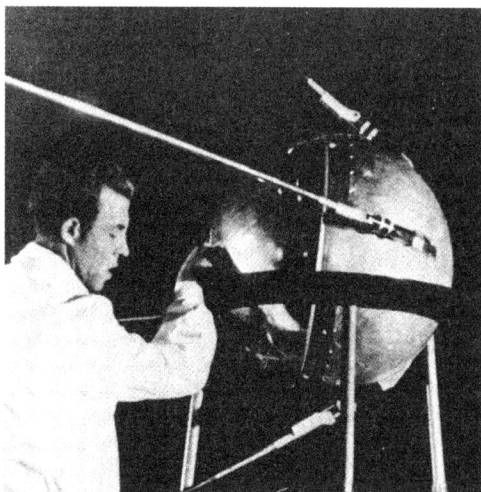

苏联第一颗人造卫星在装配中

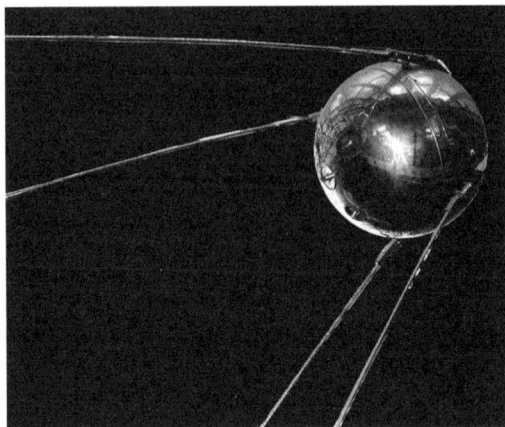

苏联成功发射世界上第一颗人造地球卫星

而取得卓越的成就。苏联科学技术工作者,最近在人造地球卫星上,以及其他一系列重大科学领域上之所以能够做出这样的丰功伟绩,归根结蒂是由于社会主义的优越性,是由于党领导科学的不可战胜的力量。

钱三强在报告时谈到:

苏联人造地球卫星的制造与发射成功,是人类科学史上的巨大事件。这个伟大的成就是与社会主义制度的优越性分不开的。我们知道苏联从旧社会所接收下来的科学遗产是很薄弱的,比旧中国留下来的科学遗产略好一些,但也好不太多。然而经过40年的革命政权的领导,到现在可以肯定地说,苏联的科学已超过了科学最发达的资本主义国家。这就证明只有在社会主义制度下,科学才可以得到迅速的和顺利的发展。

赵九章则以《苏联的人造地球卫星是在宇宙空间升起的一颗福星》为题发言。他说:

正当全世界劳动人民及进步人士准备欢庆伟大的十月革命 40 周年之际,传来了人类征服星空的福星,人造地球卫星发射成功的消息,这是苏联的卓越科学家们继和平利用原子能和洲际导弹的施放以后又一项伟大的科学成就。它标志着人类认识自然领域的扩大,它为人类凿开了宇宙空间活动的第一关。

郭永怀在座谈会上也发了言,他说:

我觉得这件事是在进入原子能时代以后的第二件大事,对整个人类都有影响。人类一向是在第二度空间活动的动物,现在有了人造地球卫星的成就,就如同爬高有了梯子一样,以后去宇宙活动已经不是梦想,可以实现了。

然后,他又以国外获得的资料,就发射人造地球卫星的运载工具及其推力、火箭发动机的推进剂、卫星进入轨道的姿态控制、苏联同西方国家火箭技术比较等具体技术问题作了分析介绍,并发表了自己的观点。

涂长望以《人造卫星是人类文明的转折点》为题作了发言。他引用了约里奥·居里的观点:"把人造卫星发射入空间,是人类的一个伟大的胜利,是文明的一个转折的标志。"他指出:"成功地发射人造卫星为宇宙航行开辟了道路。我国人民几千年来所赞赏的'嫦娥奔月'的神话,有了实现的可能。""人类在不久的将来,就会摆脱地心吸引力飞向宇宙了。""成功地发射人造卫星,是科学上最为重要的突破,代表着科学技术现阶段的最高成就。"涂长望对人造卫星观测地球的具体科学价值,分为 300 公里以上和以下两部分,共谈了 13 条。涂长望说:"两年以前,美国就积极准备发射人造卫星,并一再向全世界宣传这项工作。但成功发射第一颗人造卫星的,是苏联而不是美国。""苏联成功地发射了第一颗人造卫星,给人类带来了和平与幸福。并为人类由地球生物变成宇宙生物创造了条件。"

会后,钱学森、赵九章等人还向中国科学院副院长张劲夫、裴丽生提出了我国开展人造地球卫星研究工作的建议。钱学森指出了发射人造地球卫星将使我国科学技术加速前进的同时,还可开辟新的科学技术研究领域。因此,他们建议人造地球卫星应该补充列入《十二年科学技术发展规划》,这将会使力学、自动化、喷气技术、地球物理、天文、应用数学、高能燃料、高温合金等一系列科学技术被带动起来。要成功地制造和发射人造地球卫星,必须组织一支既有分工又有配合的有组织性有纪律性的队伍。苏联人造地球卫星上天,我们看到了社会主义制度的优越性。因为只有在社会主义制度下,才能组织这样的一个符合社会主义国家需要的科学队伍。最后钱学森还建议中国科学院应该先行一步,它将会带动许多学科的发展。

中国科学院应苏联天文委员会的邀请,组织南京、北京、上海、昆明等地对"斯普特尼克"进行光学观测。1957年10月15日,"国际地球物理年"中国委员会设立人造地球卫星光学观测组和射电观测组。两个组分别由紫金山天文台台长张钰哲和电子所筹委会副主任陈芳允担任召集人,负责组织、指导全国各地人造地球卫星观测和发展工作,紫金山天文台还承担人造卫星的轨道计算及其预报。周培源教授组织北京大学、北京师范大学等院校的地球物理系、地理系的师生,把现有的教学仪器和中国科学院器材局提供的秒表、经纬仪、计时仪等集中在北京天文馆广场上,进行人造地球卫星观测,并进行计算轨道预报。这是我国第一次有关人造地球卫星的有组织的、大规模的科研活动。上述台站的观测数据,一方面送往苏联,另一方面送往紫金山天文台进行轨道数据分析。根据紫金山天文台研究的"人造地球卫星预报方法"进行计算,作出了轨道预报,比当时苏联提供的轨道数据还要精确。

为了宣传普及人造地球卫星的科学知识,钱学森、赵九章、张钰哲、程茂兰、蔡翘、张文裕、陈芳允、陆元九、王大珩等接连应邀发表谈话、做报告、写文章,积极宣传发射人造地球卫星的重要性和深远意义,同时开始了调研工作,酝酿我国的研究计划。随后北京天文馆开展普及教育,编排了"人造地球卫星"节目,利用星象仪进行表演,举办"人造地球卫星、月球火箭"图片展览。报纸、刊物、广播电台也登载与报道许多这方面的文章。邮电部还专门发行了一套"人造地球卫星"纪念邮票,在一枚4分的邮票图案上描绘出东方巨龙与人造地球卫星图案,展示着我国人民的信念。"放卫星"这一词汇,一时在全国广为流行,人们期盼着我国的人造地球卫星能早日上天。

空间探索创建"581"

发射人造地球卫星,是人类克服地球引力、扩大活动范围、开发利用外层空间的一个巨大进步。它不仅在科学技术上具有重大意义,而且在经济上、军事上具有重大的实用价值。继发射世界上第一颗人造地球卫星之后,苏联于同年11月3日又发射了第二颗人造地球卫星,小狗莱伊卡随之遨游。接着美国于1958年1月31日发射"探险者1号"人造地球卫星,发现范·艾伦辐射带。这些成就引起国际学术界的极大关注。钱学森积极提出建议,倡导我国开展卫星研究工作。中国科学院副院长张劲夫等领导多次召开会议研究、讨论人造地球卫星发射成功对未来科学发展的影响,探索我国如何开展空间科学技术研究。

1958年5月,党的八届二中全会在北京召开。开幕的当天下午,刘少奇在党中央委员会工作报告中指出:

1957年10月和11月,苏联发射了两颗人造卫星,因而使全世界不能不承认,苏联在科学技术方面超过了最发达的资本主义国家——美国⋯⋯所有这一切都说明东风已经压倒了西风,而且将继续压倒西风。

中国的卫星问题,是代表们茶余饭后谈论的热点,有的代表在发言中提出了中国要搞人造卫星的建议,并且强调说,苏联"老大哥"的卫星都上天了,中国是火箭的故乡,又是社会主义国家,无论如何,也应该搞我们自己的卫星。会上,毛泽东主席以马克思主义理论家的雄才大略回顾过去,总结今天,规划未来。5月17日下午5时30分,毛泽东主席发表讲话,两次提到卫星问题。他认为苏联的人造地球卫星上天是件好事。他说:"苏联人造卫星上天,我们也要搞人造卫星,我们也要搞一点。""当然啰,卫星应该从小的搞起,要放我们就放它个两万公斤的!""我们也要搞人造卫星"。[①] 这是毛泽东主席代表人民向时代立的誓言,代表党中央发出的向空间进军的动员令。毛泽东主席的号召是在世界上第一颗人造地球卫星发射成功仅仅半年后发出的,充分表明中国人民有信心、有能力登上空间技术的舞台,表达了中华民族屹立于世界民族之林的勇气和决心。

1958年6月3日,中国科学院在西苑中直机关礼堂召开大跃进动员大会。钱学森、贝时璋、华罗庚、赵九章、陆元九等许多科学家参加了会议。钱学森首先发言,他主张研究人造地球卫星。紧接着陆元九表示:"中国科学院应该开展人造地球卫星控制方面的研究,不但要把卫星放出去,而且要用控制手段回收它。"当时会上提出了一个口号,叫"上天、入地、下海",很振奋人心。所谓"上天",就是要搞人造地球卫星。"入地"就是用最新技术,寻找地下宝藏,强调地球物理勘探,也曾经提出一种设想,即用火箭钻地。"下海"就是要把我国的国防线向

---

① 杨照德,熊延岭:《钱骥》,金城出版社,2001年版,第108页。

钱学森等在中国科学院规划座谈会会上讨论发射中国人造卫星

海上延伸。首先想到的是搞水声，就是设法找到探测潜水艇活动的声道，一旦找到了这个声道，外国潜艇只要在很远的海域一出动，我们便能探测到，这就等于将我国的国防在海上向前方推进了成百上千公里。人们当时称它为"科学国防"，是一件十分鼓舞人心的事。

在"破除迷信"、"要搞就得搞大一点"的思想影响下，人们对发射人造卫星热情很高，想得比较简单。在各方面的物质条件离发射卫星差得很远的情况下，提出了要研制高能燃料运载火箭，放重型卫星，向1959年国庆十周年献礼。接着上海、南京、天津等地"放卫星"，全中国都在"放卫星"，且势头汹涌，越放越大，越放越远。那时候"争上游"争得十分狂热，"放卫星"就变得极其荒唐，各行各业都争着"放卫星"。某地"放卫星"亩产水稻3万斤，某座高炉"放卫星"日产万吨！"人有多大胆，地有多大产"竟成了《人民日报》社论的标题。

据当代中国丛书《中国科学院》记载：1958年6月3日至5日，京区各单位举行跃进大会，会后各单位掀起"苦战二十天，向党代会献礼"的热潮。到7月1日，中国科学院机关第二次代表大会在京举行时，跃进形式又被推向新高潮。大会期间，有43个单位向大会献礼972项，其中有102项声称已经达到了国际先进水平。同年6月，中国科学院党组根据中共八大二次会议发出的"尽快地把我国建设成为一个具有现代工业、现代农业和现代科学文化的伟大的社会主义国家"和"在实现十二年远景规划的基础上,尽快地赶上世界先进水平"的号召,提出了"关于自然科学研究工作十年赶上美国问题向中央的报告"。报告提出,十年内要做三件事:一是掌握新技术,重点项目是卫星上天和原子能和平利用;二是促进国民经济的科学化,能够依靠自己的力量独立解决中国工业、农业、交通和卫生事业中重大复杂的科学技术问题;三是培养和建立一支有四五十万人的又红又专的科学干部队伍。

那么中国第一颗人造卫星该怎么放？在毛泽东主席发表"我们也要搞人造卫星"的讲话之后,聂荣臻副总理召集专门会议,责成中国科学院和国防部五院负责人张劲夫、钱学森、王诤,组织有关专家拟定人造地球卫星发展规划。聂荣臻副总理责成中国科学院和国防部五院制定独立的空间技术体系规划。1958年6月19日,张劲夫、钱学森、王诤、万毅、刘有光、孙俊人、王世光、蔡金涛等开会研究探空火箭、人造地球卫星任务。确定1959年发射高50～70公里、高250公里和高500公里的探空火箭;1961年发射高1 000公里的探空火箭。探空火箭是由火箭、跟踪设备、地面设备、遥测与记录设备四部分组成。总负责人是王诤、张劲夫、裴丽生。7月,王诤、裴丽生召集会议,对探测项目和任务进行分工。会议确定:国防部五院将导弹改装成运载火箭,其载荷为1吨,飞行高度为300公里;箭头分为高空物理和生物两种型号,由中国科学院地球物理所、自动化所、电子所、力学所、应用物理所、原子能所、生物物理所、器材局工厂(后改为北京科仪厂)等单位承担研制,院外协作单位有军事医学科学院、北京大学、中央气象局及电子工业局所属工厂。

为了使中国的人造地球卫星尽快有眉目,聂荣臻特地邀请张爱萍、罗瑞卿、张劲夫、王诤、钱学森等人,在国务院办公室召开了专门会议,研究中国的卫星如何起步这一问题。1958 年 7 月,国防部五院和中国科学院进一步讨论了分工。火箭方面以五院为主,探空头和卫星及观测工作以科学院为主。按照任务分工,张劲夫在北京西郊香山饭店组织钱学森、赵九章、郭永怀、陆元九、陈芳允、蔡翘、贝时璋等科学家负责制定人造卫星发展规划设想草案。屠善澄、钱骥、魏钟铨等负责会务并参加起草工作。草案提出分三个步骤的设想:第一步,发射探空火箭;第二步,发射一两百公斤重的卫星;第三步,再发射几千公斤重的卫星。据屠善澄回忆:

> 香山会议由钱学森主持,赵九章负责会议组织工作,参加会议的还有一位是蔡翘的秘书,我们几个负责会议记录,参加一些讨论。会上,钱学森让大家畅所欲言谈人造卫星对未来科学发展的影响,探索我国如何开展人造卫星科学技术的研究。大家对利用人造卫星可以进行有关地球物理的科学工作谈得较多,例如,利用卫星轨道的观测,可以计算高空大气密度,推算出地球的质量分布,从而提供地壳构造以及地球椭圆的资料;利用卫星在星上进行试验研究,对卫星内部及表面温度的测量,可以研究太阳辐射的能量;利用卫星发出的无线电信号,可以研究电离层的结构等等。会上还讨论了卫星轨道控制、卫星跟踪测量以及生物实验等问题。大家谈得比较激动时,会议休息一下,走进香山树林里呼吸一下大自然的新鲜空气,然后回到会场重新冷静下来展开讨论。经过充分的论证,由钱学森归纳的三个步骤被列入规划设想草案中,他还认为人造卫星是一项综合性很强的工作,从"任务带学科"考虑,可以带动诸多新兴技术的发展。1958 年 7 月,中国科学院向聂荣臻报告了草案的设想,整个工作分为三步,分工方面火箭以国防部五院为主,探空和卫星及观测工作以科学院为主,相互配合,苦战三年,实现(1960)上天。

　　1958 年 8 月 20 日,钱学森参加研究与起草的《国务院科学规划委员会十二年科学规划执行情况的检查报告》中指出:"发射人造卫星,将使尖端科学技术加速前进,开辟新的科学研究的领域,为导弹技术动员后备力量。同时,大型的卫星上天是洲际导弹成功的公开标志,是国家科学技术水平的集中表现,是科学技术研究工作向高层空间发展不可少的工具。"报告还提到,"围绕人造卫星研究,高能燃料、耐高温合金、无线电电子学、电子计算机、应用数学等一系列工作将被带动起来。"[1]

　　中国科学院将人造卫星研究列为 1958 年的一项重大任务,代号为"581"任务。中国科学院为了实施空间技术发展规划,落实了组织与业务领导,并成立了"中国科学院 581 组",钱学森任组长,赵九章任副组长,另一位副组长是地球物理所党委书记卫一清。成员包括各有关所的主要领导,如力学研究所杨刚毅、自动化研究所武汝扬、化学研究所华寿俊、电子研究所顾德欢、计算机技术研究所阎沛霖、生物物理研究所康子文等。"581"组专门负责研究我国人造地球卫星的问题,并负责领导、规划、协调"581"任务。

　　"581"组计划建立三个设计院:第一设计院负责卫星、运载火箭总体,由力学所郭永怀、杨南生负责筹建。为了充分利用上海地区的工业基础,该设计院于 1958 年 11 月迁至上海,改名为中国科学院上海机电设计院,接受中国科学院和上海科学技术委员会的双重领导。第二设计院负责控制系统研制任务,从自动化所抽调科研人员成立了三个研究室,吕强任院长,陆元九、杨嘉墀、屠善澄等列为学科负责人。1958 年 11 月借用红山口高级军事科学院部分房间开展工作,翌年由于任务调整又搬回自动化所。第三设计院负责探空仪器研制和空间环境的研究,以地球物理所为主,并从中央广播事业局、铁道部和空军

―――――――――――――

① 张钧主编:《当代中国航天事业》,中国社会科学出版社,1986 年版,第 27 页。

等单位抽调科技人员、技术工人和政工干部加入到这支队伍中。赵九章、钱骥担任科学技术领导。1958年9月成立了中国科学院"581"办公室,负责具体任务的组织实施和对外联系,将其挂靠在地球物理研究所。郭沫若院长十分重视加强空间科学技术领域的科学力量和研究工作,全力支持科学家提出的紧急措施方案,方案报到国务院,周恩来总理又亲自过问审议,报告党中央后获得批准,并拨了专款支持这项工作。

与此同时,以中国科学院生物物理研究所贝时璋、军事医学科学院蔡翘为主要领导开展了宇宙生物学、航空医学的研究;天文台、数学所则进行了轨道计算研究。在郭沫若亲自领导下成立了中国科技大学,以培养新兴科学技术人才。为便于加工、测试和总装卫星及仪器生产等工作的顺利开展,还新建了北京科学仪器厂、上海科学仪器厂。

"581"组领导下的技术小组,在1958年7～9月,每周召开2～3次会议,由钱学森和赵九章主持会议,经常参加会议的人有陆元九、杨嘉墀、陈芳允、钱骥、吕保维、马大猷、孙湘、吴几康、施履吉等,张劲夫、裴丽生、王诤、杜润生、王士光、罗沛霖、钱文极、蔡翘也多次出席会议。经过多少个日日夜夜的讨论,才确定了第一个方案。运载火箭由国防部五院提供,其有效载荷为1吨,飞行高度300公里,火箭箭头分为高空物理和生物两种型号。高空物理探测项目包括高层大气结构(温度、压力、风速和成分)、电离层结构(电子和离子浓度分布)、太阳辐射(X射线、近紫外、远紫外)宇宙线、气晖、微流星和高空磁场等,这几乎包括了当时国际上已经开展的所有高空探测项目。这些项目的负责单位有地球物理所、电子所、应用物理所、原子能所、北大地球物理系等。箭头结构设计和力学环境模拟设备的研制由力学所负责,器材局工厂负责箭头加工;地面观测系统(包括跟踪雷达)由电子所负责;遥测和姿态控制系统的研制由自动化所负责。以上各系统的研制都有地球物理所的科研人员参加。方案和分工确定以后,立即决定装配出两种型号的箭头模型作为国庆节献礼。在破除迷信、解放思想的精神指导下,承担任务的科研人员以自力更生搞尖端任务的热情,夜以继日奋战在科研生产第一线,终于如期完成两个箭头的装备任务,并同时完成一套运载火箭初步设计图和探空火箭模型,以这些成果参加了当年国庆节开幕的中国科学院自然科学跃进成果展览会。

中国科学院自然科学跃进成果展览会于 1958 年 10 月 1 日在北京中关村生物物理所开幕。在胡乔木的直接建议下,中央和国务院的有关领导刘少奇、周恩来、彭德怀、陈毅、李富春、聂荣臻、陆定一等都前往参观了展览。1958 年 10 月 25 日,毛泽东主席前来参观。先由郭沫若、吴有训、张劲夫陪同参观了自然科学跃进馆的各学科展览室,然后由张劲夫、钱学森陪同走进了新技术展览室。室内陈列了一套火箭设计图、地面雷达照片、火箭模型及两个探空火箭头部模型,其中一个载有科学仪器,另一个是生物舱。毛主席对火箭模型、生物舱模型看得很仔细,并听讲解员讲解,不断地思考。快结束时,毛泽东主席对钱学森说:"不听他们的,你给我说实话,这个能不能上天。"钱学森明确回答说:"这是个模型。"毛主席鼓励钱学森"要独立自主,自力更生,敢于走前人没有走过的路"。钱学森心里十分清楚,这些按照国外已公开的资料所进行的模仿性工作自然是初步的,对于其中的许多技术问题,还来不及作认真的分析、研究;有的设备虽能运行,但能否长期在恶劣的空间环境中工作取得可靠的数据,仍然存在很大的疑问。钱学森还深深感到,研制人造地球卫星和运载火箭,所需要的特殊仪表恰恰是空间探索的先行官。研制展览模型已费了很大劲,卫星要真正上天,工作还差得很远,许多技术问题还没有底,更需要打基础练基本功。

为了探索中国空间技术发展的途径,根据当时中苏科学技术协定,中国科学院组织"高空大气代表团"到苏联考察。由赵九章任代表团团长,成员有地球物理所卫一清、钱骥,自动化所杨嘉墀、杨树智,翻译请了原子能所何大绥担任。1958 年 10 月 15 日晚,中国科学院副院长张劲夫和钱学森在力学所大楼三楼会议室召开会议,为代表团送行。会上张劲夫交代任务时说:"我们搞尖端科学,一方面自力更生,同时也要力争外援。代表团是根据中苏两国科学院协作项目'高能物理'去进行访问的。关于派遣代表团的事,郭沫若院长曾有信给苏联科学院院长。我们要借题发挥,力争了解到一些探空技术的关键问题。"钱学森说:"祝大家一路平安,满载而归。"

1958 年 10 月 16 日清晨,钱骥、杨树智、何大绥提前乘一辆面包车由中关村驶往东郊机场,办理托运出国手续,随后赵九章、卫一清、杨嘉墀也乘车到达机场。代表团成员同乘图 104 飞机由北京直飞莫斯科。想去苏联取经学习放卫星,是这几位科学家的共同夙愿,今天终于如愿以偿,他们心中不禁有一种天马行空似的快感。可在这种快感背后又有一种使命的重负,悄悄地压迫着他们的心。杨嘉墀曾到过苏联,有一定的印象,但是这次访问是代表中国科学院。对社会主义大家庭的苏联,他充满信心,期望这次考察能得到满意的结果。

中国代表团的飞机刚一降落,苏联科学院联络局的工作人员安德烈便走出候客厅,将赵九章等 6 位专家热情地迎下舷梯。经过短暂的外交礼节之后,几辆黑色小轿车便载着他们驶向高尔基大街中部的北京饭店。安德烈告诉大家,考察和参观的日程苏方已有安排。根据预案,中国方面要求考察人造卫星研制单位、遥测遥控设备、发射场测试设备等,并提出与有关方面专家进行交流的补充计划。按照考察计划,代表团在苏联活动仅有 14 天。苏方接待人员表面上很热情,第一天安排代表团去冶金所,参加苏联科学院苏中友好协会的集会;第二天安排代表团浏览莫斯科市容;第三天安排代表团参加苏联科学院秘书长的追悼会;第四天安排参观博物馆。唯独不安排去科研机构参观。经过多次交涉,从 10 月中旬到 11 月上旬,仅安排在莫斯科参观了大气物理研究所、地球物理所、电离层地磁研究所和应用地球物理所。代表团受到了礼节性的接待,在每个研究所大约停留两个小时,听取研究所基本情况简介。代表团抓紧参观机会,尽可能多地了解一些情况。由于收获不大,代表团向苏方交涉,苏方接待人员要代表团继续等待。在等待过程中,苏方安排代表团去克里米亚参观天文台,又安排去杜布纳联合原子核研究所参观同步加速器,在那里杨嘉墀、钱骥与核物理学家王淦昌相遇。一天过去了,两天过去了,关于参观空间技术的项目,苏方仍没有明确的回答。这时中国代表团的科学家们,当然并不知道中苏两党领导人之间的关系已经发生了微妙的变化。不久,苏方负责接待的安德烈正式通知代表团说:"参观人造卫星的设备要经赫鲁晓夫批准。"这样,代表团要考查的人造卫星有关技术均未安排,仅安排到苏联科技工业展览会去参观一些公开展览的卫星模型。关于合作问题,则根本就没有举行会谈。对这次行期 70 多天的访问,赵九章与代表团成员认真做了总结思考,认为除科技方面有所收获外,最大的收获是对比了苏联和我国的情况,进行了冷静的分析。他们深刻地认识到发射人造卫星应立足于国内,走自力更生的道路,靠外援是不可取的,要靠自己国家有强大的工业基础和较高的科技水平;我国空间探测事业要由小到大,由低到高,由初级到高级逐步发展;根据当时国内的情况,我们发射卫星的条件尚未具备,应先从火箭探空搞起。

1958 年 11 月,张劲夫作为候补中央委员在武昌参加八届六中全会期间,向书记处汇报科学家对研制人造卫星的意见和计划,获得会议赞同,并决定拨 2 亿元专款支持该计划。科学院党组确定该专款重点用来建设迫切需要的高能燃料、火箭发动机和上海机电设计院的运载火箭两个研究设计试验基地,以及水声工作站、风洞、"581"组试验室、109 厂和上海、大连、长春的高能燃料研究室以及电子、自动化、高温金属、光学等四项配套工作。倘若从当时中国技术实力看,这样的设想和行动是十分及时且富有胆略,以后几年由于各种原因,人造地球卫星的研制机构曾作过多次调整,但"581"组始终未被拆散,工作也从未停顿,一直跟踪注视着国外卫星技术发展的动向,并且根据国家给予的人力、物力、财力的支持,调整缩小研制范围,重点保证几项为人造地球卫星本体预先研究所必需的技术。因此,当 1964 年 12 月与 1965 年 1 月赵九章和钱学森先后再次提出研制人造地球卫星时,就有了相当的基础,工作进展也很顺利。

探空火箭试验先行

考虑到火箭推力对卫星发展的制约,钱学森主张中国科学院先行一步,研究高能燃料。1958 年 8 月中国科学院召开高能燃料会议,组织北京、上海、大连、长春四家化学所的精兵强将,开展液体、固体高能燃料的研制,并探索固液型、游离基及重氢燃料。为此向聂荣臻作了专题报告,建议火箭制造也采取两条腿走路的办法,即在国防部五院利用苏联资料和一般燃料研究火箭的同时,中国科学院发挥各有关研究所的潜力,组织一批老专家(其中许多是从欧美留学归国的爱国人士),完全依靠自己的智慧和经验去摸索创造,从高能燃料入手开发研制火箭,作为国防部五院的补充。

在力学所,钱学森、郭永怀以火箭技术为中心,开展的工作内容有:探索各种高能推进剂组合与大型、中型火箭发动机试车台设计,并开展液体火箭发动机燃烧、传热的基础理论与探索性研究;组建上海机电设计院,开展人造地球卫星、运载火箭总体的研究;研制风洞序列,进行与火箭技术有关的高速空气动力学研究。

推进剂是为火箭发动机提供能源和工质(工作介质)的化学剂,它包含可燃物质和氧化剂。最早使用的推进剂是由中国发明的黑火药。第二次世界大战后,各国相继开展推进剂的研制试验工作。在液体推进剂方面,液氧、煤油得到很大发展。在可储存液体推进剂方面,研制出肼(一种有机化合物,是一种高能燃料)的衍生物偏二甲肼和甲基肼,采用了四氧化二氮后,改进了红烟硝酸的腐蚀性能。当时中国的液体推进剂尚处于开创阶段,在此基础上,又提出了要进行高能推进剂(低温推进剂)的研究工作。以氟、氧元素为主,组成的液体氧化剂具有很强的氧化能力,含氟的液体氧化剂,例如液氟、二氟化氧、五氟化氧等与一般液体燃料组合的推进剂具有较高比冲,但有燃料温度高、毒性大的特点。氢以及它与锂、铍、硼、铝、碳、氮这些元素组成的液态化合物也可做燃料,经常使用的是碳、氮元素与氢组成的液体燃料,如烃类、肼类和胺类的化合物。每一种高能燃料研制出来后都要进行试验,并要试车。此外,火箭发动机尾喷管同样也要做试验。张劲夫与钱学森商量,把这项探索性任务交给了力学所和化学所,由这些所负责建立了一个实验基地。

1958年秋天,张劲夫、钱学森等人乘民航局专机在北京上空转了几圈,在北京市市长彭真的支持下,最终选定在北京怀柔山区、燕山脚下建立一所液体火箭发动机推进剂试验基地,对外公开名称是北京矿业学校。据张劲夫在《请历史记住他们》一文回忆:

> 发射导弹,需要有发射基地。钱学森提出,搞导弹主要看你火箭用什么燃料,火箭的燃料很重要。钱学森说一定要搞新的高能燃料。科学院要把科研重点放在开发自己的高能燃料上,这样火箭才能做得大,射得远。每一种高能燃料研制出来后都要试烧,要试车,火箭的发动机、尾巴的喷管均要试验。我和钱学森商定,让科学院力学所承担这个任务,需要选一个实验基地,当时民航局给了我们一架专机,在北京上空转了几圈,我和钱学森坐在飞机上往下看,看了几遍就选定在京郊山区的一片林地里面,成立力学所二部,由林鸿荪负责。林鸿荪是钱学森在美国大学教书

时的学生,也回国到力学所工作。另外让化学所与他们配套,也成立了化学所二部,主要研制高能燃料。同时科学院还有好几个研究所也研究高能燃料,特别是大连化学物理所,是搞石油煤炭研究的,业务上比较接近,过去叫石油研究所。另外,长春应用化学研究所、上海有机化学所,这些所都接受了任务,研究开发中国的高能燃料。上海和大连在山区也搞了试验基地。因为钱学森、郭永怀他们有这方面的专长,试验基地的主要实验方向是先试验液氧,要把氧气变成液氧,需要低温。科学院在中关村建立了一座气体站,可以集中相当数量的氧气、氢气,既供应民用,也供应科研使用。科学院物理所洪朝生负责的低温实验室,专门研究低温,把温度降低,氧气就变成液体燃料了。首先用液氧,需把温度降到零下180摄氏度左右。但推力大的是液氢,可制成液氢的难度就大了,需要把温度降到零下250摄氏度左右,氢气才能液化,而且,氢气还容易爆炸。科学院主要任务是搞高能燃料的。当时,各方面的协作关系都很好。有的燃料毒性很大,每次试验都要请防化兵,戴着防毒面具,把工作人员都武装起来。高能燃料是导弹的一个关键所在,科学院当时承担的是最重要的任务,就是做高能燃料的研究开发。

林鸿荪按照钱学森、郭永怀的总体部署,主要从事火箭发动机试验站的建设工作。该站是对火箭推进剂、火箭发动机及其组件进行各种冷、热试验的场所。他们首先设计了一种液体火箭发动机小推力试车台,推力为200公斤,由推力架、推进剂供应系统、供气系统、测量环境以及消防、通信、环保等辅助设施组成。为了更好地发挥各学科的优势,钱学森提出控制系统、测量系统的研制任务,由自动化所杨嘉墀领导的特殊仪表研究室来完成。

林鸿荪率领一批年轻人,满怀激情地来到离京城很远的偏僻小山沟,当时这里是一片人迹罕至的地方,小山沟三面环山,一面连着一条黄土马路。沟里有一条小溪,只要几天不下雨,水就流得像线一样细。山上长有一些酸枣树,树下杂草丛生,就在这片土地上,新建成了一幢灰色的二层楼房,楼梯扶手尚未安装好,这群年轻人就进驻到办公室、实验室和宿舍里。虽然条件艰苦,但却信心百倍。白天山沟里静悄悄的,偶尔能看到黄土马路上走过一辆牛拉的板车,不过有时也能听到这群年轻人的欢声笑语回荡在山沟上空。他们都是多面手,既是设计者,又是搬运工、安装工、操作手、修配工……在各方面的大力协作与支持下,很快就试制出100公斤推力的硝酸-苯胺双组元推进剂发动机、阀门和燃气贮罐,并备齐了各种管道钢材和仪表,终于自己动手建成了发动机系统。试车了,需要加注燃料和氧化剂,没有防毒面具、安全帽和防酸手套,试车照样进行。不知经过了多少个日日夜夜、多少次失败,不断总结经验与教训,经过几年的风风雨雨,终于先后建成了推力为200公斤、500公斤的试车台。

在同一时期,张劲夫与钱学森等人为了把北京的科技力量与上海的工业基础结合起来,更好地开展人造卫星和火箭的研制工作,经与上海市委协商,设在力学所内由郭永怀、杨南生任正副院长的第一设计院从北京迁到上海,更名为上海机电设计院,由中国科学院和上海市委共同领导。除了来自北京的原来力学所一批人员外,上海机电设计院又从各大学和相关技校调进了几百名在读的学生。这是一支非常年轻的队伍,技术人员的平均年龄只有21岁。不具备火箭方面的专门知识,既没有相关的技术资料,又不可能得到任何外援,他们全部的拥有只是开创祖国卫星事业的豪迈激情,勤于学习、敢于探索的蓬勃朝气。设计院地处繁华的上海淮海中路,他们平时无事从不出门,除了工作就是学习,一天到晚不是看图纸就是啃书本,每晚12点若不是书记"勒令"都不肯去睡觉。钱学森为了尽快培养这批年轻人,一方面派力学所李敏华、卞荫贵到上海与杨南生、王希季一起给他们讲空气动力学、燃烧学、结构力学等方面的知识,还决定抽调一些中技生到北京中关村参加超音速风洞实验室建设,掌握实际操作能力。钱学森、郭永怀还亲自给他们讲火箭专业方面的相关知识。

上海机电设计院成立之初设立总体、结构、发动机、无线电和地面设备五个设计室。杨南生担任副院长,王希季任总工程师。当时,针对研制以液氟为氧化剂的运载火箭遇到了不可逾越的障碍。但为了更快地积累研制运载火箭的经验和锻炼技术队伍,决定先研制由液氧和酒精组成的推进剂,用于高空大气结构探测的有控探空五号(代号 T-5)单级液体火箭上。在上海市有关工厂和高等院校的大力协作下,攻克了在当时看来极为复杂和困难的一些技术问题。T-5火箭的绝大多数部件和组件虽然已加工出来,并完成了 1 枚模型火箭的结构总装,但发动机系统却因缺少试验条件未能经受热试车的考验;自动控制系统亦因少数部件未能达到设计要求;多数部件没有进行动态模拟试验;加之没有可供使用的发射场。基于以上种种原因,这种火箭离可供飞行试验还有相当大的差距。

根据邓小平、陈云指示:"卫星还要搞,但是要推迟一点,因为国家经济困难。"[①]1959 年 1 月 16 日,张劲夫在中国科学院党组会上传达邓、陈指示,3 月中科院党组决定调整空间技术任务,提出"大腿变小腿,卫星变探空"的决策。3 月 23 日,地球物理所的赵九章提出开展气象火箭探空的建议,认为开展 100 公里以下高空大气探测是设计高空飞行器等所必备的资料,也是改善天气预报、研究电波传播的基础。气象火箭探空是从小到大、从低到高循序渐进的做法。另外,在同一时期,上海机电设计院技术负责人王希季等人亦在思索这些问题。他们通过"T-5"火箭的实践,认识到自力更生发展火箭技术的艰巨性、

---

① 张劲夫:《请历史记住他们——关于中国科学院与"两弹一星"的回忆》,《人民日报》,1999 年 5 月 6 日。

迫切性。他们不仅密切关注具体的研制工作,更在深思有关上海机电设计院发展的全局性问题。他们经常在想,在研制经验缺乏、技术储备不足、国家投资又十分有限的情况下,我们的目标定得是否切合实际? 只抓火箭研制,不搞配套设施建设行不行得通? 就在任务调整的关键时刻,1959 年 7 月 10 日钱学森致函上海机电设计院,函中,内容大致是:根据中国的国情以及中国火箭技术发展的现状和需要,建议上海机电设计院改变原定的设计运载火箭发射人造地球卫星的计划,把设计院改建成一个设计和研制小型火箭的单位,以便研制气象火箭作为具体的任务之一。

根据中国科学院空间技术调整安排和钱学森的建议,上海机电设计院领导在认真总结实践经验的基础上,坚定地、实事求是地提出"学本领、打基础"的口号,并在一年之内两次调整战略目标和研制任务,先从研制人造地球卫星调整为研制探空火箭,再从研制探空火箭调整为研制气象火箭。经过调整后,上海机电设计院提出了以无控制火箭作为发展火箭的突破口,并把探空火箭发动机试车台、发射场两大组成相配套地进行研制、建设。该院技术负责人王希季则集中精力抓型号研制,从 1959 年 8 月开始研制探空七号气象火箭(代号 T-7)和探空七号模型试验火箭(T-7M)。这些做法合乎刘少奇、邓小平等中央领导关于探空火箭技术发展的指示精神,因而得到领导的肯定。

"T-7M"火箭是由液体燃料主火箭和固体燃料助推器组合而成的两级无控制火箭。当助推器工作完毕后,主火箭在空中自动点火,主火箭的箭头、箭体在弹道顶点附近可以自动分离,分离后的箭头、箭体分别用降落伞进行回收。主火箭发动机采用白烟硝酸作氧化剂,苯胺和酒精的混合液作燃料。贮箱采用悬挂式,主火箭箭体结构由蒙皮、桁条和加强框等组成,由它将各个系统连结成一个整体。在主火箭尾部装有 4 片三角形尾翼,以确保火箭稳定飞行。火箭起飞质量的最大值为 190 公斤,在海平面发射时的最大飞行高度为海拔 10 公里。

在"T-7M"火箭的设计工作开始时,便注意狠抓试车台的建设。因为在火箭发动机试车阶段,会出现高压气、有毒气体、高温火焰、爆炸、中毒、火灾等种种危险现象。因此,试车台必须备有防爆、防火、防毒等措施。倘若新建,一则时间进度赶不上,二则没有那么多的钱且没有合适的地方。发动群众集思广益,很快便找到了可废物利用的江湾机场抗战时期日本遗弃的一个废旧碉堡,用它改造成火箭发动机试车台。寒冬腊月,科技人员自己动手弄水和泥、搬砖抬石,当起了"泥瓦匠",很快便建成了一个防爆、防毒又防火的发动机试车台。"T-7M"和"T-7"火箭发动机的试车,均是在这一废碉堡中完成的。1960年4月18日晚,国务院副总理聂荣臻、中国科学院副院长张劲夫、力学所所长钱学森,冒雨来到江湾试车台,在寒风细雨中,站在碉堡外,通过观察窗观察发动机的点火试车。聂荣臻副总理勉励科技人员要努力学习,做到又红又专,成为中国第一代液体燃料探空火箭发动机专家。钱学森则要求大家把革命干劲和科学分析结合起来,逐步开展测量仪表的研制,可以派一些人到北京自动化所的特殊仪表室协作与进修。

火箭简易发射场坐落于上海南汇县①老港镇以东海滩上。该发射场是由杨南生副院长负责筹建的。从选址、设计、加工制造设备、建设到建成用了不到3个月的时间。由于条件所限,一些辅助设备用的是代用品:没有吊车,火箭是用类似于中国古老的辘轳卷扬机吊上发射架;没有燃料加压设备,就用自行车的打气筒将气压打上去;来不及建立通信线路就用手势或以人传递叫喊的原始方式进行试验场的联络;没有自动遥测定向天线,就靠几个人用手转动天线跟踪火箭。指挥所距发射架几百米,是在田埂上用砂土包垒起防护墙建成的草棚子。

---

① 2001年,南汇撤县建区;2010年,南汇区划入浦东新区。

"T－7M"001 号探空火箭用打气筒加注推进剂

　　1960 年 1 月,"T－7M"火箭进行第一次发射,火箭起飞时因管道振裂,漏出的燃料在发射架上烧了起来,从而导致发射失败。随后大家一起找出了故障原因,对火箭进行了改进。同年 2 月 19 日进行第二次发射,王希季根据气象组、发射组、观察组、摄影组、回收组、消防组提供的信息,最后作出决定批准发射。16 时 47 分,现场指挥朱守已(现名朱为公)下达"发动机点火"口令后,发射架旁涌起滚滚白烟。"T－7M"主火箭沿着轨道飞离发射架,奔向天空。火箭发射试验成功! 在场的杨南生、王希季等全体参试人员无不欢呼雀跃!

　　首枚火箭发射成功后,设计院随即向力学所所长钱学森报喜,并于 1960 年 2 月 20 日向上海市委、科委和中国科学院党组发送了第一期工作简报。主要内容是:"小火箭(T－7M)于 2 月 19 日下午 4 时 49分在南汇试验场发射成功!""根据我们使用望远镜追踪观察的结果,火箭高度达到 4 公里之后,仍继续上升(4 公里以上未能观察到),估计火箭高度在 5 公里以上。""燃料按设计全量加足时,飞行高度可达 8 公里左右,当燃料按设计全量的四分之三加入时,飞行高度约为 5 公里左右。19 日发射的火箭燃料装入量是设计全量的四分之三,因此,实际飞行高度与设计计算相符。"

　　1960 年 5 月 28 日晚,毛泽东主席亲临上海新技术展览会尖端技术展览室,视察了"T-7M"液体火箭。毛泽东主席仔细阅读了产品说明书,并询问了火箭可飞多高,讲解员回答:能飞 8 公里。毛泽东主席意味深长地说,8 公里那也了不起! 并鼓励大家:"应该 8 公里、20 公里、200 公里地搞上去。"①

1960 年 5 月 28 日,毛泽东观看"T-7M"火箭

　　为纪念"T-7M"火箭对中国火箭探空和空间事业发展作出的历史性贡献,上海市科学技术协会、上海航天局和南汇县人民政府等单位于 1997 年 10 月在南汇火箭发射场原址建立了"T-7M"火箭首次发射成功纪念碑。碑文中写道:第一枚"T-7M"火箭由上海机电设计

① 张钧:《当代中国航天事业》,中国社会科学出版社,1986 年版,第 88~89 页。

1960 年 4 月　钱学森在上海老港探空火箭发射场

院杨南生副院长、王希季总工程师等百名科技人员自行设计制造。

"T－7M"火箭是"T－7"火箭的模型火箭。在研制"T－7M"的同时,大得多的"T－7"火箭的研制也在同时进行。"T－7M"成功之后,"T－7"工作便全面铺开,只用了 3 个月,1960 年 6 月,"T－7"火箭发射场在安徽省广德县誓节渡建立。该发射场(又称为 603 发射场)规模相当大,场内有一座 52 米长的直导轨桁架式发射架(竖立状态总高度达 54 米)以及发射控制室、气象观测室、液体推进剂加注间、液体发动机测试间、固体发动机装药间等设施,试验条件比南汇简易火箭发射场优越得多。1960 年 7 月 1 日,"T－7"火箭在 603 发射场首次发射,因起动时管道爆裂而失败。经改进后于同年 9 月 13 日再次发射获得成功。"T－7"火箭上装有地球物理所研制的气象和探空仪器。先后共计发射了 11 发,是我国的第一个探空火箭型号。1963 年 8 月,"T－7"火箭进行了最后一批次飞行试验。在这批次试验中,火箭弹道顶点高度均已达到海拔 64～65 公里。并成功地进行了中国的首批次火箭测风试验。这期间,张劲夫、裴丽生、钱学森曾多次到现场视察、指导,钱学森勉励大家继续努力,注意总结经验,并提出要学习大家的艰苦奋斗作风。

王希季院士在《箭击长空忆当年》一文中,对这一时期的研制工作有过下列一段回忆:

"T-7M"、"T-7"和"T-7A"火箭的研制,就是在吸取了失败的教训,作出了正确的决策和选准了技术途径的先决条件下,经过全院同志的共同努力而获得成功的。在这几个火箭研制中,我既当学生又当老师,既干具体工作又做技术指导,受到了严格的锻炼,增长了许多知识,这些使我终身受益。这三个火箭型号虽然在很短时间内研制成功,并为我国空间事业作出了重要贡献。但回忆起来,我认为有些事情还是没有做好,作为技术领导的水平和素质均有欠缺。例如,"T-7M"和"T-7"火箭的首次发射都没有成功。又如"T-7"火箭第四次发射,正好张劲夫副院长和钱学森先生到603发射场参观。当天进入程序,天气和预计的相差不大,工作正常进行。火箭加注和发射架调方位和倾角程序完毕之后,天气变坏风雨大作。发射指挥朱守已同志征得我的同意,暂停发射程序,等候风变小时再发射,几次觉得风已变小,但经测量还是高于规定,只好再等。我心里对张劲夫副院长和钱先生等人长时间等在风雨之中感到不安。终于到了风速小到4米多的时候,指挥台认为可开始倒计时,我表示同意。但天公不作美,就在倒计数接近完毕时,又感到风速变大。那时我本应该当机立断,命令停止,但却没有这样做。于是火箭点火、出架、升空,但没有多高就转弯了,逐渐就倾斜飞向地面。此次发射没有达到预定目的,失败了。"T-7"火箭不带助推器时,出架速度低,弹道刚度小,对风很敏感,发射时要求风速不大于6米,这点我是十分清楚的,但在临场时,却不能牢牢掌握,以致造成失败。对此我感到十分内疚。

1960年，山西省凭借太原市的工业优势和拥有的科技人才，研制成一种固体探空火箭（300号任务），初期尚无探测仪器和遥测跟踪系统。他们邀请中国科学院协助解决这些难题，裴丽生副院长责成地球物理所协助探空火箭的箭头设计，并提供探测仪器及跟踪定位设备；遥测方面的任务由自动化所完成。9月20日派出周光耀、杨俊文、何正华等人组成的工作组赴太原，并陆续运去仪器和设备。11月中旬完成了发射前的调试和检测项目。裴丽生、钱学森等领导赴现场指导工作。火箭飞行高度约4公里，因失稳而掉地失败。然而，在4公里的飞行中，探测与跟踪始终正常。据原中国科学院副院长裴丽生生前回忆：

> 我和钱学森所长、地球物理所卫一清副所长等人到太原，听取了各技术分系统工作准备情况的汇报，检查了各个技术细节。钱学森所长指出火箭的四个尾翼结构强度可能不够。我即要求从北京力学所派一个小组到太原进行具体核算。计算结果证实了结构强度确实太弱。我把这个情况反映给太原市领导后，太原市采取了加固措施，但没有重新加工尾翼。12月7日发射当天，我和中共山西省委、省军区领导都到了现场。科学院负责的所有箭上仪器、地面雷达、跟踪定位系统、遥测数据传输系统都工作正常。箭上数据不断发送到地面接收站，但火箭飞行不到10公里高度时，因强度不够，有的尾翼被高速气流刮掉，箭体失去平衡，从空中倒栽下来，未能达到150公里高空的预期目标。发射结束后，我到各测量点鼓励大家不要泄气，做好总结工作。通过山西的这次协作，科学院的火箭探空工作取得了正反两方面经验在内的实践考验。

第三章
大力协同托起火箭

自力更生发展导弹

中国航天事业是在导弹事业的基础上发展起来的。在 20 世纪 50 年代中期,根据国防建设的需要,党中央、国务院决定发展我国的导弹事业,并以国防科研、工业结构为主体,重点发展弹道式地地导弹,从而建立我国独立的战略核反击力量,也为发展运载火箭技术打下坚实的物质与技术基础。

1956 年 10 月 8 日,我国第一个导弹研究机构国防部五院正式宣告成立,钱学森任院长。这已成为我国导弹、航天事业奠基的纪念日。在当天召开的成立大会上,聂荣臻副总理对我国导弹研究院的诞生表示热烈祝贺。他勉励大家以自力更生、奋发图强的精神,进行学习研究,毕生致力于我国的导弹事业。

国防部五院成立之后,我国导弹、火箭技术面临着究竟选择一条什么样的道路的问题,是一切都靠自己从头摸索前进? 还是一切依赖外国的援助? 聂荣臻副总理召集航空工业委员会的领导人反复研究,认为应该把我们的立足点放在依靠自己的力量上,在坚持自力更生的同时,尽量争取必要与可能的国际援助。为此,聂荣臻副总理在向中央的报告中指出:我国导弹的研究,采取"自力更生为主,力争外援和利用资本主义国家已有的科学成果"的方针。1956 年 10 月 17 日,毛泽东主席、周恩来总理批准了这个方针。党和国家领导人的直接关怀与决策,是我国导弹、航天事业克服重重困难,发展壮大的有力保证。

　　为了缩短我国导弹技术起步阶段的摸索过程,1957 年 10 月 15 日,中苏双方签订了新技术协定,规定在 1957 年至 1961 年底,苏联将供应我国几种导弹样品和有关资料,派遣苏联专家,帮助我国进行仿制,并提供导弹研制、发射基础的工程设计,增加接受我国火箭专业留学生的名额等。应该说,在当时苏联的援助对我国导弹技术的起步、缩短仿制周期、培养科研人员等诸多方面起到了积极作用。1957 年,五院的重点便朝向仿制苏联提供的教学和科研弹"P‑1"和"P‑2"转移。钱学森也花费很大精力投向此项工程。他的指导思想十分明确,导弹研制仍然应该把立足点放在自己的力量基础上。首先组织科技人员翻译和消化苏联的图纸资料,派遣技术人员向苏联专家跟班学习,并在此基础上组织"反设计"。钱学森遵照聂荣臻副总理提出的一定要通过仿制,"爬楼梯",大练兵,向独立设计发展的方针。仿制的目的是为了独创,但必须在仿制中把技术吃透,才有利于独创。1959 年 10 月 17 日,他还在五院党委扩大会议上提出:"苏联的设计方案是 1959 年定案的,不是一成不变的、万年不变的方案,以后一定有改进的必要。我们应该灵活地学习,而不是死板地学习。"钱学森还多次强调在仿制过程中,要培养一支又红又专的科学技术队伍;要完成基本建设工程;要逐步建立长期的全国性协作网;要摸索出一套领导科技工作的经验。钱学森十分关注通过仿制建立起科研管理和各种规章制度,做到有章可循。他首先强调要加强设计工作的管理,明确各级设计师和总设计师的职责,院领导不能包办代替设计师的责任,下厂图纸和配套资料一定要有人审查把关,最后由设计师签字,以示负责。工厂一定要按设计图纸加工生产,不能随便更改。设计人员要下到工厂,解决设计加工中的问题。

　　1960 年,当我国仿制"P‑2"导弹的工作进入最后阶段时,赫鲁晓夫下令撤走全部苏联专家,给五院的导弹仿制工作造成了一定困难。在这种情况下,党中央、毛泽东主席决定自力更生发展我国的尖端技术。遵照这一精神,聂荣臻指示五院:一定要争口气,依靠我们自己的专家,自力更生,立足国内,仿制"P-2"导弹决不动摇,无论如何要搞出来。这一时期,五院的重大技术问题均由钱学森主持决定。他经常召开总师会议,讨论重大关键技术问题。边学边干,克服工艺技术、器材设备以及火箭燃料等各领域的诸多困难,将仿制"P-2"导弹工作继续推向前进。

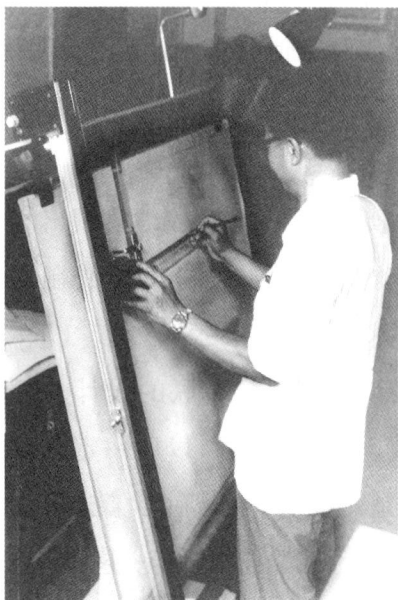

国防部五院建院初期,技术人员利用简单
工具进行设计

自力更生土法上马

　　为了全面考核我国第一个导弹发射试验场的各项工程设备性能,1960年9月,我国第一次在自己的国土上,用国产燃料成功地发射了苏制"P-2"导弹,为下一步发射仿制导弹创造了条件。紧接着,为组织国产"P-2"导弹的首次飞行试验,成立了以张爱萍为主任,孙继先、钱学森、王诤为副主任的试验委员会。1960年11月5日,我国第一枚近程导弹一举发射成功,现场科技人员和解放军官兵都情不自禁地欢呼雀跃。聂荣臻、张爱萍等和钱学森热烈握手。聂荣臻在发射试验场举行的庆祝宴会致词中说:"在祖国的地平线上,飞起了我国自己制造的第一枚导弹,这是我国军事装备史上一个重要的转折点。"同年 12 月,我国又两次成功地进行了国产"P－2"导弹的发射试验。仿制"P－2"导弹成功,标志着我国在掌握导弹技术方面已迈出了可喜的一步!

钱学森此时有着三重身份,在研制火箭、导弹的第一线,钱学森

1960 年 11 月 5 日,第一枚"争气弹"腾飞

是"总设计师",在中国科学院力学所是研究员,同时他又是教授。他必须把主要精力放在导弹工艺的谋划同时,仍手执粉笔在三尺讲坛上授课。钱学森非常重视人才培养,据中国科学技术大学力学系当年的学生刘济生回忆:"每当回忆起当时每周由玉泉路校本部乘校车到中国科学院自动化所四楼阶梯教室上'火箭技术概论'课时的情景,还历历在目。记得当授课讲到'运载火箭的技术实现'这章时,在同学们一再关切地询问我国运载火箭情况时,钱老只回答了一句'日日夜夜'。虽然只有四个字,其含义很深,他暗示我们空间事业的艰巨性与技术的复杂性,要我们年轻人好好学习,继承老一辈'日日夜夜'的精神。"

在近程导弹即将仿制成功的时候,聂荣臻副总理就指示国防部五院,要突破从仿制到独立设计这一关,迅速发展提高,建立我们自己的高技术水平的火箭队伍。面对苏联停止对中国的援助,全面撤走在华专家,使我国正在开展的尖端技术研究的项目几乎处于瘫痪状态。聂荣臻副总理激愤地说:"自己干吧,靠人家靠不住,党中央寄希望于中国自己的专家!"①钱学森则从控制论和系统工程的思路出发,曾多次向国家领导提出"组织全国大协作"的建议。1961 年初,中共中央在批转聂荣臻《关于一九六一年、一九六二年科技工作安排的报告》时,明确要求把从中央到地方各方面的技术力量组织起来,全国"一盘棋",拧成"一股绳",统一安排,分工负责,通力合作,共同完成国防科技任务。贺龙元帅也非常关心组织协作问题。1960 年 8 月他在给中共中央《关于在当前形势下国防工业建设几个问题的报告》中提出,解决材料问题是实现自力更生的一个极重要的环节。12 月,他在国防工委召开的三级干部会议上提出,要按国防工业生产的要求,组织全国协作网,从产品设计、试制、生产到原材料的供应都要立足国内。他还亲自组织各有关部门的协作,逐项安排落实新材料、新设备的研制生产。

为了集中使用和充分发挥中国科学院的研究力量,更好地配合"两弹"研制,聂荣臻副总理及时提出:"国防部五院、二机部、中国科学院三家要拧成一股绳,共同完成国防尖端任务。"1961 年,国防科委与中国科学院商定,在国防科委统一领导下分别组成两个协作小组,以便加强领导,及时协调解决研制中的具体问题。其中五院与科学院的协作组由五院副院长王诤、钱学森和科学院副院长张劲夫、裴丽生以及国家科委副主任刘西尧组成。中国科学院主要承担的任务是:理论分析、科学试验、方案设计、研制乃至批量制造所需的各种特殊的新型材料、元件、仪器、设备等。

1961 年 5 月 18 日,在钱学森领导主持下,召开了力学所与五院协作会议。参加会议的有梁守槃、庄逢甘、吴仲华、郭永怀、林同骥、李敏华、陆绶观等人。钱学森在会上介绍了苏联专家撤走后,国家领导人提出中国必须依靠自己的力量,而且尽可能快地研制出国防尖端武器。聂荣臻要求五院要搞射程为 1 200 公里、2 000 公里、4 000 公里的

---

① 聂力、怀国模:《回顾与展望》,国防工业出版社,1989 年版,第 466~467 页。

地对地导弹,要搞洲际导弹,还要研制自己的地对空导弹,要靠我们自己的专家,来把这个任务完成。钱学森又提出,一定要进一步地搞高能燃料,加大它的推力、速度。新的高能燃料主要是液氢,首先进入小型试验,取得了科研成果后,提供给五院。经过充分讨论后,签订了关于液体火箭发动机燃烧、传热,高速空气动力学,弹性结构,冲压发动机,金属爆炸成型机理等五项直接为火箭、导弹服务的基础理论与探索性研究的协议。会后,经有关双方科技人员进一步细化研究,提出了具体课题项目、技术要求、协作方式、进度要求等补充意见,作为协议书的补充意见。力学所随后调整技术队伍,组建相关的研究室、课题组开展工作。在钱学森的亲自挂帅下,与林鸿荪、成器、杨叔楹、潘沛霖、马有礼、王庆迈等人共同开展了液氢液氧火箭发动机的理论与实践研究,并主持完成液氢液氧火箭发动机总体性能研究;液氢液氧在临界压力下的传热实验研究;建成了液氢液氧火箭发动机的试车台。国防部五院也派朱森元等一些大学生参加研究工作。

由于氢氧发动机是低温高能发动机,当时在我国还是空白。与常规发动机相比,许多与低温、高能有关的关键技术需要突破,研究试验设备条件基本还不具备。钱学森带领科技人员深入调查研究,进行理论分析,采取边学习边设计的方式,安排了 100 公斤、500 公斤、1 000 公斤推力的发动机进行总体设计,从中找出关键的技术难题,再进一步开展理论探讨。一次在总体方案讨论时,林鸿荪作了较详细的分析研究报告,但在黑板上书写时,钱学森发现有个地方写错了符号,他拿起粉笔在上面打了个问号,严厉地指出:不认真书写,怎么能带好兵。而在讨论时,一些年轻人讲错了一些问题,他总是善意地纠正与补充。在钱学森等人严格的科学态度和严谨的工作作风的带动下,终于在1963 年初研制成功 100 公斤推力、高能低温的液氢液氧火箭发动机,多次点火试验成功,取得了一些实际经验。此外,由杨嘉墀主持为试车台研制的测量仪表,在燃烧室壁温和燃气温度测量、燃烧室压力测量、低温液面的放射密度测量、振动和加速度等方面均提供了准确的数据。不言而喻,这些经探索所取得的预先研究的成果,为氢氧发动机的方案设计提供了重要的依据,打开了通向氢氧发动机这一新技术的大门。

随后钱学森又提出与自动化所、电子所、计算所、长春光机所等单位进行合作,先后安排了浮子式积分陀螺仪、大型电子模拟计算机、遥测数据采集、大型热应力试验设备、远程雷达、微小型计算机等科研项目的协作任务。据张劲夫在《钱学森指点新目标》一文中回忆:

火箭里面还有小型计算机,叫弹上微型计算机,用来控制那一节火箭什么时候脱离开来。要研制小型的计算机,任务交给刚回国的年轻科学家黄敞负责,他是搞大规模集成电路的,我们要搞第三代计算机,他先在北京做一段工作,然后到大后方去。后方选点是计算机所所长阎沛霖确定的,选在陕西省的一个山沟里,建立起计算机研究基地。我们把大规模的研究力量派到那边去。罗瑞卿同志亲自确定导弹里面的微小型计算机由科学院研制。此外,中国科学院配合五院在微晶玻璃天线罩、火箭推进剂的各种添加剂、粘合剂、液氢液氧发动机、燃料电池、测试仪器、大型环境模拟设备、靶场光学观测设备,以及火箭研制和发射的一些重要理论分析和基础资料工作,例如地球重力场、气象预报、轨道设计、时间标准等方面均作出了重要的贡献。

在钱学森具体领导、组织与策划下,双方合作进展顺利,进一步调动了双方科技人员的积极性,确保了任务的落实和研制工作顺利展开。中国科学院的科技人员,特别是一些老科学家认为,国家把这项重要任务交给他们,是对自己的信任,感到无尚光荣,五院也感到有了分担重任、携手攻关的友军,更增强了完成任务的勇气与信心。多少科研人员,因为承担保密任务,不能对外交流,不能发表论文,在科坛销声匿迹几十年,甘当无名英雄! 这些同志的爱国主义和奉献精神,值得我们永远学习,永远纪念。

对于在前面述及到的"三家拧成一股绳"这一历史时期,原中国科学院新技术局局长谷羽,生前也曾作过这方面的回忆:

> 当苏联单方面撕毁协议,撤走专家,给我们的工作造成诸多困难,中央决定自力更生研制"两弹"时,中国科学院已成长为一支学科多、基础强的综合力量。除按照需要抽调出一部分人员支援二机部、国防部五院外,还尽量多地承担相关任务。至1961年底,科学院承担的二机部、国防部五院的任务已达到200项之多,此后历年均有所增加。每当接到任务,立即组织有关各所落实。开始时曾遇到过委托方在交底时有保留,不告诉用途,使科研人员选择研究途径遭遇困难,还发生过任务已经完成,做出了样品,但因对方的方案改变却未及时得到通知,造成了浪费。遇到类似情况,我曾向钱学森反映,经他协调使问题得到很好的解决。与此同时,我从他那儿也获得不少系统工程管理知识,例如新技术局也在学习参照国防兄弟部门的经验,制定科研任务与成果、生产、物资、财务、基建等方面的管理办法,明确分工,责任到人,协同作战,经常深入现场,与所里有关部门共同组成了以科研任务为中心的服务保障系统。在国防科委及两协作小组领导下,我也和二机部邓照明、五院耿青保持经常联系,交流情况,上传下达。

地面试验指点目标

火箭是现代科学技术的综合产物,涉及自然科学、技术科学等一大批学科,只有在各相关专业技术、基础技术研究的基础上,才能有足够的技术储备进行型号研制。在我国液体火箭技术刚转入自行设计的时候,钱学森就突出强调预先研究的重要性。为了尽快提高导弹的速度、射程、精度和工作的可靠性,他又不断思考如何提高推进剂性能,完善控制系统,减轻导弹重量和简化结构等。他集思广益,组织大家提出预先研究项目及对外协作项目。

在预先研究项目的安排上,钱学森首先侧重抓基础技术应用研究,重视多种型号共同的专业技术研究、探索性的新技术和新理论研究。这一时期他更注重试验设施的建设。他曾在多种不同的场合谈到:"试验比设计更重要";"试验站要做种种怪试验";"必须把试验站建设成为随时能启动运转并随时能关闭的一部大机器"。他认为火箭是由成千上万个零件组合而成的复杂结构,再加上材料、工艺和工作条件等复杂因素,即使具有高水平的设计师,经过精心设计和精确理论计算,如果不经过一系列的、大量的、各种状态和各种复杂环境条件的试验,要想得到高性能、高可靠性的最优产品也是不可能的。他还指出试验工作的质量,取决于试验设备、试验技术的完善和测试技术的提高。测量技术的不断完善与测试精度的不断提高,又促进了试验技术不断发展。

1961 年 7 月 28 日,钱学森主持召开国防部五院与中国科学院自动化所的协作会议。参加会议的有耿青、吴鹏、吕强、陆元九、杨嘉墀、屠善澄、舒润达等,会上提请自动化所承担的协作项目有:"151 工程",即研制热应力试验设备,包括加热、加载、测量三大系统;"24004任务",也就是开展液浮式积分陀螺仪的研制;"16015 任务",研制高温测试仪、高温高压测试技术、加速度计等。

大型热应力试验设备,因其代号为 151,故又称"151 工程"。它是在地面上模拟超音速飞行器在飞行过程中气动加热、加载环境下的试验设备。火箭、导弹、高速飞机等高速飞行物体在大气层中飞行时,与空气摩擦产生热量,称为气动加热;在高速气流中压力不均匀而产生载荷,称为气动加载。这些飞行器在研制过程中,要将零部件或整体放在一个可以模拟高空中气动加热、气动加载环境的装置内进行地面试验,同时记录下试验物体的应变、温度及变形过程,以免这些飞行器在高空中被气动加热、气动加载所损坏。飞行器上因气动加热、气动加载所产生的应力被称为"热应力",而可以模拟高空中气动加热、气动加载环境的地面试验装置称为热应力试验装置。所谓"大型"是指这一试验装置用于进行飞行器的整体试验。"151 工程"所要求的技术之复杂、水平之高、工程设计量之大、研制周期之短,都是以往的诸多科研项目所无法比拟的。"151 工程"集自动化、精密仪器、计算机、传感器、光学、力学、物理学等多种学科于一体,因此必须要选择一个能统领起方方面面的人来担此重任。钱学森提出这项工程由自动化所总抓,推荐杨嘉墀为"151 工程"的总负责人,使用要求则由国防部五院相关的研究所提出。

杨嘉墀在主持"151 工程"任务后,首先要拟订总体方案。他遇到的第一个棘手的问题是使用单位提出的技术要求不具体,主要因为使用单位具体负责筹建实验室的人都是些刚刚分配来的大学生,他们正在学习导弹基本知识《导弹概论》,缺乏理性和感性认识,因此,他们对远期规划更是模糊,这就导致了使用与研制同时起步的工程。他碰到的第二个问题是几乎没有任何国外技术资料可供参考,公开发表的文献只找到一篇,是有关飞机热应力试验方面的,只有原理框图而无详细说明。所幸杨嘉墀曾在国防部五院科技委工作过一段时间,因此,在接受研制任务时,深知在导弹研制中"151 工程"有着独特的地位。他亦曾听钱学森谈过,没有国防就根本无从去谈发展,军品是花多少钱也买不回来的。没有别的选择,我们只能干,我们不干谁干?

杨嘉墀为了拟订总体方案,考虑用户使用要求,只好摸着石头过河,一边学习一边干。他曾多次到力学所,向钱学森、郭永怀、林同骥、吴承康等请教有关气动力学问题,研究导弹实际飞行的热和载荷环境。在此基础上他提出了一套独创的试验思路,即工程系统设备既实施单独加热,又实施联合加热、加载。采用这种多点测量的方法,既可以记录飞行器结构性能的有关数据,又可以记录在给定程序温度、载荷条件下的应变、温度、变形的过程。他在总体方案报告中还提出:"经过调研分析,深感是一项硬任务,不允许有半点差错,而且没有任何国外资料可供参考。要用自己的力量,组织国内大协作,用国产元件、器件,用理论上的高水平弥补工业基础较差之不足。"

"151 工程"总体实施方案由自动化所提出后,经中国科学院新技术局上报国防科委。国防科委组织钱学森等有关单位领导、专家审议后,批准实施。"151 工程"参加的单位除中国科学院自动化所、国防部五院一分院外,还有中国科学院力学所、金属所、光机所、上海冶金所及一机部上海机床厂、四机部南京电子管厂等单位,分别承担任务中的关键设备或器件的研制。系统研制工作集中在自动化所进行,在自动化所设立"151 工程"任务组。经过研究,"151 工程"分为三个系统研制,即加热系统、加载系统和测量系统,分别由叶正明、黄玉堂、杨树智负责。在充分论证的基础上,杨嘉墀提出了程控前馈加热方案,程控液压加载方案,以半导体晶体管模数转换器为基础的数据处理系统。

经过半年的努力,根据使用单位要求,先调好一套试验系统,于 1962 年提供给国防部五院以便进行进一步摸索。与此同时,自动化所也开展了一些控制对象的动态特性测试。经过各方的探索,然后大家一整合,技术要求便逐渐明确起来。然而,每年一度的协作会议一召开,技术指标往往就要提高。开始时,参加研制工作的人员很难理解,认为这样一来尖端任务何时才能完成呢?钱学森告诉大家,国防尖端科研产品,研制单位和使用单位双方都在探索,不可能一次摸清技术要求,只能通过互相促进,加深理解,才能把要求搞清楚。随后杨嘉墀在他自行设计的最终样机上,留有一些空位,以便在指标变更时,可随时增添设备,不会因指标的变动做太大的返工而延误了时间。后来证实,这样的考虑对整个工程完成的进度起到了保证作用,对导弹系列进行试验也是十分有利的。

1965年初,加热、加载、测量三个系统都已研制完毕,并于同年7月在七机部702所由国防科委组织全国有关热应力试验设备的专家进行鉴定。鉴定结论认为:就国内现有情况看,此三套样机组成的系统均具有较高的水平。在开展这项工作的过程中,有关单位克服了许多元件、部件上的难点,工作是突出的。在测量系统中,突破了弱信号模拟数字转换技术的难关;在加载系统中,又拿下了液压伺服机构等关键技术;在控制方面,克服了加热系统的信号变化极端不稳定的难题,后来采用复合控制方式使误差减少。这些设备当时在国内均处于领先地位,不仅满足了协议书中的指标要求,而且即可移交给使用单位试用。随后702所将这些样机复制成若干套,用它对导弹弹头、尾翼以及歼8高速飞机的结构,进行了地面试验,都取得较好的预期结果。

杨嘉墀院士生前曾对钱学森提出安排的"151工程"作了如下回忆:

"151工程"是在没有任何国外技术资料的情况下,完全依靠我们自己的力量,用国产元件、器材自行研制成功的。虽然当时我国的基础较差,尤其是工业基础较差,但好在我们前面有"581"任务的经验,有与中科院力学研究所合作进行风洞试验的基础,用我们在理论上的高水平弥补了工业基础较差的不足。在测量系统中,我们突破了弱信号模拟数字转换器的技术难关;在加载系统中,又拿下了液压伺服机构等关键技术;在控制方面,我们克服了加热系统的信号变化剧烈的困难,采用复合控制使误差减少,当时这一技术在国内处于领先地位。时至今日,热应力试验设备对火箭、导弹、卫星、高速飞机,仍是不可缺少的地面试验工具。当时钱学森指明高目标,及早组织大家进行探索研究。"151工程"在当时是填补热应力试验这一国内空白,而今仍是军工任务中持续有用的一项任务。我作为"151工程"任务的总体负责人,对各个具体项目同样负有责任。对于每一个重要试验,我都要亲自参与,对于重要的技术问题,经常提供一些资料,及时提出自己的意见,供大家参考。与大家广泛沟通,并发挥每个人的智慧,为"151工程"任务的完成提供了保证。钱学森对这项任务抓得很紧,经常了解任务的进展情况,在很多关键技术方面提出了宝贵意见,使工作得以顺利开展,还经常鼓励大家努力拼搏,把自己的才华贡献给国家。科学院领导对这项任务也十分重视,当时主管任务的秦力生副秘书长、新技术局谷羽局长,不但要定期听我们的工作任务汇报,而且还随时进行一些鼓励性的讲话,就连日常事务非常繁忙的张劲夫副院长,在"151工程"研制的设备移交给七机部702所的前夕,抽空来到自动化所,观看了全部设备的演示。"151工程"是一项硬任务,不允许有半点差错,"151工程"又是一项综合性的任务,需要自动化学科的各种专业人才,这些专业人才在完成任务中得到的知识积累和技术经验,可以用于以后参加的同类学科研究和相似的课题中,既可以延伸,又可以促进这一学科向前发展。

光学跟踪轨迹测量

导弹试验靶场是用于导弹和运载火箭发射试验的场区,设有供导弹和运载火箭发射试验、检验、鉴定和训练用的设施。20世纪30年代末,德国在波罗的海沿岸岛屿建成世界上第一个导弹试验靶场。

1945～1946 年,美国和苏联分别建成了白沙靶场和卡普斯金亚尔靶场,装有改进型的光学仪器、雷达和遥控设备。

钱学森认为,发展导弹除了建立起研究、设计、生产基地外,导弹试验靶场的建设也是必不可少的,必须同步进行。1957 年 8 月钱学森组织国防部五院有关人员进行研究,首先提出了《关于建设导弹靶场和试验的规划(草案)》,建议尽快地勘察、选址和建设导弹靶场。8 月 31 日,总参谋部召开专门会议,听取钱学森汇报,决定成立靶场筹建委员会。同年 9 月 25 日,遵照国防部部长彭德怀元帅的指示,总参谋部批准组建靶场等筹备处,并从有关部门抽调了 40 多名领导和技术干部,广泛收集和研究建设靶场的各种资料,对可能被选作场址的甘肃省玉门、安西地区、内蒙古自治区的苏尼特右旗和乌敦套海地区,进行了初步勘察。根据我国的地理、经济和自然条件,中央军委确定在东北、华北和西北地区勘察选场。1958 年 1 月,经国防部批准,组成了以炮兵司令员陈锡联为首,由苏联专家和总部、军兵种干部 34 人参加的陆上勘察组,先后对东北的海拉尔、索伦地区;华北的二连、包头以西地区;西北的银川以西,民勤、鼎新、额济纳旗地区进行勘察,并勘选了两处弹着区,提出了选场意见。1958 年 2 月 14 日,中央军委听取了负责靶场选址勘察的陈锡联和苏联专家的汇报,认为酒泉东北弱水河畔(额济纳旗)地区符合建设综合导弹试验靶场的要求,并于同年 3 月 3 日,报经中共中央书记处邓小平批准。中央军委还决定,以刚从抗美援朝战场撤离回国的中国人民志愿军第二十兵团为基础,组建试验靶场的机构,成立以陈士榘为首的特种工程指挥部,负责统一领导试验靶场特种工程的设计和施工。同年 6 月,中央军委决定成立导弹靶场委员会,负责领导试验靶场的初期建设,黄克诚任主任。1958 年 10 月,西北综合导弹试验基地正式成立。按当时的分工,地面测试发射控制设备和飞行测量系统由国防部五院负责。1959 年初,国防部调集 100 多名技术人员到北京集训,请苏联专家讲授导弹飞行试验的测量技术。同年10月,从苏联进口光学电影经纬仪等测量、通信设备分批运到了西北综合导弹试验基地。11月,首批经过培训的技术人员由北京进入基地,在苏联专家的指导下,安装调试测控通信设备,开始了导弹跟踪系统的创建工作。不久,苏联单方面撕毁合同,撤走了全部专家。主要技术资料和图纸也被带走了,刚刚创建的导弹发射场处于"无米断炊"的困境。

建设酒泉导弹试验基地的大军

　　中国科学院长春光机所原来并未介入国防任务,张劲夫副院长应国防部五院钱学森提出的协作任务要求,立即组织长春光机所王大珩率领一支精干的光学技术队伍,前往导弹试验基地。临行前,国防科委副主任安东少将语气沉重地对王大珩等一行人员说:"大家都知道,在目前这种困难的情况下,只有也必须靠我们自己了,你们肩上的责任重大呀! 不多说了,一句话,一定要拿下来。"王大珩受命带队赴导弹试验基地,任务是对苏联专家在这里只干了一半的光学测量设备进行一次全面的"诊断",以便于排除故障,安装调试,使其能尽快地投入正常使用。当王大珩来到导弹试验基地的头一天,映入眼帘的却是一片苍凉的景象。原来十分紧张忙碌的工作现场,现在一片沉寂。所有的工作都被迫停顿下来,安装了一半的光学电影经纬仪等统统"趴了窝",保持着突然停工时的瞬间状态。基地司令员指着那堆仪器设备对王大珩说:"看看吧,干得好好的,说扔下连头也不回扔下就走了。这些都是拿钱堆起来的呀,看着真叫人心疼啊!你不知道当时我这心里有多憋气!越想中国的那句老话说得越对,莫求人,求人难。说到底,涉及国防上的事谁都靠不住,只能靠咱们自己!"王大珩听着便觉得周身的血不停地往头上涌,一股气迅速地在胸中凝聚升腾。他下决心拼了。整整五个月,他带领大家没日没夜地干,硬是把苏联专家扔下的烂摊子收拾起来。首先把安装了一半的仪器设备全部检测、修理、安装完毕,使光学电影经纬仪投入正常运行。

1960 年 11 月,西北综合导弹试验基地首次进行了仿制的近程地地导弹试验。每个操作岗位都采用双岗制,即由试验基地和研制部门双方共同把关,并制定了预防事故的各种措施。这次试验采用王大珩等人调试完毕的 6 台克夫特- 10 型光学电影经纬仪,交会测量初始段的弹道参数;以 3 台克夫特- 50 型光学电影经纬仪,测量关机点附近的弹道参数,并兼测初始段的弹道参数;用斯特克- 1 型无线遥测设备接收记录遥测参数。试验结束后,经对测量数据处理,获得了导弹的飞行参数及其内部的物理参数、工程参数。初战告捷,所取得的成绩,增强了测控技术人员依靠自己的力量建设和发展导弹测控技术的信心。

随着导弹技术的发展,苏联提供的测量、通信设备已不能满足新型导弹试验的测量要求。当时西方国家对我国实施禁运,进口的路行不通。1960 年底,根据中程地地导弹飞行试验任务的需要,钱学森建议自行研制光学弹道测量系统,代号为"150 工程"。国防科委批准了这一建议。在研究落实原子弹、导弹试验的光学任务时,钱学森曾谈到原子弹、导弹中的光学设备一定要让长春光机所来做,请王大珩挑起这副担子。此后不久,长春光机所接受了以"150 工程"为主的一系列国防科研项目。为了加强对工程的技术领导,1961 年 5 月成立了总工程师组,长春光机所所长王大珩任总工程师,五院谢光选、史长捷,西北综合导弹试验基地孙振河、李众,长春光机所唐九华等任副总工程师。同年6月,国家计委、国家科委将"150工程"列为国家重点研制项目。1961年9月17日,国防科委在长春召开了工程设计方案论证会,会议期间科学院副院长裴丽生主持了经纬仪工程领导小组第一次全体会议。由于这一工程任务极其复杂,有许多技术难题,有的使用要求都需要从头摸索,国内可能的协作条件也不明朗。因此,会议决定组织定案小组,负责经纬仪工程的全面技术定案工作,并确定王大珩为定案小组组长。

到1963年初,工程进展缓慢。经过调查后发现,其原因之一是对工程技术上的复杂性和协作上的广泛性估计不足;其二是研究所内部个别领导人对研制工作的重要性认识不足,以致想把经纬仪这一任务推掉,尤其是研究完成后不愿承担生产任务。经过国防科委和中国科学院的联合推动,由裴丽生主持,于1963年4月10日在北京香山饭店召开了经纬仪工程第五次总工程师领导扩大会议。钱学森在会上进一步强调经纬仪工程是导弹试验、定型所必需具备的外弹道测量设备,缺此不但耽误中程导弹的试验、定型,而且还会影响远程导弹的研制。中国科学院不仅要在技术上负责和制出样机,还要与有关工厂合作,直到负责生产任务的完成,力争在1967年制出4台样机。会议对经纬仪工程方案进一步论证,并逐项落实了研制任务。工程的总体工作由国防部五院负责;光学电影经纬仪、数字读数系统和半自动判读仪由长春光机所为主研制;引导雷达由四机部786厂负责改装;时间统一勤务系统由十院十七所研制;程序瞄准仪由国防部五院研制。

钱学森不仅对经纬仪工程总体使用要求、技术方案严格把关外,还重视工程研制生产组织管理问题。会议期间,钱学森曾与裴丽生、王大珩等人在小范围内,就当时科学院曾发生过的"一竿子"还是"半杆子"的争论交换了意见。所谓"一竿子"是指从科研试制到产品生产,全过程承担。而"半杆子"呢? 则只承担科研试制任务,生产产品却由工业部门去承担。那么,经纬仪工程任务,是"一竿子插到底"还是只搞到"半杆子"呢? 大家的认识不同,争议颇大,政策性又强。有的同志认为,科研部门搞生产,是突破传统框框,何况经纬仪工程是一项包括光学、精密机械和自动控制技术在内的大型高精尖设备,单在研究所内部加工就耗费了 30 万个工时,这是一个科研单位难以承受的。另一些同志认为,经纬仪工程是国家导弹研制试验所必需的,然而国家光学工业归口部门的五机部工厂,当时的现实条件确实难以承担如此高精尖装备的接产任务。王大珩所长坚定地认为,经纬仪工程虽然难度较大,但我们责无旁贷,应该奋勇攻坚,何况国家已为研究所建立了一个先进设备配套的工厂,不搞生产搞什么? 钱学森完全赞同和支持王大珩这种急国家之所急的态度,认为长春光机所这支队伍是完全可以依靠的,是有可能挑起这付重担的,因此,应该十分重视总体队伍的建设与质量管理等工作的实施。

150 光学电影经纬仪是中国首次自行研制的大型光学测量设备,其特点是物镜口径大,作用距离远,测量精度高,能自动调光聚焦。在研制过程中,长春光机所解决了大量复杂的工艺技术难题。其中,如利用 100 立升坩埚,设法浇铸出需用 400 立升坩埚才能浇铸出来的直径达到 480 毫米的大块玻璃毛坯。然后再用两个半月时间,精心磨制出高精度的保护玻璃,并且采用多层镀膜方法,使铝镜面反射率高达94％;由国内工厂共同协作,制造出有足够刚度和稳定性的高强度铸铁大型铸件,确保了经纬仪的精度等。由于各单位的大力协同和密切配合,于 1965 年研制出"150 工程"第一套设备,经鉴定后决定运往西北综合导弹试验基地安装测试。这套设备和基地已有的光测、遥测和其他设备一起组成了中程地地导弹测量系统,并且在 1966 年 12 月参加了中程地地导弹首次飞行试验,获得了主动段飞行弹道参数。试验结果表明,150 光学电影经纬仪具有国际先进水平,它对中程地地导弹测量的实际作用距离大大优于设计指标,其他技术指标也达到或优于设计值,满足了中程地地导弹试验的测量要求。"150工程"的研制成功,开创了中国研制大型光学测量设备的先河。与此同时,也培养了一支光学设备研制的技术队伍,带动了一批相关技术的发展,锻炼了一支测控系统总体队伍,形成了以光、机、电为主体的光学设备研制体制,为进一步发展中国的测控技术打下了坚实的基础。

有关钱学森在"150工程"任务中的贡献,王大珩院士在《光学老又新　前程瑞似锦》一文中作了如下回忆:

长春光机所成立后,我们继续致力于光学仪器为国防服务,当初最重要的是"150工程"。它是一套对导弹轨道进行跟踪及精密测量的大型光学系统,简称跟踪电影经纬仪。它之所以定名为"150工程",是因为原预定技术指标要求作用距离不小于150公里,为了达到任务要求,这个系统除跟踪电影经纬仪之外,还有时统设备、引导雷达、程序引导仪、判读仪及数据处理装置等。当时只有美国装备类似设备,敢不敢接受这项艰巨而光荣的任务,是对长春光机所的重大考验。国防科委钱学森副主任极力主张由我们所来干。我敢于承担这项任务,是相信长春光机所有足够的实力,在光学技术上已有了相当配套的技术基础,包括预研、工程设计以及进行加工的技师和熟练的技工。我们的技术水平已从1958年研制"八大件"高精尖仪器中体现出来。接收任务后,我们发动全所技术力量对设计方案进行反复论证,对一些关键机构,特别是跟踪系统,建立了试验模型,对材料和工艺进行预研试验,又到试验基地参观考察,在精益求精的思想指导下,全所上下群策群力,再加上协作单位的大力支持,我们按时完成了任务,许多技术指标都超过了设计要求,特别是作用距离大大超过了150公里,这套光学装备的研制成功,使我国的光学技术向前迈进了一步。

第四章
宇航论坛推动卫星

星际航行学术报告

　　钱学森的研究工作所涉及的科学问题的面是十分宽广的,他不但紧紧地瞄准了导弹、火箭技术的需求,而且并不满足于仅仅解决一个个具体的科学问题。他总是在研究了这一系列的问题之后,随即就会提出具有前瞻性极强且带有方向性的问题,并着重对它进行深入而系统的研究,以便为未来工程技术的发展指明新的方向。1959 年初,钱学森在《科学通报》"展望未来"的科学专栏中发表了《谈宇宙航行的远景和从化学角度考虑农业工业化》论文,就是一个典型的例子。钱学森这样论述宇宙航行的远景:

　　　　从现在火箭技术的发展进度来看,解决太阳系行星间的星际航行将不是太远的事。有些苏联的科学家认为 10 年内人就可以到其他行星上去了。但是宇宙太大了,光是能到其他行星上去,并不等于说我们就解决了宇宙航行问题。从地球到我们现在所知道的最近的一颗恒星——"半人马"座的 α 星,就有约 40 万亿公里。如果我们用原子反应堆的原子火箭,每秒喷气速度可以达到 8 公里,再加上多级火箭设计原理,最大速度就有可能达到每秒 40 公里。但即使这样,用每秒 40 公里的速度到离我们最近的一颗恒星去也得一万亿秒,也就是 31 700 年! 自然,一旦到了那颗恒星上去,我们就可以真地看一看宇宙的奇观:半人马座α星实际上是紧密靠近的三颗恒星,其中一颗比我们的太阳还要大些,其他两颗是光度较小的黄色以及发红的星。在天空中有三颗不同颜色的太阳,岂非奇观!

因此,到恒星上去的宇宙航行既不是化学燃料的火箭能解决的问题,也不是原子火箭能解决的问题,而是一个超高能燃料的问题。所谓超高能就是燃料释放的能,其所关联的质量要占燃料原来净质量的几分之一。只有用这样燃料的火箭才能达到接近于光的速度,才能用几年的时间到达另一颗恒星附近去,才能去发现新的太阳系。

我们现在所知道的核燃料离开这个要求还很远,裂变燃料所释放的能,其关联的质量还不到原来燃料净质量的千分之一;就是能量较高的由氘聚变成氦的反应,这个相应数字也只是0.635%,虽说我们知道一个电子和一个正电子能生成一对光子,从而把电子和正电子的内在能量全部变成光能,在这一点上是合乎我们的要求的。但是,我们怎么能装一箱电子和装一箱正电子呢? 因此用电子和正电子作火箭燃料还不现实。

我想以任务带学科的精神向物理学家们提出这么一个任务:创造能释放能量当量为静质量几分之一的超高能燃料,并提出利用这种超高能燃料的火箭设计原理。这项任务能带动什么学科呢? 它能带动基本粒子的研究,因为看来只有在基本粒子中我们才能找到能量当量为静质量几分之一的反应。例如γ粒子的静质量为电子的 2 585 倍,它蜕变为一个λ粒子及一个π粒子。λ粒子和π粒子又继续蜕变。γ粒子的最终产物是两个电子,一个质子,其他是静质量为零的微中子。所以最终产物的静质量是1 838.1 倍电子静质量,所以释放的能量,其关联的质量为静质量的 28.9%。我们能不能从本来稳定的物质产生大量的粒子,或其他不稳定的基本粒子呢？要解答这个问题我们必须掌握基本粒子的产生、相互作用、蜕变规律，这也就是对基本粒子物理的研究了。

1961 年 4 月 12 日，苏联宇航员加加林乘坐"东方 1 号"进入太空，这是人类征服空间的又一里程碑。这件事引起各国科技界对宇航技术的更多关注。为了探讨中国空间技术的发展途径，开辟新领域，交流学术成果，促进各学科互相渗透，在钱学森等专家的倡导下，中国科学院举办了星际航行座谈会。6 月 3 日，在北京文津街 3 号，中国科学院院部二楼会议室，由裴丽生副院长主持召开第一次座谈会，出席会议的主要是有关研究所的科技专家，有 40 余人。钱学森在会上发表了题为《今天苏联及美国星际航行中的火箭动力及其展望》的讲演。他对星际航行与洲际弹道式火箭、星际航行的动力学问题、人进入宇宙空间的问题等，做了全面而深刻的阐述。对将来火箭动力系统的展望，具有系统而深刻的了解和独特的见解。钱学森首先论述星际航行与洲际弹道式火箭：

　　常听到人说，人造卫星是远程火箭的一种表现，意思是有了远程火箭也就有人造卫星。星际航行的动力是否和远程火箭的动力一样，我想了一想，它们还不是一个简单关系。星际航行所需的动力比远程火箭大得多，星际航行的动力如果限于远程火箭的动力，动力就会显得不足。

　　美国放了近 40 颗卫星，所有运载火箭的第一级三分之二以上是"雷神"。那是一种定型了的中程弹道火箭，比较可靠，起飞重量约 50 吨，它的推力是 70～80 吨，与"雷神"配合的第二级火箭推力不到 10 吨，这种系统的火箭可以放 100～120 公斤重的卫星。美国用作发射卫星的运载火箭还有"宇宙神"，但是它在技术上还未完全过关,不可靠;"宇宙神"火箭的推力约为180吨,比"雷神"要大两倍多。美国在1958年下半年把"宇宙神"运载火箭送到轨道上去,美国宣传送上去的卫星重达4吨,实际上它包括运载火箭空壳的重量,火箭真正的有效负载为67公斤。最近美国用"宇宙神"发射的"水星"载人的容器没有进入轨道便掉下来了。美国"水星"载人容器的重量为980公斤,差不多是一吨重,用"宇宙神"火箭送上卫星轨道。它的起飞重量是110吨,因此,把一吨重的东西送上卫星轨道大约要起飞重量为110吨的运载火箭,其推力约为180吨,比"雷神"要大2倍多。

苏联用来发射卫星式飞船(重4吨半左右)的运载火箭,如果按这个比例推算,推力为700吨,初始重量为450吨左右。

接着,钱学森讲述了星际航行动力学问题,他在黑板上用清秀、工整的字体,书写运算方程和计算公式,一边演算,一边讲解。他指出:"现在所常用的推进剂,三级火箭与二级火箭相比,还是用二级火箭比较合适,级数多了要有一套比较复杂的自动控制系统,不太合算。"根据苏联公布的资料,钱学森用几种计算方法,对苏联发射的东方号飞船、重型地球卫星、宇宙火箭、金星火箭、自动行星际站是如何发射的进行了较详细的计算与分析。他认为:"苏联的宇宙火箭第一级是用5个140吨推力的发动机,起飞重量为470吨,第二级是用两个型号,点火重量都是43.6吨,一个型号是液氧煤油的发动机,这是用得较多的;而苏联发射重型卫星和金星火箭时用了另一个改进型号,即采用了高能推进剂。可以看出发射金星火箭和自动行星际站的动力要大几倍。"他还对美国"土星"火箭和"新星"火箭的设计方案进行推测分析和估算。

钱学森最后对将来火箭动力系统的展望,提出了独特的见解:

我们在估计苏联所用的星际航行动力时,得出放 4.6 吨重的卫星需要约 700 吨推力;而美国尚未实现的"土星"C - 2 及 C - 3 型都能用差不多同一推力放 20.4 吨重或 25 吨重的卫星。其中原故是:在我们的估计中没有用高能燃料,而"土星"C - 2 及 C - 3 型则在第一级以上都用液氢液氧高能推进剂。一般推进剂在高空的比冲约为 300 秒,而液氢液氧在高空的比冲约为 420 秒。液氢液氧推进剂不但比冲大,而且没有毒性。不过易自燃,液氢温度极低,挥发性大,密度又小,需要较大的贮箱,这都是缺点。然而,权衡优缺点,对星际航行来说,优点胜过缺点;在今天,液氢液氧发动机是星际航行中最现实的高能推进剂,也可能这是化学火箭发动机的实用极限。

从液氢液氧发动机再往前走一步是原子火箭发动机,也就是用裂变原子反应堆为热源,使用氢为工质,吸收反应堆的热能,加到高温,然后从喷管喷出。如果反应堆能承受约 3 000℃的温度,那么这种原子火箭发动机的比冲可以提高到 800~3 000 秒。这是星际航行动力的下一步,它可以充分利用液氢液氧发动机中处理液氢的一套技术。

从原子火箭发动机再往前走一步将是电原子火箭发动机,也就是让从原子反应堆出来的高温氢气先在涡轮中膨胀一次,膨胀后的氢气用液氢冷却,被冷却了的氢气再用压气机压到高压,再进入反应堆吸热。第二次加热后的氢气出了反应堆又进入电弧室,这是利用氢气涡轮带动发动机所产生的电,再次加温到反应堆所不能承受的更高温度,约 4 500℃,再喷出喷管。估计这种电原子火箭发动机的比冲可以达到 1 400 秒。

比 1 400 秒再高的发动机将是所谓离子火箭发动机,即用裂变原子反应堆作能源,以涡轮发电机发电;再用电来加速较重的离子如铯,铯离子在离开发动机前混入适量的电子成为等离子喷气,产生推力,比冲可以达到万秒以上。但这里的问题是发电系统的重量较大,必须限制等离子流的量,尽管比冲大,但推力有限。因此这种离子火箭发动机的推力只能是飞行器重量的几千分之一乃至万分之一,也就是加速度为几千分之一或者万分之一。所以,首先不能用在从地面起飞,只能用在从卫星轨道上起飞的星际飞船。但就是那样,也因为加速度小而延长了星际旅行的时间,这是载人星际飞船所不允许的。所以,这样的离子火箭将用于不载人的,即完全自动化的星际货船。当然,本来不用大推力的,假如为保持人造卫星的高度、抵消微小的大气阻力用的发动机,那可以用离子火箭发动机。所以,离子发动机的应用范围是有限度的;在那个范围内,它具有高比冲的优越性。

自然,一旦受控热核反应成为现实,反应器中的气体本身就是等离子体,喷出去就是离子火箭,而推力也不会受限制,这样情况又有所不同了,那将是星际航行中一次革命性的发展。

钱学森报告后,大家竞相发言,各抒己见,座谈会上讨论很热烈。王传善、赵九章、秦馨菱、陆元九、裴丽生、贝时璋、林鸿荪、吴仲华、高家驹、李敏华、贺慕严、林同骥等先后在座谈会上发言,有的还提出了问题,钱学森都一一作了解释。

王传善:今年2月份国际电信技术动态上转载了美国发表的一篇文章,内容是估计苏联月球火箭结构和液体推进剂发动机,是个拼凑成的方案,请钱所长对此发表一些意见。

钱学森:美国是穷凑,所以他们猜想苏联也和他们一样。我看苏联不是这样,是有计划地研究。

赵九章:美国星际航行委员会主席黑雷最早估猜苏联东方号宇宙飞船用8个火箭发动机。

秦馨菱：苏联东方号宇宙飞船的各级火箭何时脱落，是由地面控制的还是由火箭内部控制的？

陆元九：昨天报上说，苏联发射的火箭的潜力尚未发挥，换一下燃料推力便可以增加一倍，苏联1959年就用此方法，其他如燃烧室增大一些，还可发挥潜力。

钱学森：苏联在1959年就用换燃料的方法增大推力。任何工程技术也是如此，做出后，经过修改，还是有潜力可挖的。

裴丽生：美国的土星计划是什么时候搞的，是否有些晚了？

钱学森：是1958年提出来的，苏联在1959年便完成了这个系统。苏联在1957年完成发射洲际火箭工作，但看来在放远程火箭以前就研究大推力系统，不可能在1957年完成了远程火箭后，才计划研究大推力系统，肯定地说，苏联在以前就有此计划。而美国却不是这样事先有计划，就是乱凑。

贝时璋：有人提出用自由基燃料，现在提出用液氢液氧作燃料，是否会形成自由基燃料？是否还有其他更好的自由基来做动力燃料呢？

林鸿荪：现在用的液氢液氧还不是自由基。问题在于大量自由基是如何储备起来的？是否等到用的时候才储备？

吴仲华：昨天人民日报消息报道，彼德洛维奇说运载火箭所有各级发动机的总的最大有效功率为2 000匹马力，不知道是如何算法？太平洋火箭不知道是几级？以前文章三级火箭提得较多，还提到上面放一个假火箭。

钱学森：太平洋火箭未提多少级，只提倒数第一级，最后一级模型火箭也提到了，共几级却未提，也可能是三级。

林鸿荪：根据起飞重量和最后一级（有效载重）的比例看，15年来发动机结构和燃料比冲有很大进步。15年前，即1946年起飞重量和有效载重之比要10 000以上，现在只要100以上。

钱学森：自由基问题很有意思。自由基为美国思维奇（F. Zwicky）首创，他曾算了一下自由基燃料的喷气速度和性能。后来美国国家标准局组织进行研究，并吸收西欧专家参加，还有工厂参加，准备万一突破，便进行大量生产，最近因为没有成功便停止了，这完全是一个失败的计划。问题是如何保存自由基。一个办法是，固体的氢用辐射线照射后，一部分固体氢的分子便成为原子，冷结在固体氢的晶体内，保持它不随便跑，不再结合为氢分子。但原子氢的含量提不高，没有实际效用。

从燃气里由于化学反应而产生自由基，即是吸收了部分化学能而产生的，不是自由基燃料来产生能量。

陆元九：三级火箭等到一定高度，克服重力场，改变方向后才点火。第一级、第二级燃烧后两分钟，高度已到 100 公里。当火箭走到几千公里处，飞行轨道和地面接近平行时约需 8～9 分钟，地面帮忙，给了一个讯号点火，如美国先锋号。

钱学森：二级火箭点火情况也差不多，如美国配合"雷神"用的 Able-Star 第一级燃烧完了后，隔三秒钟时间，第二级才点火，走四分半钟后再停火，自由飞行 20 分钟后，最后又再把剩下一点的燃料点火，送入轨道。最后一级的点火因为离发射点几千公里了，因此不能用无线电讯号进行控制，点火控制由弹内控制机构进行的。

为什么美国放卫星都是用两级运载火箭，第一级用"雷神"、"宇宙神"，第二级则用 Able-Star 或阿金娜，因为两级火箭控制系统比较简单，控制系统都放在第二级上。二级当三级用，飞到中间再点火。美国宣传的卫星重量实际是把运载火箭的重量也算在内，因为它和卫星分不开，而苏联发射的是真正卫星。

陆元九：美国第一次放卫星，几次都是用固体燃料，在美国东北角发射，有 5 个观测站，看样子控制中心是在弗洛立达（佛罗里达),观测站把讯号给控制中心,控制中心再给控制信号,美国放的卫星第二级点火时,飞行方向还不知道,最初卫星是否进入轨道没有把握,等到卫星第二次绕回来后,才知道卫星进入了轨道,向外发表。

吴仲华:参考消息及在美国的观测站收到苏联金星火箭送入金星轨道的讯号。

高家驹:(1) 推进剂问题。推进剂有几种推进剂,苏联载人的飞船发射后,西德沃普特教授推测推进剂可能是用固体的,是否可能发动机用的是液氢液氧的,刚才钱所长讲的是用液氧和煤油,性能较差,比重量低。苏联的大推力发动机,第一级是否用低能推进剂?从火箭整个重量来看,推进剂的重量占的比例不大,如果第一级用高能推进剂,火箭的结构重量便可降低。苏联第一级是否会用固体推进剂?

(2) 关于燃烧室的数目问题。用单个燃烧室好还是用几个燃烧室组合起来成为一级好?是否用单个燃烧室的好处多一些?如果两级火箭,钱所长讲得对,如果三级以上,燃烧室用少一些恐怕比较容易。

(3) 关于火箭级数的问题。火箭级数影响到有效载荷重量。要达到第二宇宙速度,过去估计起飞重量和有效载荷比为 10 000,达到第一宇宙速度为 1 000,现在美国发现者一号发射卫星比例为 300,现在苏联是 100。美国级数少,有效载荷重量大了一些;苏联级数少,有效载荷重量要小一些,二级的有效载荷重量比三级的要大,对否?

贝时璋:人民日报消息记载苏联彼得洛维奇说法,失重问题人们估计的比实际问题大了一些,辐射问题估计得比实际问题小了一些。我认为人长在地球,失重对我们影响最重要。苏联拉伊卡小狗失重六天问题不大,七天以后死亡了,不知道为什么?七天后没有影响也是难以想象的,没有重力的支配,一切可能难以想象。苏联是否对失重的影响有方法挽救呢?

钱学森:美国做了一个 40 秒钟飞机高空模拟失重试验,认为是人用游泳姿势最好。

高家驹:苏联为何不设计三级呢?苏联的有效负载重量比美国大得多。

会议结束前,钱学森又作了一次总结性发言。他指出:

工程实践比纸面计算复杂得多。高能燃料说得多,但做起来却很困难。美国液氢液氧发动机 1946 年就讲,最近才搞出来。液氧液氟发动机还刚搞起来,是开始研究。高能燃料不仅实现起来有困难,还有一个成本问题,尽管燃烧能量高,但成本高,也还要考虑。发动机发展有惰性的,因为设计师不大愿意轻易改变自己的想法,把已掌握的东西扔掉,再去掌握新的东西,那需要时间。当然使用是趋向于高能燃料,但实际问题很多。

至于单燃烧室,简单可靠性大,希望搞大的,但搞大的也有困难,燃烧会不稳定。我们希望搞单管,但有时限于条件,又不得不用多管,多管多到多少,要考虑可靠性问题,如美国土星运载火箭 S_1 级用 8 个 H_1 级发动机,其中一个有问题,整个发动机就要出毛病。

关于三级、二级问题。每一级都带有一个自动控制系统,因此,要增加重量包括一套电源、能源的重量。每一级都丢掉,再来一套。分级也要增加重量,如要一套分级机构,同时还会有可靠性的问题。仅仅考虑多级分离,没有考虑结构重量比也不行,因此也需要考虑结构重量比。在一个时间内,尽量找到一个最佳方案,但是方案是随时间、因技术的进展而变化的。

星际航行发展规划

　　20世纪60年代初期,中国对导弹、探空火箭、空间技术等尖端技术任务,对外仍处于严格保密状态。然而,很多科学家承担着国防任务,却不能了解全面情况,往往使空间技术任务与学科研究脱节。为了加强尖端技术工作,按照聂荣臻副总理提出的分工意见,中国科学院除承担原子能、导弹协作攻关任务外,还要考虑制定空间技术发展规划。当时为了对外保密起见,规划名称定为"星际航行发展规划"。

　　1961年9月,裴丽生副院长主持研究星际航行座谈会下一步工作的有关事宜。参加会议的有钱学森、赵九章、谷羽等。裴丽生副院长首先传达了科学院党组书记张劲夫的意见:"中央决定搞导弹,以五院为主负责研制,科学院曾建议两条腿走路,一方面主力要参与五院协作攻关,另一方面科学院也要先走一步进行探路。聂总意见是科学院在人造卫星方面要多做些准备工作。空间科学技术规划工作如何起步,请大家多出些主意。"在讨论时,钱学森谈了自己的看法,他认为:"星际航行技术几乎包括了所有现在科学技术最新成就,星际航行是促进空间科学技术的力量,星际航行可以广泛带动各门学科前进。"他建议星际航行座谈会继续开下去,因为这是个好办法,可邀请各个学科学术带头人,开展一些新的项目研究,做些专题调研、开题报告,并将研究成果互相交流、互相促进,为制订空间技术规划做些前期工作。会议结束时,裴丽生副院长总结了一下,说:"大家同意星际航行座谈会要继续开下去,为规划做前期的论证工作,每次由一位专家讲一个专题,会议由我主持,技术上由钱所长总负责,小杨协助钱所长做些具体工作。"谷羽局长接着说:"今年局里新来了几个大学生,我们安排程铁樑参加二机部协作组,跟钱三强学习;杨照德参加五院协作组,请钱所长多指导。"当时杨照德心里暗暗在想,没想到刚参加工作不久,就能在知名科学家钱学森身边当一名办事员,接受熏陶,这可是千载难逢的好机会,有这样好的老师在身边,遇到不明白的问题一定要及时请教。

直到今天,杨照德对第一次踏进钱学森办公室的那一幕仍记忆犹新。那天,钱老正在忙着手头的事情,看到杨照德进去,就招呼他在沙发上先坐会儿。可是,忐忑不安的杨照德哪里敢坐下去。见此情景,钱老竟放下工作走过去,为他泡了一杯茶,并和蔼地说:"小杨,你先喝杯茶,休息一下吧。"杨照德回忆说:"当初让我去钱老身边办事,我真是既兴奋又紧张,因为钱老比我整整大 25 岁,而且又是那么大的专家、领导,我害怕他架子会很大,更害怕自己干不好。可是,钱老这杯热茶让我放松下来了。""在后来的日子里,我更认识到,钱老就是这样一个平易近人,热情周到的人,无论是在毛主席、周总理这些中央领导面前,还是在我这个无名小辈或其他任何一个下属面前,他总像那杯热茶一样让人感到无限温暖。"

准备星际航行座谈会是件复杂而繁琐的工作,因参加座谈会的有不少知名科学家,需约请科学家做报告;要印制、发放入场券;兼带看门与接待;要铅印、校对、发送资料等等。这一系列的组织工作、事务性工作基本上由杨照德负责。但他并不是一开始就对做科学组织工作想得通,而是经过一番思想斗争后才坚定下来的。他大学毕业后希望能被分配到国防部门的设计单位或研究单位去搞技术性工作,在技术上为国家作出贡献。当他知道被分配到新技术局时,还猜想可能是分到科学院一个设计院,也许对口。但报到后才知道是搞计划组织工作,于是抱着"服从分配,不闹情绪"的决心开始工作。工作了几个月之后,觉得老是搞接待、开介绍信、打电话之类的工作,这时在脑子中产生了一个个问号:"科学组织工作是不是真正需要大学生?""这样工作几年后会有什么成果"。"专业知识会不会忘光?"等等。杨照德在一次会议休息闲谈时,请教钱学森所长怎样才能做好科学组织工作,钱老给他指出:"搞管理也要学习。学习是为了工作,在工作中学习。""路,会越走越宽。"这次谈话使他受到很大启发,通过下所到怀柔试验基地了解情况,看到许多研究人员,包括有些科学家,在那里跑加工协作,却保证不了他们六分之五的业务工作时间,就想:如果自己担起这份工作,不是对科学事业更有利吗? 逐步体会到科学组织工作的好坏,将直接影响科学发展的速度。此后,钱学森曾多次给他单兵培训,讲解星际航行、人造卫星等基本概念。通过学习,杨照德进一步了解了钱学森的学术思想和思维方式,因而有了更多的共同语言,钱学森也进而将更多的事务性工作交给他去办。

为了使各学科专家在星际航行座谈会上有共同语言,促使星际航行知识普及,1961 年 10 月上旬,钱学森创造性地首先提出《关于星际航行座谈会使用名词标准化》的建议。据记录整理,钱学森审定后总共有 14 个条目:太空——太阳系内的空间;宇宙——太阳系外的空间;星际航行——太阳系内的飞行;宇宙航行——太阳系外的飞行;卫星式飞船——围绕地球运行的载人飞行器;星际飞船——飞往太阳系其他行星的载人飞行器;月球飞船——飞往月球的载人飞行器;卫星式自动站——围绕地球运行的无人飞行器,不回地球;星际自动站——飞往太阳系其他行星的无人飞行器,不接触行星表面;月球自动站——飞往月球的无人飞行器,不接触月球表面;(……)星火箭——击中(……)星的火箭;月球火箭——击中月球的火箭;(……)飞船的运载火箭;(……)自动站的运载火箭。

钱学森在百忙之中,还系统地列出了星际行星座谈会的选题目录,提出邀请哪些科学家作专题报告,经常风趣地说:"我是星际航行积极分子","要吸取各家所长,活跃学术思想"。为了制定星际航行规划,他指导杨照德进行星际航行与各学科间的关系研究。1962 年,钱学森在中国科学院力学研究所组织了一个科研系统管理讨论班,参加

1961 年 6 月 20 日苏联发射多级重型火箭,钱学森向记者介绍其意义

的学员有孔庆恩、姜伟、杨照德等 4 人。杨照德还记得,每次讲课前,钱学森都会让 4 个人分别讲述自己在工作中遇到的具体困难,然后,再有针对性地把国外最新动态和自己的观点告诉大家,并通过集体讨论的形式作进一步沟通。每次讨论结束后,指定学员们轮流整理讲课内容。那绝不是机械地记录,而是将各类观点分析归类,整理成文,再由钱学森作详细的修改和批注,最后才会在内部简讯上发表,从而将他的学术思想和管理理念进一步扩大、传播。

　　星际航行座谈会的规模也在不断扩大,参加单位除中国科学院有关研究所之外,还邀请了国防部五院、北京航空学院、军事医学科学院等有关单位专家出席。中国科学院的领导人张劲夫、竺可桢、吴有训、秦力生有时也到会。会议地点一般设在中关村力学所阶梯教室,每次会议有 150 多人。会议通常由裴丽生、钱学森、赵九章 3 人主持。星际航行座谈会历时 3 年共举办 12 次,就我国发展空间技术将涉及的众多学科中的重大理论与技术问题,进行了广泛的交流与讨论。报告内容很多是与人造卫星有关的预先研究成果。钱学森在会上经常启发性地提出许多新概念和新设想,引导大家不断地探索与思考。这样做的结果,不仅活跃了学术思想,开阔了视野,而且为后来的人造卫星工程上马提供了技术储备,奠定了基础。

1961 年 7 月 7 日,在星际航行座谈会上,赵九章曾经作了《地球高层大气及外层空间的几个问题》的报告。其内容主要是气象卫星、气象火箭的探测与应用。他指出中高层大气是与人类生存环境关系极为密切,又易受太阳活动影响的层次,它的研究在日地空间物理中占有特殊的地位。1961 年 10 月郭永怀作了《宇宙飞船的回地问题》的报告。重点讨论了宇宙飞船在返回地面过程中,怎样才能安全再入大气层而不被烧毁,并保证顺利降落回收。他从理论上定量分析计算了飞船再入段的空气阻力减速、气动加热、回地轨道的设计和烧蚀防热等重要问题,得出了符合当时已掌握的实际资料的结论。他还指出,现有飞船是没有举力方面的,也就是说没有普通飞机那样的机翼,从而也就无法利用空气产生必要的升力。他认为,未来宇宙飞船可以设计成有翼的形式,一方面可以降低卫星式飞船的超重,另一方面可以部分解决回地速度更高的月球飞船的再入与回收问题。他还强烈主张开展优化转移变轨方案的研究。此外,在星际航行座谈会上作专题报告的还有:陆元九《发射人造卫星的最佳轨道》;吴仲华《星际航行动力核火箭发动机》;林鸿荪《大推力低温化学火箭发动机》;钱骥《人造卫星温度的自然平衡》;屠善澄《利用惯性飞轮控制卫星姿态》;吕保维《地面与高空火箭间的无线电波传播问题》;张翰英《卫星上的遥测和遥控》;蔡翘《宇宙飞行的生物研究方向的探讨》等。

1962 年元月 5 日晚上,以陈毅、聂荣臻、陆定一副总理的名义,在人民大会堂设宴 475 桌,招待四五千科技界人士,周恩来总理、邓子恢副总理也到会。周恩来、陈毅、聂荣臻等先后讲话,勉励科学家自力更生、发愤图强,把祖国建成一个具有现代工业、现代农业、现代科学文化和现代国防的社会主义强国。竺可桢、吴有训、钱学森、钱三强等参加了这次宴会。据竺可桢估计,这样盛大的宴会,不但在中国是空前的,在全世界也少有。中央人民政府以如此隆重的礼遇向科学家祝贺新年,这无疑是一个非同寻常的信号。它表明中央领导同志,已下定了非常大的决心,来理顺历年来被七斗八斗的政治运动斗乱了套的党的正确的知识分子政策和科技发展方针。这种景象,确实打动人心,使在座的科学家们心里感到暖烘烘的。

《科学十四条》和聂荣臻给中央的报告,激发了科学家们的工作热情。如何使科学家的力量更充分地运用到解决国民经济、国防尖端和基础科学中的重大问题上来,就成为领导部门最关心的问题。早在1961年底,聂荣臻就决定要重新制定一个从1963至1972年的全国科技发展的十年新规划。1956年制定的《十二年科学技术发展规划》,一部分已经实现,另一部分被反"右派"和大跃进搞乱了套,加上经济建设的发展和苏联专家的撤退,且国际上科学技术也有重大发展,所以按照中国当时所面临的新情况、新问题,重新制定一个切实可行、行之有效的长期科技发展规划,就很有必要。为此,国家科委作了许多准备工作,并于1962年2月5日至3月10日在广州召开了全国科学技术工作会议(简称广州会议),研究讨论规划制定的有关问题。

参加广州会议的代表共453名,包括中国科学院、各高等学校和工、农、医各部门的科学家310名,其中有近200名是中国科学院的学部委员。另外是各有关部门负责科学技术领导工作的干部,聂荣臻主持了这次大会,科委副主任韩光、中国科学院张劲夫和杜润生、广东省委书记陶铸、教育部部长蒋南翔、中宣部于光远参加了会议的领导工作。

到会的科学家踊跃发言,提出了相应的建议。关于知识分子政策方面的问题,中国科学院声学家马大猷指出,知识分子最大的精神负担,就是"资产阶级知识分子"的帽子还在头上,压抑了广大知识分子的积极性。这个意见引起了会议领导的重视,聂荣臻等向周恩来总理汇报了这个意见,请求给予解决。周恩来和陈毅先后在会上讲话(同时参加的还有在广州召开的文艺方面会议的代表),着重讲了知识分子问题。

周恩来在 3 月 2 日的讲话中指出："十二年来,中国大多数知识分子已有了根本的转变和极大进步","我们历来把知识分子放在革命联盟内,算在人民的队伍中"。① 周恩来讲话使与会者倍感亲切。3 月 6 日,陈毅受周恩来嘱托,作了为知识分子"脱帽加冕"的讲话,陈毅说,周总理前天动身回北京的时候,对我说,你们是人民科学家、社会主义的科学家、无产阶级的科学家,是革命的知识分子,应该取消"资产阶级知识分子"的帽子,今天我给你们行"脱帽礼"。科学家们对此无不欢欣鼓舞,反应强烈,会议结束后无不积极投入到十年科学技术规划制定的浪潮中。②

广州会议上只讨论了十年规划的制定方针和方法,规划的主体内容是在会后由科委组织全国各方面有关科技专家拟定的,并于 1963 年底完成。这个包括 32 个重点项目的规划体现了当时中国国民经济发展指导思想,即"以农业为基础,农、轻、重为顺序"的方针,规划十分重视自力更生发展国民经济和尖端技术有关的科学技术问题。特别强调了石油化工和新材料,规划也体现了重视基础研究,将其作为发展重大科学技术任务的后备力量。所以当时国务院归纳为向科学院要"四蛋":即山药蛋、鸡蛋、原子弹和导弹。中国科学院党组书记张劲夫,为了使竺可桢、吴有训等科学家掌握规划工作的主动权,于 1962 年 4 月 25 日和 26 日两天,责成新技术局局长谷羽第一次向全体副院长和学部主任汇报了涉及"两弹一星"进展情况的大部分机密工作内容,使他们全面了解科学院参与"两弹一星"研究工作的 34 个研究所、承担的 146 项课题及其全面进展情况。并请竺可桢、吴有训副院长参与星际航行座谈会的领导工作。

---

① 《周恩来选集》下卷,人民出版社,1984 年版,第 353～369 页。
② 《"关于建国以来的若干历史问题决议"注译本》,人民出版社,1985 年版,第 272～274 页。

1960 年，钱学森赶赴导弹基地指导工作

　　在星际航行座谈会的基础上，1963 年 7 月中国科学院成立了星际航行委员会，由竺可桢、裴丽生、钱学森、赵九章、谷羽等组成，负责本学科领域的组织与规划工作。按照国家制定第二个科学技术发展长远规划（1963～1972）的要求，星际航行委员会组织一批科学技术人员，研究并制定星际航行方面的发展规划，使以后几年的预先研究工作得以协调进行。并决定由钱骥、舒润达、杨照德参与规划调研与起草工作。钱学森多次亲自指导了规划工作，并强调指出："搞星际航行规划要把眼光放远一点，要看五年、十年、二十年，使我国在空间技术某些方面能达到世界先进水平。"他还指出："搞规划，不但要有专业知识，还要有整体概念，系统思想，全局观念，要查阅国内外资料，掌握国外最新的星际航行资料、动向，要到各研究所调查研究，多听各方面的意见。"

　　1963 年初，钱学森在北京民族饭店主持全国力学规划会，指定杨照德参加会议秘书工作，并参与编写规划大纲。1963 年 4 月还让他到马神庙参加国防部五院科技委召开的导弹科学技术规划座谈会，了解任务对学科发展的需求。规划组成员在竺可桢、钱学森的领导下，听取各有关专家的意见，提出了规划草案，有重点地筛选出一批预先研究课题。

力学方面有:超高速冲压发动机研究;核火箭传热问题研究;电磁流体力学研究;物理力学研究;空间热物理研究;稀薄气体动力学研究;物理化学流体力学研究;薄壳结构研究;高温和超高温气体动力学及热力学性质研究;超临界点物理性质研究。

物理方面有:高温及超高温气体光谱研究;太阳电池研究及试制;热能直接发电研究;激光发射及其应用;电子计算机超小型化;真空低温技术研究;红外线与可见光探测器研究;电波传播理论研究;半导体器件研究。

天文与空间物理方面:太阳系行星表面条件研究;流星研究;小行星研究;天体测量学和天体力学研究;卫星动力学和人造卫星观测研究;太阳耀斑爆发条件研究;高层大气结构研究;太阳电磁辐射研究;地磁场研究;电离层结构及电波传播研究;无线电噪声研究;控制理论研究;最佳轨道理论研究;惯性器件研制;空间模拟试验研究。

生物学方面有:空间生物学研究;放射生物学研究;密闭舱自给生态学系统及宇宙医学研究;营养学研究;生理学研究;心理学研究。

此外,还在卫星总体设计方面也安排了一批研究项目。如:人造卫星发展趋势研究;卫星能源研究;卫星温度控制研究;卫星天线研究;卫星结构研究;卫星总体布局研究。

钱学森明确指出,星际航行规划与国家科学规划是相关联的,它将起到任务带动学科的作用。星际航行发展后,会带动一大批新学科的发展。星际航行规划,为研制运载火箭和发射卫星储备技术,积累经验,培养一批人才。

重点项目初见成效

《科学十四条》和《七十二条》的贯彻执行,使中国科学院各个研究所发生了明显的变化。领导干部的工作作风有了很大的进步，民主精神得到发扬，多数高级研究人员亲临第一线，集中精力参加和指导研究工作，学术活动渐渐增多，研究成果显著增加，全院出现了许多前所未有的新气象。如承担星际航行研究任务较集中的北京中关村晚上灯光通明，就连图书馆夜晚也都开放，呈现一片欣欣向荣的景象。

　　在星际航行统一规划下，上海机电设计院通过对探空火箭的设计、质量分析、总体布局、弹道计算、精度分析、总装、测试、生产组织管理、技术设计系统、调度指挥系统等诸多方面的工作，取得了实际经验。与此同时，中国科学院地球物理所二部、力学所、自动化所、电子所、紫金山天文台等单位，也为人造卫星的规划和研制，做了大量的调查研究和准备工作。地球物理所二部成立了总体研究室，由钱骥直接领导，这个室包括总体组、星上和箭上天线研制组、电源研究组、空间环境模拟设备的研制与运行组以及结构设计组等。总体组的主要精力是放在探空火箭的箭头总体工作上，以便在实际工作中积累经验。与此同时，在赵九章、钱骥指导下，杨俊文、何正华、胡其正、马天任、何传大等密切关注着国外卫星发射动态，搜集美、苏等国的资料，就空间技术和应用发展动向、卫星结构和材料、卫星温度控制、无源控制的涂层材料、卫星在超高真空和各种电磁辐射、粒子辐射环境中的适应性、卫星无线电系统（包括遥测、遥控和定位）的体制和频率选择、卫星轨道和卫星能源以及太阳能电池等进行分析研究，写出专题报告。1963年5月6日，钱学森、赵九章、贝时璋等开会讨论星际航行方面的科学技术问题。预计5月15日美国发射的载人飞船将要经过我国上空。5月10日，钱学森找赵九章商量轨道预报问题。总体组按照钱学森、赵九章的要求做了一次国外载人飞船轨道预报，这是一次具有实战意义的锻炼。据杨俊文回忆当年的情况：

　　　1963年5月10日，我正在中关村化学所礼堂参加科学院机关第三届党代表大会时,赵九章所长派人把我叫到他家去,当时钱学森已在赵家。赵所长说:"钱院长刚才给我们提出一项工作,要我们立即做一下。美国将在最近从卡纳维拉尔角发射一艘载人飞船水星9号,要经过我国上空,会对地面进行军事侦察。钱院长要求我们对这艘飞船经过我国上空的时间和地点进行轨道预报,以便我国采取对策。据美国公布的资料,预计飞船发射时间为1963年5月15日21点,轨道倾角为32.5度,飞船绕地球运行的周期为88.2分钟。你可参考轨道计算方法,找几个人参加计算,赶在美国发射前做出轨道预报。"钱学森说:"飞船运行周期接近1.5小时,地球由西向东转,飞船轨道在地球上的投影是由东向西移,何时到达何地要具体计算。"我们组未做过轨道计算,但我接受了此任务,由于时间要求急,故马上回研究室调查和确定计算卫星运行轨道的方程组,在总体组内有曲广吉等五人参加计算。在计划科帮助下,我们借调几台手摇计算机,开始了几天的连续计算,得到几十条飞船运行轨道在地面投影的曲线图表。由于美国水星9号飞船计划绕地球22圈后即返回地面,我们按照前面22圈中进入中国上空的资料再次核实订正。当5月15日21时4分13秒正式发射飞船前,又根据美国当时宣布的飞船运行周期88.7分钟和倾角32.5度等数据,调整、计算出该飞船经过我国上空时的新时间、地点预报图表。赵所长叫我和吴智诚去他家,审查了我们组算出的预报图表,认为可用,并要我们当晚赶去国防科委值班室报告了预报结果。

在空气动力学方面,为了更好地发挥各方面积极性,全面规划,加强领导,1964年初国防科委成立了以钱学森为组长的空气动力学专业组,即第十六专业组。它在发展我国空气动力学事业和团结广大的空气动力学工作者方面起到了非常重要的作用。建立了低速风洞、跨音速风洞、超音速风洞、电弧加热设备,为气动特性研究、再入大气层研究创造了条件;同时解决了一些在各种攻角下测力、测压问题;还进行了弹头烧蚀机理、烧蚀材料、烧蚀试验,从而弄清了一些基本问题,为返回式卫星设计、研究卫星外形提供了材料选择、试验设备及理论依据。庄逢甘院士在《我国的空气动力学事业》①一文中回忆:

> 大力协同,尤其是全国气动力学工作者之间的通力合作是很重要的因素。这里要特别提到中国科学院力学研究所。早期在钱学森所长带领下,积极参加了型号的空气动力学预先研究工作,重点发展了激波风洞,后来还有一批同志直接参加了三线建设,为中国的空气动力事业作出了重要贡献。

每一个风洞建设都是一个艰巨的工程,难度很大,建设周期又长。钱学森早期曾说过:"仿制一个风洞,等于仿制一个型号。"当时作为全面负责和领导中国火箭、导弹气动力学关键技术攻关的气动力学专家庄逢甘,遵照钱学森关于气动力研究为型号服务的指导思想,曾领导组织开展导弹型号超声速颤振试验研究,解决了非定常流场和复杂结构的模拟、动态特性测量与分析、稳定性判定等关键技术,为运载火箭的气动设计提供了重要的技术支持。

人造地球卫星控制理论研究,是星际航行规划中重大研究课题之一。它涉及变轨控制和姿态控制。前者采用开环控制,后者多用闭环控制,这便涉及系统稳定和品质问题。从硬件组成的角度来看,已有的姿态控制系统方案很多。随着对姿态精度的要求日益提高,新型姿态敏感元件不断出现,姿态控制系统新方案也随之问世。然而,姿态控制系统并非各组成部件简单的连接,必须从控制理论的角度进行分

---

① 聂力、怀国模主编:《回顾与展望》,国防工业出版社,1989年9月,第273页。

析研究,以求获得令人满意的系统动态品质。自动化所的陆元九、杨嘉墀、屠善澄对此十分重视,对运动物体控制的理论研究取得了多项成果,已用于一些军事工程项目设计之中,为人造地球卫星三轴姿态控制系统打下了坚实的理论基础。宋健于1961年从苏联回国后,受钱学森、华罗庚、秦力生等科学家和领导的委托,在数学家关肇直的领导下,在中国科学院数学研究所创建了控制论研究室,他兼任该室副主任多年,承担星际航行规划中的研究课题,该室在最优控制理论、偏微分方程控制理论等方面都取得了许多科研成果。1963年,国际自动控制联合会第三届代表大会在瑞士巴塞尔召开,经钱学森、关肇直推荐,宋健出席了大会,并在大会上宣读了他与韩京清共同完成的《线性最优系统的分析与综合》,得到了世界各国与会专家的高度称赞。

此外,通过工程热物理研究,掌握了一些对流、辐射、热传导基本理论与试验方法,研制了一些有机、无机涂层材料,掌握了一些温度测量与试验方法,为卫星热控制奠定了基础。还通过对导弹结构强度研究,在强度计算、材料特性、成型工艺、试验设备上取得初步成果。在对薄壳结构理论分析、强度计算、试验结构设计等诸多方面均提供了珍贵资料与试验手段。在空间环境模拟试验设备方面,基本建成了能进行高低频振动、冲击和超重试验的动力学环境模拟实验室。此外,还建成了大型地面环境模拟设备,其中包括大振动台、大型地面气候模拟试验箱、旋转半径为6米的大型离心机和直径达到2米的热真空试验设备。

1963年10月下旬,国防科委在大连召开112专业组第一次推进剂燃烧传热学术会议。"112"代号的由来是1961年1月,国防科委召开了全国性的推进剂规划会议。在钱学森主持下,会上明确了各种推进剂的近期研究方向、任务,制订了以能量为标志的液体、固体推进剂三年发展规划,动员全国有关单位,为实现规划提出目标,同心协力,分工合作。仅就高能燃料和推进剂的工作,钱学森就提出了"五院液体发动机研究所、五院固体发动机设计部、中科院大连化学物理所、北京化学所、中科院兰州分院、力学所、化工部五所和北京工学院"等参加单位,并指出,主导单位是大连化学物理研究所。

　　按照国防科委通知精神,推进剂燃烧传热会议主要任务是学术交流,修订发展规划,调整重点项目,组织力量攻关。会议由中国科学院新技术局筹备,大连化学物理研究所负责会议组织工作。经过半年多的努力,各单位寄来100多份资料,保密审查后分批寄往大连。钱学森对这次会议的召开极为重视,在百忙当中挤出时间亲自到会主持。会议前夕,钱学森在国防部五院机关同志的陪同下,晚上8点钟左右乘上北京至大连的火车。在火车行驶约半小时后,蔡玉笙走到硬座车厢,找到杨照德,并带他走到软卧车厢。刁秘书打开门,让杨照德进去,钱学森让他坐下后,提出要听一下有关会议准备的情况。杨照德简明扼要地汇报了各单位出席会议的人员情况,已经收到的技术报告数量,以及会议的日程初步安排等细节。谈话约半小时后,钱学森招呼杨照德不要走,指着上边空铺说:"就在这里睡,明天好工作。"这使杨照德心里热乎乎的。因杨照德当时是科学院新技术局办事员,按规定出差坐火车只能硬座。另外,他考虑这样会影响钱老休息,马上回答说:"谢谢! 我夜里睡觉很不老实,爱打呼噜。"说完后就告辞,仍回到了硬座车厢。不难看出,钱学森对下级是十分关心与爱护的。

　　钱学森到达大连后,被安置在军区招待所。他稍作休息,下午就出席了推进剂燃烧传热学术会议开幕式。参加会议的除正式代表100多人外,还有大连化学物理所有关研究人员列席参加,济济一堂。大会由钱学森、谷羽主持,张大煜代表大连化学物理研究所致欢迎词。钱学森应邀在会上作了学术报告。他针对大会主题,就飞行器推进系统基本理论与概念作了重点发言。他指出:燃烧学是研究燃烧现象、实践和理论的科学。燃烧过程是涉及化学、热力学、传热传质学和流体力学等问题的复杂过程。只有在燃烧理论的指导下和实践的基础上才有可能设计出燃烧完善程度高、稳定工作范围宽的燃烧室。而液体推进剂燃烧,由于液体火箭发动机使用的液体推进剂一般是二元或单元的,它们又可分为自燃和非自燃。由于推进剂燃烧过程非常复杂,对它们的分析和应用仍有赖于经验。喷注器的形式、数量和配置以及燃烧室形状是影响稳定恒压的重要因素。钱学森还在报告中阐明,随着计算机技术的发展,一门新的计算燃烧学学科正在兴起,用数学模拟燃烧过程,可以减少大量的试验工作,使许多问题可以研究得更加深入。

报告结束前,钱学森针对大家提出的火箭发动机燃烧不稳定性问题,作了补充发言。他进一步指出火箭发动机燃烧不稳定性,是火箭发动机燃烧室中燃烧的周期振动现象,伴随有燃气压力、温度和速度的振荡,通常以压力的周期性振荡为表征。当出现燃烧不稳定性时,燃气压力振荡具有明显的周期性,且振幅较大,一般在室压的 5% 以上,有时甚至高达百分之几十或更高。燃烧不稳定性可能导致发动机振动加剧和热负荷增加,从而使发动机部件遭到破坏和烧蚀。这往往是火箭发动机研制中的技术关键。燃烧不稳定性通常又可按机理或室压振荡频率范围分类。固体火箭发动机燃烧不稳定性按其与燃烧室内声场的关系分为声学燃烧不稳定性和非声学燃烧不稳定性两类。液体火箭发动机燃烧不稳定性,按室压频率分为高频燃烧不稳定性、中频燃烧不稳定性、低频燃烧不稳定性三类。一定要针对性地采取抑制措施。

接着由张存浩报告了大连化学物理所在燃烧学方面的研究工作情况。他首先介绍了 112 会议后大连化学物理所开展了固体火箭推进剂和固液火箭推进剂燃烧过程的实验和理论研究,对固体推进剂的燃烧规律进行了比较深入的探讨。1963 年,何国钟、张存浩等在总结和吸收了过去燃烧理论成果,并对照了典型实验数据的基础上,发展了复合推进剂的多层火焰模型和分解扩散微火焰理论。这一理论预示和关联了各种固体推进剂各参量对燃烧范围、压力指数、温度系数和侵蚀燃烧效应的影响。尤其是以处于"加质层流底层"中的分解焰模型,揭示了侵蚀燃烧中的临界流速的存在。这就使得多年来推进剂燃烧中的临界流速现象第一次得到理论解释。这一结果明确了设计新型推进剂配方时,影响燃烧的关键参数,揭示了氧化剂粒度等参数对燃速及压力指数的影响,它们所建立的稳定态燃烧模型,形成了推进剂不稳定燃烧理论分析的起点。在燃速调节的实践方面,王学松等人采用新型阻抑剂后,使降低燃速这一问题获得显著成效。为适应新型发动机的需要,他们仍采用双组分添加剂调节燃速并取得了成功。此外,他们还就固液火箭推进剂燃烧过程的稳定性、完全性、均匀性以及点火延迟期等问题作了认真的研究,并取得满意的结果。

钱学森听完张存浩的报告后,给予很高的评价。会后钱学森对谷羽讲,这项工作是"任务带学科"、"学科促任务"的典型。谷羽回京后首先向张劲夫汇报,张劲夫对钱学森给予张存浩的评价深表赞许。张劲夫后来在一次会议上还说过:好比一副对联,过去只有上联,"任务带学科",不全面,现在有了下联,"学科促任务",合起来就比较全面了。

这次会上,国防部五院梁守槃、王树声、肖淦等有关专家也作了学术报告。王树声早期曾主持中程弹道导弹发动机燃烧室设计,他将钱学森开展预先研究或单项试验来解决型号问题的精神,贯彻到发展大推力自燃推进剂发动机这一研究项目中,1962 年 7 月对关键性技术问题——液体火箭发动机不稳定燃烧的研究作出了总体安排,提出建议并上报。随后王树声吃透了钱学森提出的"啃这块硬骨头"、"从燃烧动力学方面和化学方面做工作"、"试验是重要手段,理论探索也很重要"等一系列中肯的指示精神,茅塞顿开,有了奋斗的目标和工作动力。这次,王树声在会上报告了低频不稳定燃烧研究成果:取得了近 160 次燃烧试验数据;介绍了中近程弹道导弹发动机切向高频不稳定燃烧的理论分析计算,以及在燃烧试验研究中,为克服燃烧室高频不稳定燃烧所进行的探索性研究。他的报告内容,引起了与会者和有关专家的高度关注。经钱学森审定,将燃烧不稳定性研究作为下一步的攻关课题。钱学森还和谷羽一起与研究所商定,由国防部五院与中国科学院大连化学物理研究所共同合作,进行固液火箭发动机的研制等项目,为今后运载火箭进一步发展打下坚实的基础。

在会议研究下一阶段工作时,钱学森、梁守槃与谷羽等一起交换国防部五院与科学院新技术局合作方面的意见。会上有人反映,大连化学物理研究所承担的高密度火箭煤油,已经进行中试、生产了几百公斤煤油,因使用单位任务调整未能安排发动机点火试验,不能取得试验数据,无法进行成果鉴定。钱学森随即指出,任务再忙,也一定要安排点火试验,要有始有终。他还要梁守槃回北京后亲自抓这项工作的落实。为此,在大会总结时,钱学森还针对加强科研系统管理作了重点发言。

会议期间,钱学森每天抓紧时间阅读大会上的 100 多份研究报告,他曾对谷羽说:“这几年在北京工作很忙,很难得坐下来看这许多资料,这次机会难得。”一天晚上,杨照德将起草的会议纪要送钱学森审定时,他说:坐一会,吃个苹果再走。随后,他放下手上的资料,走到茶几前,拿起小刀一边削苹果,一边说,也该让我休息一会了,大家一起吃吧。说着说着,将削好的苹果放在杨照德面前。说起苹果,在那个年代就是在苹果产地也是个宝贝。当时,住在军区招待所,钱学森比其他会议代表多享受的一份特殊待遇,也就是房间多放了一盘苹果。尽管如此,他还是时常将苹果拿出来让大家分享。

在休会期间,钱学森与谷羽等人在大连化学物理所党委书记白介夫的陪同下,到大连化学物理所推进剂燃烧试验基地参观,观看了试车台及有关研究室,钱学森对研究所的工作成绩作了充分肯定,并对张存浩今后的工作做了方向性的指导。此外,星期天钱学森、谷羽等又去大连车辆厂参观。当钱学森登上了我国新研制的第一台内燃机车,在厂内试验行驶了约 200 米路程时,他高兴地对司机说:"终于登上了自行设计的火车,中国将飞快地向前奔驰!"

同日下午钱学森还抽空到大连市贝雕工艺厂参观。这是一个很小的生产车间,钱学森对贝雕工艺品及生产工艺过程看得很仔细,还不断地提出一些问题,工人们都一一作了回答。在结束参观时,钱学森对白介夫说:"大化所许多科研成果、中间产品,都可以向地区推广,促进地方发展。"后来大连化学物理所广泛地支持地方工业发展,取得了良好的效果,并成为中国科学院的先进典型。

第五章
卫星任务专委立项

发展人造卫星建议

20 世纪 60 年代中期,是中国尖端技术发展的美好时光,也是钱学森最繁忙的时刻。

1963 年底,毛泽东主席在国家科委内部刊物上看到竺可桢写的《论我国气候的几个特点及其与粮食作物生产的关系》一文。文章中提出了如何使地理学研究为农业生产服务的问题,引起了毛泽东的极大兴趣。

1964 年 2 月 6 日中午 12 点,竺可桢接到了毛泽东主席接见他的通知。他被带到毛主席的卧室,谈话很自然地从《论我国气候的几个特点及其粮食作物生产的关系》开始,毛主席对碳水化合物的合成过程很有兴趣,认为太阳辐射、温度和雨量既然对农业生产关系密切,就应该在农业八字宪法"水、土、肥、密、种、保、工、管"的基础上,再加上"光"和"气",则更为完善。随后李四光和钱学森也来了,四个人的谈话更加"海阔天空",从地球形成之初的情况,煤和石油的演变过程,到植物的进化,乃至火山活动、冰川作用和地质年代以及历代气候的变迁……过了一会儿毛主席见钱学森没说话,便主动地问他:"你搞的导弹那么厉害,有没有办法对付它啊?"钱学森说:"美国搞了些试验,但不成功。"于是毛主席说:"有矛必有盾。再厉害的东西总可以找到对付的办法嘛。搞少数人,有饭吃,专门研究这个问题。5 年不行,10

年;10年不行,15年总可以搞出来的。"会后,钱学森立即向国防科委领导汇报了毛泽东主席谈话的情况。

第二天,时在广州的聂荣臻闻讯后,也打电话向竺可桢了解毛泽东主席的谈话要点,以便在科技工作中加以贯彻。聂荣臻还指示国防科委张爱萍、罗舜初副主任,迅速组织人员落实毛主席的指示。

1964年3月,国防科委张爱萍、钱学森在北京主持召开高层小型会议(约30人),中国科学院谷羽、汪德昭和邓锡铭也出席了会议。主要研究和部署战略防御方面的手段和重大项目,并定名为"640工程"。会上钱学森传达了毛泽东主席关于加强战略防御工作的指示。会议还用了三分之一的时间研讨强激光作为防御手段的可能性。据上海光机所邓锡铭在《关于激光炮工程的历史片断》中回忆:

> 会后,钱学森对我说:"靶场也得准备起来,一个靶场建设也得花好几年时间。"在会上,钱学森总的指导思想是三道防线:导弹反导弹;超级大炮散靶;强激光。他还对我说:"未来的激光炮,现在有设想,我还亲自到展览馆看了你们的红宝石激光器,但最终实现的激光炮可能出现与目前的设想完全面目全非的结果,原因是技术在不断地发展。"

1964年3月底,钱学森到中国科学院与科学院党组研究作了具体部署,除激光炮研究外,还有化学激光研究、电感储能研究。这一时期,钱学森在和赵九章研究空间环境对卫星影响问题的同时,还讨论了空间环境对导弹相互作用的课题。远程导弹射程很远,其运行轨道的高度可达上千公里,有的可达3 000公里,要通过中高层大气、电离层和磁层底部。这些不同区域的空间环境与导弹的相互作用,会产生不同类型的现象,如光学现象、电磁波现象,根据这些现象可侦察对方导弹不同运行段所处的位置,从而可提出反导的方法和措施,这对保障国家安全是十分重要的。经研究,空间环境及其导弹相互作用研究,列入了"640工程"计划,该项目对外名称"6405"任务。该项任务是难度较大的探索性研究,又具有保密性,由赵九章组织了几个方面人员进行研究。在赵九章与钱学森谈到卫星工程项目时,钱学森很谨慎地回答了一句:"目前上面顾不过来。"

当时最高决策层从战略考虑是要求尽快拿出真正能用的导弹来。在中共中央、国务院、中央军委的重视和各省市积极支持下,国防部五院认真贯彻调整的方针,缩短了研制战线,进一步集中力量,突破"东风二号"的技术难关,在钱学森等全体研制人员的共同努力下,经过修改设计后研制出的导弹产品,先后通过了17项大型地面试验,需要解决的技术问题都基本一一获得解决。1964年6月29日,钱学森协助张爱萍,在西北综合试验基地,进行了第一枚改进设计后的中近程地地导弹飞行试验,两个月内连续进行了三次飞行试验,均获得圆满成功。"东风二号"的研制和发射成功,标志着我国已经基本上掌握了独

"东风二号"整装待发

立研制导弹的一整套复杂技术,也标志着 1956 年制订的十二年科学规划已提前完成。下一步就是要制订我国导弹事业的长远发展规划,五院党委责成由钱学森负责这一规划。

我国的导弹事业已有相当的基础,因而钱学森有了利用现成导弹改装成卫星运载火箭的意图。他建议国防科委组织中国科学院有关专家到试验基地参观考察,并安排上海机电设计院总工程师王希季到北京,研究"东风四号"有关资料,为卫星工程启动做了一些前期准备工作。1964 年 10 月,应国防科委邀请,赵九章、方俊、钱骥、吴智承等访问西北综合试验基地。方俊院士是我国地球重力与大地测量的权威,时任中国科学院武汉测地研究所所长,并承担试验基地、跟踪站的天文、大地、重力的测绘研究与保障工作。试验基地对这次访问十分重视,委派乔平副参谋长专程赴京迎接,并全程陪同。赵九章等人原计划乘飞机前往,适逢 10 月 16 日我国第一颗原子弹爆炸试验成功,为了安全起见,那几天空中禁飞。过了四五天,只得改乘火车。列车到达兰州,在基地招待所进午餐后,即去机场乘空军的一架运输机。机组人员是清一色的女军人,驾驶技术却很娴熟。由于飞机本身的性能,致使机舱内响声很大,如若说话声音小,则相互间都难以听清。加上密封性能不好,只能把飞机上备有的几件皮大衣披上御寒。还由于气流的缘故,飞机颠簸得十分厉害。乔副参谋长拿出航行图铺放在机舱的地面上,给大家指着飞行的路线。舷窗外一望无际的沙漠,在夕照中更显得蔚为壮观。700 多公里的航程飞行了约两个小时,18 点左右,飞机降落。基地司令员李福泽亲自来迎接,热忱地欢迎赵九章、方俊、钱骥、吴志诚等到基地参观指导。又经过半个多小时的汽车行程,下榻于 10 号地区招待所。基地领导对科学家十分尊敬,并谈起苏联专家撤走之后,所有一切都只能依靠自己的科技人员了,这几年依靠自己的努力,导弹研制的进度很快,基地建设也初具规模,不过还有许多科技问题需要各方面的专家出主意。

赵九章等人在基地参观了发射场区和跟踪观测站,并观看了"东风二号"的发射。这次发射试验取得圆满成功,准确地命中目标地区,大家的心情都很激动,为我国导弹研制快速进展而欢欣鼓舞。在基地参观期间,赵九章、钱骥与国防部五院研制人员举行座谈,讨论下一步的发展趋势,以及探讨发射卫星运载工具的推力、控制以及卫星重量等方面的可行性,并与基地的科研人员交流了跟踪测轨等方面的技术问题。赵九章还应李福泽司令员邀请,在基地大礼堂做了有关空间科学技术报告,就国防上的空间科学研究动向、高层大气物理的发展、内外辐射带的发现等做了阐述。

在结束了将近一周的基地参观以后,1964 年 11 月初的一个晚上,应赵九章的邀请,钱学森来到赵九章的办公室。钱学森见面就问:"去基地的观感如何?"赵九章说:"收获很大,导弹研制进程这么快,真是出人意料。"赵九章认为再过四五年,完全有可能在导弹的基础上研制出可以发射 100 公斤左右的卫星的运载工具。在卫星研制方面已有五六年的预研准备,现在已有一定的基础,再过四五年完成卫星研制也是有把握的。现在的关键是必须将卫星的研制任务由国家立项。而立项就需要向上面汇报,要说动领导人能下决心搞卫星。赵九章认为钱学森说话比较有分量,希望钱学森能做些工作。当时钱学森讲话比较谨慎,说:"现在上面顾不过来,要分头做些工作。"

当年积极倡导中国要搞人造卫星的钱学森、赵九章等人,深知要建立我国核武器的完整体系,必须加速我国洲际导弹的研制,如今他们又在研究发射人造卫星和发射洲际导弹间的关系。"领导顾不过来",这反映了上层对卫星的意义、作用可能考虑较少,所以,要抓住机遇并通过各种途径上书中央,积极建议全面规划中国人造卫星事业。赵九章几次找钱骥研究,认为现在卫星研制由国家立项是必要的、适时的,再不立项会坐失良机。赵九章明确指出,报告中过多强调卫星的科学意义未免有些书生气,不会引起各方面关注,要着重说明卫星的国防用途。我国发展卫星应以应用卫星为主,同时还要说清楚发射卫星与发展新技术以及和现代工业间的密切关系。赵九章让钱骥先起草,然后他逐句逐段地修改,经过 20 多天的思考、研究,几易其稿,最终定稿。1964 年 12 月下旬,第三次全国人大会议期间,赵九章将报告直接呈送给周恩来总理。他的建议,获得周总理的高度重视。现在再回过头来看看这份报告,它确实体现了赵九章的真知灼见。

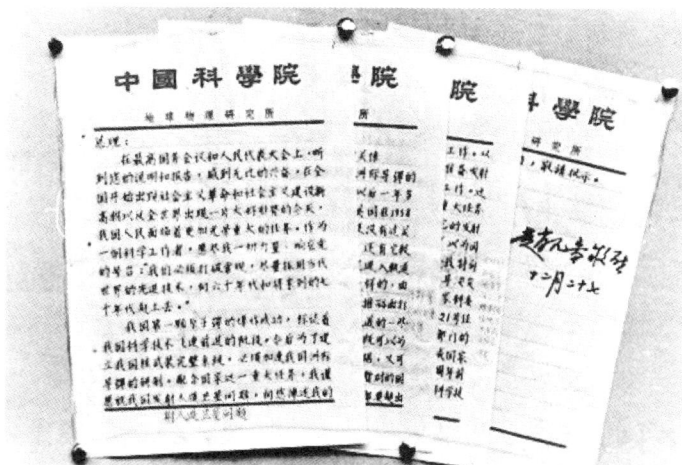

赵九章给周恩来总理的信

总理:

在最高国务会议和人民代表大会上,听到您的说明和报告,感到无比兴奋,在全国开始出现社会主义革命和社会主义建设新高潮以及全世界出现一片大好形势的今天,我国人民面临着更加光荣重大的任务。作为一名科学工作者,愿尽我一切力量,响应党的号召:"我们必须打破常规,尽量采用当代世界先进技术,向 60 年代和将来到的 70 年代赶上去"。

我国第一颗原子弹的爆炸成功,标志着我国科学技术开始飞速前进的新阶段。今后为了建立我国核武器完整系统,必须加速我国洲际导弹的研制。配合国家这一重大任务,我谨愿就发射我

国人造卫星问题,向您陈述我的一些看法和建议,请您参考:

一、发射卫星和发射洲际导弹的关系

远程导弹和人造卫星进入轨道之前的无线电导航设备基本上是一样的,由控制卫星进入轨道的精度,就可以衡量洲际导弹打靶时落弹点的精度。卫星进入轨道的一些偏差,并不妨碍卫星的运转,但它既可以为改进洲际导弹控制系统提供试验数据,又可以避免在地面试射洲际导弹的一些暂时的困难。因为洲际导弹打靶有两个复杂问题:一是向远离我国的太平洋海区打靶,要有强大的海军配合行动;另一个是要解决导弹重返大气问题。当然这两个问题,我们必须解决。无论这两个问题是否解决,都可以发射卫星,并可以先走一步,把无线电导航、轨道试测及计算地面跟踪等科学技术系统建立起来。这并不妨碍我国洲际导弹的进度,相反两者是相辅相成的。

二、人造卫星是直接用于国防或服务于国防的

从美国和苏联已发射的卫星情况来看,人造卫星是直接用于国防或服务于国防的。苏联在 1962 年以后,就大力发展人造卫星在国防上的应用,自宇宙卫星系列起,大部分是适用于侦察地面情况。就美国发射的卫星来说,至 1964 年 11 月止,共发射了 288 颗,成功 228 颗,直接用于国防的为 174 颗,包括秘密卫星和间谍卫星等。

三、人造卫星的工作规模和尖端科学及工业的关系

人造卫星的工作规模是非常大的,综合性是非常强的。配合原子能、导弹事业发展,可以更全面地推动各种尖端科学和工作的发展。首先是地面观测设备,高速电子计算机,灵敏度更高、距离更远的雷达设备,各种特殊讯号收发技术,如气象卫星中的图片收发技术。这就推动无线电、自动控制等尖端科学和工业的发展。其次是卫星制造本身,对半导体(太阳能电池等),超小型无线电部件,防护辐射材料,以及地面对高空环境的模拟(进而可供

研究反导弹之用),红外部件和各种特殊探测(大都可以用于国防)仪器等尖端科学研究都提出了较高的要求。需要有一段相当长的时间,如美国的高空环境模拟试验室,从设计到设备制成运转的周期,一般要四五年。因此,我认为从现在起,抓这一工作,已是时候了。

我国尖端科学力量已有相当规模,1958 年以来,在总路线光辉照耀下,中国科学院成立了一批与新技术有关的研究单位,一支科学技术队伍已经成长起来。从 1960 年起,我们和五院合作,已成功发射了一批气象火箭,取得高空风及温压资料,在探空技术上,取得一点初步成绩。但这仅是我国空间研究的开始,我们还必须再接再厉,努力取得更多的成绩,为我们国防多作一些工作。从备战的观点来看,我国亟须进一步准备发射侦察卫星、通信卫星、气象卫星等工作。这是我国科学上继原子弹之后的一个重大任务,由于您在最高国务会议上,曾提到要尽快解决运载工具问题,由于人造卫星和洲际导弹有密切关系,它的发射可以配合洲际导弹的发展,本身又可以为国防服务,并带动我国尖端科学技术。我特向中央领导提出这个建议。如果中央领导决定了发射卫星的计划,在国防科委及国家科委的领导下,军民合作,大力协同,像 21 号任务那样,把科学院,有关院校及工业部门的力量组织起来,相信一定可以提前完成国家这一项重大科学任务,争取在建国 20 周年前放出第一个人造卫星,并把我国尖端科学技术带动起来。

以上所陈,是否有当,敬请批示。

此致

敬礼

赵九章敬启

1964 年 12 月 27 日

随后,赵九章又在 1965 年 1 月与吕强一起组织杨嘉墀、钱骥等人研究细节,以地球物理所、自动化所的名义,给中国科学院党组报告,建议加快步伐发展中国人造卫星事业。张劲夫、裴丽生见此反映了广大科技工作者愿望的报告,很快批给星际航行委员会主任竺可桢审阅处理,竺可桢阅后立即在报告上批示:刻不容缓。在此基础上,组织力量草拟了发展卫星规划的纲要,形成一份中国科学院党组建议、正式呈送中央专委的报告。

与此同时,国防部五院副院长钱学森,纵观全局,分析了中国研制人造卫星的有利形势和运载火箭发展的趋势,深感中国发射人造卫星已经具备了较为可靠的基础。于 1965 年 1 月 8 日向国防科委和国防工办,提出了将卫星及其运载火箭的研制列入国家计划,并及早开展研制工作的建议。钱学森在报告中指出:

自从苏联在 1957 年 10 月 4 日发射第一颗人造卫星以来,中国科学院和国防部五院对这些新技术都有过考虑,但未作为研制任务。现在看来,人造卫星有以下几种已经明确的用途:测地卫星、通信及广播卫星、预警卫星、气象卫星、导航卫星、侦察卫星。重量更大的载人卫星在国际上的应用,现在虽然还不十分明确,但也得有所准备。现在我国弹道式导弹已有一定的基础,现有型号进一步发展,即能发射 100 公斤左右重量的仪器卫星。这些工作是复杂而艰巨的,必须及早开展有关的研究、研制工作,才能到时拿出东西。因此,建议国家早日制订我国人造卫星的研究计划,列入国家任务,促进这项重大的国防科学技术的发展。

聂荣臻赞同这两个建议,作了如下批示:

我国导弹必须有步骤地向远程、洲际和人造卫星发展,这是我一直很明确的。人造卫星早就有过考虑，但过去由于弹道式导弹还未搞出来，技术力量安排上有困难，所以一直未提出这个问题。钱学森这个建议，请张爱萍副总长邀请钱学森、张劲夫等有关同志及部门座谈一下，只要力量有可能，就要积极去搞。

国防科委综合报告

发展人造卫星，是我们国家的大事。1958 年大跃进时期，毛泽东主席就指示要发展我国人造卫星事业。当时各有关部门在主席指示的鼓舞下，做过不少工作。钱学森、赵九章等一批科学家，都曾积极地探索过这个问题，开拓了一批新的学科领域。三年调整时期，有的暂时放慢了步伐，有的紧缩了工作规模，也有的停了下来。1964 年以后，全国人民在大学毛主席著作的新形势下，在农业生产以及其他各个战线上出现了新的兴旺气象，特别是原子弹爆炸及中近程地地导弹的研制均获得成功。气象火箭探空、无线电技术、光学观察、计算技术等有了较好的基础，为发展人造卫星事业提供了最根本的保障条件。同时，从国家政治、军事方面来说，已迫切地提到工作日程上。

按照周总理、聂副总理对钱学森、赵九章提出的关于发展人造卫星工作的建议批示，张爱萍邀请张劲夫、钱学森、孙俊人等，对发展卫星的必要性和可行性进行了论证，一致认为，进行卫星工程研制的技术基础已经基本具备，应该统一规划，有计划按步骤地开展研制工作。

随着航天技术发展而增强了国防部五院的试制生产力量，建立起较为完整配套的导弹、火箭工业体系，实现由研究院向工业部的过渡，已势在必行。1964 年 11 月 23 日，中共中央、国务院发出了《关于成立第七机械工业部的通知》。中央决定：以国防部第五研究院为基础，从第三、四、五机械工业部及其他有关部门和省、市，抽调若干工厂和事业单位,组成第七机械工业部,统一管理导弹、火箭工业的科研、设计、试制、生产和基本建设工作。1964 年底召开的第三届全国人民代表大会第一次会议,通过了成立中华人民共和国第七机械工业部的决议。1965 年 1 月,刘少奇主席任命王秉璋为第七机械工业部部长;2 月,国务院任命刘有光、钱学森、刘秉彦、谷广善、张凡、曹光琳为第七机械工业部副部长。在赵尔陆等人的指导下,七机部领导王秉璋、钱学森组织有关人员,以科学技术委员会提出的《火箭技术发展途径》为基础,发扬民主,认真讨论,拟定了在 1965 年至 1972 年的八年时间里,研制出中近程(改进型)、中程、中远程和洲际等 4 种地地导弹的计划,并按照优先发展液体导弹,同时抓紧研制固体导弹;重点发展战略导弹,同时发展战术导弹;在发展弹道式导弹技术的基础上发展卫星的运载火箭等原则,对研制工作作了统筹安排。1965 年 3 月 20 日,中央专门委员会批准了这个规划。根据中共中央、国务院的决定,分别从第三、四、五机械工业部接收了部分工厂和中等专业学校。同时,上海机电设计院迁入北京,改名为七机部第八设计院,负责运载火箭总体设计和探空火箭研制。

中国科学院党组书记张劲夫,根据周恩来总理于 1965 年 1 月批示的精神,提出了具体方案并进行部署,组织科学家研讨卫星规划。卫星上天是科技人员多年来的迫切期望,虽然当年经济困难,但科技工作者们为了这个共同的目标,锲而不舍,孜孜不倦,埋头练兵,积聚力量,现在终于盼来了国家的权威决策,不禁群情激奋,热血沸腾,要在国家搭起的这一广阔舞台上,充分贡献自己的聪明才智和精湛技巧,竭诚报效祖国。

据何正华回忆:

1965 年 2 月初,也就是春节后的第二天晚上,钱骥与何正华相约,到赵九章家中聚会,汇报请示卫星总体方案工作事宜。想到多少年来的梦想马上就要付诸实施,赵九章兴奋极了。他对钱骥说:"我们从 1957 年开始,一直在盼着的这一天终于来到了。但是,发射卫星不是一件小事,我们要注意保密,要作为一条纪律不许外传。"他高兴地听取了钱骥畅谈卫星总体工作技术储备情况后,反复强调气象卫星任务,指出气象卫星是地球物理所的本行,是应用卫星中的重点,一定要作为远期目标和方向抓住。会上,大家同意钱骥的分析,第一个卫星只能是科学探测性质和具有技术试验性质的卫星,要抓紧时间开展第一个卫星方案准备工作。

会议将要结束时,赵九章明确卫星总体方案和规划工作由钱骥负责具体组织工作,并安排何正华根据讨论情况整理出一个卫星工作设想报告,作为下次会议研究的基础。为了充实卫星总体组的技术力量,赵九章同意钱骥的意见,将潘厚任由五室调到一室,和何正华、胡其正等一起组成卫星总体组。

卫星总体组立即行动,在赵九章统一领导下,由钱骥负责总体技术抓总。钱骥将卫星绝密任务传达给总体组的业务骨干,并作了简短的动员:"多少事,从来急,一万年太久,只争朝夕。周恩来总理已批示要提出卫星规划方案,张劲夫副院长要求我们尽快拿出第一个人造卫星方案的草案。望大家同心协力,千方百计地提前完成任务。"他对人造卫星方案提出了几点设计原则:第一个卫星是科学探测卫星,要为以后的国防应用卫星打下基础,是为反帝、反修、反对各国反动派服务的;卫星总体性能上要优于苏、美第一颗卫星,要有中国的特色,重量一百公斤,工作寿命不短于三个月。还要求大家对 1961 年提出的《我国第一颗地球卫星的初步设想方案(草稿)》进行分析研究,在预先研究工作的基础上对卫星本体、能源、卫星轨道再深入研究。总体组经过近一个月的突击,何正华完成了卫星工作设想、卫星本体方案设想两份报告。随后,赵九章挤出晚上时间,多次在家中召开小型会议,对卫星工作设想进行研究,不断补充完善方案。

1965年3月11日,中国科学院召开研究卫星规划工作会议。张劲夫、竺可桢、裴丽生、谷羽、杨刚毅、吕强、赵九章、陈芳允等出席会议,会议由秦力生副秘书长主持,赵九章在会上谈了我国卫星工作设想。会上大家一致认为中国科学院启动第一颗人造卫星工作时机到了,要稳扎稳打,步步为营。逐步发动各研究所的专家投入工作,通过人造卫星带动各专业学科的发展。会后陈芳允带领魏钟铨会同自动化所、地球物理所、紫金山天文台等单位,研究卫星地面观测系统的有关问题。3月13日,赵九章、钱骥在西苑581组办公室组织并主持了小范围的讨论会,参加会议的有秦馨菱、周炜、孙传礼、杨俊文、何正华、胡其正、蔡君勇、吴志诚等。赵九章详细介绍了人造卫星任务启动的背景,要求大家组织力量,争取多承担一些项目,全所一盘棋,促进卫星工程上马。他叫何正华向大家详细介绍了卫星工作设想的报告。何正华除了介绍第一颗人造卫星的任务、总体技术指标、系统组成外,首次提出中国第一颗人造卫星的识别信号,发射《东方红》乐音或电码的方案设想。他根据自己预先研究成果,提出:在卫星上放乐音,采用中央人民广播电台东方红音节电台呼叫声,是个政治标志,全球公认,全国公认。他还建议第一个卫星叫"东方红1号"卫星。大家听了很兴奋,会上讨论很热烈。赵九章说:"开始搞设想方案,披头散发些都不要紧";"探索研究工作是要逐步前进的"。钱骥指出,在卫星上发放乐音过去在世界上未曾有过,是个新的课题,也是整个卫星的有机组成部分之一,要从政治目的意义、效果,提出具体方案,要进行卫星、星地系统的可行性分析,还要求大家结合电离层、短波遥测与跟踪测轨等方面研究,最后达到卫星系统的优化设计。3月20日,中科院又召开了一次卫星座谈会,钱骥报告卫星本体设计及相关问题;自动化所屠善澄报告卫星控制问题;电子所魏钟铨报告卫星跟踪问题;力学所眭璞如报告运载火箭问题。这些报告都是在调研工作的基础上提出的初步设想方案,经过这些座谈会,集思广益,形成了中国科学院推动卫星研制工作的一套较为完整的设想。

1965年4月10日,国防科委根据中央专委办公室主任罗瑞卿的指示,召开中国科学院、七机部、四机部等有关单位研究人造卫星专题会议。会议由国防科委副主任罗舜初主持,到会的有张震寰、张劲夫、钱学森、孙俊人等领导及国家科委、国防工办的同志。罗舜初说:"今天我们的会议是搞卫星的事。去年12月,赵九章同志给总理写的信,今年1月钱学森同志又给聂老总写信,都要求把卫星立项。聂总批示:'只要力量有可能,就要积极去搞。'中央专委要开会研究,我们国防科委拿出一个意见,向中央专委汇报。为此请大家来议一下,谁先发言?是不是请赵九章同志先说一说。"张劲夫说:"赵九章所长考虑比较多,可能已有准备了吧。"按照两位领导的意见,赵九章第一个发了言。

赵九章在介绍苏联、美国已发射卫星的情况后,着重谈了我国发射卫星的目的、意义和任务,还谈到我国目前已具备的条件,估计在国庆20周年,最迟1970年发射一个100公斤左右重量的我国第一颗人造卫星是可能的。当然我国搞卫星还有不少困难和薄弱环节。苏、美对我国封锁禁运,我们只能依靠自力更生。赵九章发言约30分钟,他让钱骥就我国第一颗卫星方案设想做了补充发言。钱骥发言后,赵九章说目前的关键是要请中央专委批准,同意把卫星研制纳入国家计划,这样才能推动此项工作进一步发展。

钱学森说:"过去对卫星虽有考虑,但我们主要忙于武器的研制。而中国科学院这几年做了不少准备工作。赵所长提出了方案设想,我看现在已有条件考虑卫星问题了,应该提上工作日程了。"会上进行了一些讨论,也提出一些问题。四机部十院唐士吉介绍了几种雷达的研制情况,估计要研制出能适应发射卫星的跟踪雷达,进度恐怕来不及。

张劲夫在会上介绍了中国科学院有关的几个研究所就卫星研制做的准备工作的情况,也反映了有关科学家支持卫星上马的一些看法,并说当然赵九章所长最积极。张劲夫认为,只要中央专委批准,中国科学院承担任务还是有工作基础的,也有信心。会议最后,罗舜初没有做什么总结,只是说会上向科学家们学习了不少东西,知道了不少新知识,会后我们科委机关要整理个材料,准备报中央专委。

中央专委是在中共中央直接领导下,有高度权威的行政权力机构,其主要任务是:加强原子能工业生产、建设和核武器研究、试验工作的领导;组织有关方面大力协同,密切配合;督促检查原子能工业发展规划的制定和执行情况;根据需要,在人力、物力、财力等方面及时进行调度。中央专委由总理周恩来,副总理贺龙、李富春、李先念、薄一波、陆定一、聂荣臻、罗瑞卿以及国务院和中央军委有关部门的负责人赵尔陆、张爱萍、王鹤寿、刘杰、孙志远、段君毅、高扬等人组成,周恩来任主任。中央专委办公室设在国防工办,作为中央专委的日常办事机构,由罗瑞卿兼办公室主任。中共中央发出通知,要求国务院各有关部委和各省、市、自治区都要坚决贯彻执行中央专委的决定。

为了发展导弹核武器,在第一颗原子弹爆炸成功以后,解决运载工具已成为紧迫任务。1965 年 3 月,中共中央及时作出了中央专委除管原子能工业、核武器以外,还要管导弹的决定。同时,委员会组成人员也相应进行了调整和扩大,增补王净、邱创成、方强、王秉璋、袁宝华、吕东、余秋里、谷牧、张劲夫等为专委委员。1967 年,在调整国防科研体制时,又将中央专委办公室改设在国防科委。

钱学森虽不是中央专委成员,但他多次列席中央专委会议,目睹了周总理平易近人的民主作风,又看到了周总理在意见繁杂、众说纷纭情况下高超的集中艺术,这对他教育至深。钱学森在《周总理让我搞导弹》一文中回忆:"我国搞原子弹、氢弹、人造卫星,都是周总理领导的。""我参加中央专委会的时间很晚,从前都是部门的领导去,我们听传达。1967年我才开始参加。""那时中央专委的决定,要哪一个单位办一件什么事,那是没有二话说的。决定也很简单:中央专委哪次哪次会议,决定要你单位办什么什么,限什么时间完成。也不说为什么,这就是命令! 中央专委的同志拿着决定去,把领导找来,命令一宣读,那就得照办啊! 好多协作都是这样办的,有时候铁路运输要车辆,一道命令,车就发出来了。没这套怎么行呢? 千军万马的事,原子弹要爆炸,导弹要发射,到时候大家不齐心怎么行呢! 按电钮那么好按啊! 按一个全国都有影响,都要跟上动作啊! 当然,我们国家正在进行一系列体制改革,什么都用指令不行,但可搞合同嘛,那也是合同说到的就要做到的啊!"

1965年4月29日,国防科委根据各方面讨论的意见,形成一个《关于研制发射人造卫星的方案报告》,正式报向中央专委。建议争取在1970年或1971年发射我国第一颗人造卫星。报告中明确指出:卫星本体由中国科学院负责研制;运载火箭由七机部负责研制;地面观测跟踪、遥测系统以四机部为主,中国科学院配合研制;宇宙医学的研究由总后勤部军事医学科学院负责。

专委立项组织落实

1965年4月29日,罗瑞卿在国防科委《关于研制发射人造卫星的方案报告》上写下了自己的意见:

> 此件请主席、刘、周、邓、彭、贺等同志阅。我根据总理的指示,找钱学森、罗舜初、张劲夫、赵尔陆等同志谈了一次,并要拟订一个方案报告专委。这是国防科委组织有关同志研究后写来的报告。就目前我国工业的水平和科学技术来看,拟同意他们现在

所提出的一些设想。妥否？是否请总理将此问题交专委讨论一下。

1965年5月4日，周恩来总理主持中央专委第十二次会议批准了这个报告，作出了关于发射人造卫星研制工作的决定。指示将这项工作纳入国家计划，并要求各部门制订长远和年度计划，责成中国科学院在7月份召开的专委会议上提出具体安排的报告。

曾任国防科委科技部部长的刘柏罗，在《周总理与中共中央专门委员会》①一文中回忆：

1964年10月16日，第一颗原子弹爆炸成功以后，周总理又及时提出，要立即抓加强型原子弹和氢弹、导弹，把"两弹结合试验"作为下一步重点；并报中央批准了二机部发展原子能事业的长远规划和一些科研课题。周总理还指示要加强二机部政治思想工作和扶植二机部做好全面安排，进一步明确了二机部一系列后方建设的重要政策，要求学习大庆经验。在作了上述全面安排后，周总理指出不要什么问题都拿到专委会上来，今后国防科委、国防工办要分头负责，属于二机部自己管的事，由部里负责。周总理之所以决定这样做，是为了通过第一颗原子弹爆炸的成功，带动尖端事业的全面发展，同时充分发挥政府机构和企事业单位的作用，以保证中央专委工作重点顺利地转移到战略导弹和人造卫星上来。周总理和聂帅在西花厅的小办公室里，要我到杨成武同志处转达他们的意见，安排由吴克华同志抓组建第二炮兵，同时指出，下半年重点抓战略导弹，抓两弹结合试验。

此外，周总理还指定张劲夫安排科学院组建卫星研究院，由

---

① 聂力、怀国模主编：《回顾与展望》，国防工业出版社，1989年9月，第129页。

赖际发安排,建材部协助七机部建设固体导弹研究院,由李强安排解决引进技术装备问题……所有这些都为我国尖端事业迅速发展打下了坚实基础。

周总理十分尊重科技人才,钱学森从美国回来,是他做了很大的努力才得以实现。在实际工作中,周总理亦十分尊重发挥科技人员的作用。在专委会上讨论某个问题时,就请有关方面专家参加,周总理总是细心询问和听取专家们的意见。

钱学森在1965年多次被邀请列席中央专委会,对人造卫星工程、运载火箭、测量船等重大项目的立项决策,提出了许多宝贵的意见。

中国科学院根据中央专委批准的国防科委报告的精神,科学院党组便立即行动。在张劲夫统一领导下,由裴丽生负责具体组织工作。地球物理所二部、力学研究所、自动化研究所等均派出专家,定期集中开会,共同商讨我国卫星型号的发展规划。力学研究所的科研工作重点由此也开始转移,钱学森安排胡海昌、闵桂荣进行人造卫星总体、结构、温控的调查研究。闵桂荣于1956年进入中国科学院力学研究所与清华大学合作筹建的动力研究室这一机构工作,在吴仲华院士的指导下,开展以燃气轮机为主要对象的传热学研究;1959年赴苏联科学院动力研究所留学,在苏联科学院院士米海耶夫教授指导下攻读传热学;1963年回国后,钱学森所长安排他带领一些年轻人开拓空间热物理领域的工作,探索人造卫星热控关键技术问题,开展研究与试验工作。胡海昌,1956年调入中国科学院力学研究所,在力学研究方面,首创弹性力学中的三类变量广义变分原理并推广应用,于1956年发表《关于弹性圆薄板大挠度问题》的论文,获得国家自然科学二等奖;《横观各向同性弹性体力学的空间问题》论文获三等奖。胡海昌、闵桂荣按照钱学森、杨刚毅的要求,积极参加中国科学院卫星规划研讨会。

翻开杨嘉墀保存的两厚本工作记录,封面上写着1965年5月581-

1、581－2,将近 200 页的纸上,密密麻麻地用中、英文记录着参加科学院规划座谈会的笔录和文献摘要,这是他为中国卫星规划、创业的历史见证。现摘录工作大事日程如下:

　　5 月 10 日,中国科学院裴丽生召开卫星系列规划预备会。

　　5 月 18 日,在自动化所,屠善澄做姿态控制报告。

　　5 月 19 日,中国科学院召开卫星系列规划预备会,电子所魏钟铨、力学所闵桂荣、地球物理所等做了五个专题报告。

　　5 月 24 日,在地球物理所,何正华做国外人造卫星概况介绍。

　　5 月 26 日,在自动化所,张翰英做遥测遥控报告。

　　5 月 27 日,在地球物理所研究高空环境、电源。

　　5 月 28 日,在电子所,由魏钟铨介绍地面跟踪站。

　　5 月 31 日,在力学所,胡海昌谈结构考虑。

　　6 月 1 日,在自动化所,屠善澄谈姿态控制问题。

　　6 月 2 日,在电子所,研究系统总体设计。

　　6 月 3 日,在地球物理所,何正华谈卫星规划设想。

　　6 月 4 日,在电子所研究第一个人造卫星的方案。

　　1965 年 5 月 31 日,中国科学院新技术局舒润达代表院领导,在力学所规划座谈会上宣布,除已成立的轨道计算组外,还将正式成立卫星本体组、地面设备组和空间物理组,要求于 6 月 10 日拿出第一颗卫星方案设想和卫星系列规划轮廓,并提出初步设想第一颗卫星应该在 1970 年初发射,规划至 1975 年为止;根据国防科委的报告,卫星系列按照试验卫星和应用卫星两大系列考虑,明确了卫星规划编制的 6 个要点:①按型号编制;②每种型号的目的、用途及测试项目;③卫星本体内容(结构、仪器、重量、发射方式、轨道等);④关键技术;⑤重大措施条件;⑥院外协作及要求。任务临时代号仍沿用 581,定为绝密级。

　　试想，仅仅用 10 天时间，去完成这样两件大事，难度可想而知，倘若没有 1958 年以来的扎实准备工作，如何得以做好？然而，各有关研究所的研究人员，个个摩拳擦掌，雷厉风行，立即投入紧张的战斗中。由于赵九章、钱骥领导的地球物理所二部，已经经历了 7 年的预研准备，并由院领导、新技术局直接抓，加上各有关研究所的紧密配合，使其工作进展很快。在其原有的基础上，10 天内如期完成了规划设想和我国第一颗人造卫星的初步方案。为便于汇报，将卫星文字方案归纳成了三张图和一张表。并提出第一颗卫星叫"东方红一号"，是一颗 1 米直径的近球形 72 面体，选取这一形状，除结构上的考虑外，还便于贴布太阳能电池片，使其在任何姿态下输出的能源较为均匀，同时又有利于随着其轨道变化，能更精确地推算高层大气密度。

1970 年 4 月 24 日，我国自行研制的第一颗人造地球卫星"东方红一号"发射成功

　　这一期间，以王大珩、陈芳允为首的地面组，对卫星观测系统进行了大量的调研和认真分析，认识到地面系统应包括光学及无线电跟踪系统、遥测遥控系统、时间统一勤务系统、控制计算中心、发射安全系统和海上观测船等各系统。卫星地面系统具有高度的技术综合性，台

站遍布全国,规模庞大,是全国性大系统工程之一。

中国科学院裴丽生召集地球物理所、力学所、自动化所、数学所、电子所、计算所、生物物理所及天文台等有关领导、专家参加会议。经过认真深入的讨论,科学院党组张劲夫最后审定,于1965年7月1日向中央专委呈报《中国科学院关于发展我国人造卫星工作的规划方案建议》,就发展人造卫星的主要目的;十年奋斗目标和发展步骤;我国第一个人造卫星可供选择的3个方案;卫星轨道选择和地面观测网的建立;重要建议和措施等5个问题作了论述。该《建议》还有3个附件:国外空间活动及人造卫星发展概况;六种主要人造卫星本体设计方案设想;人造卫星轨道设计方案。报告中建议我国十年内着重发展应用卫星系列,结合进行空间科学探测。方案提出:

> 建议国防科委设立专门机构,加强领导和组织协调。
>
> 建议在中国科学院内设立一个卫星设计院。其主要任务:按照各种卫星型号的技术要求,根据已有的或将有的技术条件,制订包括卫星本体、发射方式、轨道选择、测轨方法、数据处理、地面台站、回收方式等系统的总体方案,报请领导批准,同时负责本体结构设计工作及各种仪器技术规范的制订工作。
>
> 建议在国内建立必要的地面观测网,并在今后有条件时,在海外设立观测站。

根据中央专委办公室通知,中央专委开会前,周恩来总理要听取第一颗人造卫星方案汇报。卫星总体方案,钱骥曾先后到文津街中国科学院院部和国防科委大楼,分别向张劲夫等科学院领导和罗舜初等国防科委领导,作了较详细的汇报。钱骥携带卫星方案三图一表,来到了中南海国务院会议室。当周总理知道钱骥的姓氏时,风趣地说,我们的卫星总设计师也是姓钱啊!我们搞尖端啊,原子弹、导弹和卫星,都离不开"钱"啊。总理平易近人,一下打消了钱骥向总理汇报时的紧张情绪。钱骥就发射人造卫星的主要目的,十年发展目标和发展步骤,我国第一颗人造卫星可供选择的三个方案,卫星轨道选择和地面观测网的建立等作了简要的说明。

1965年8月9日和10日,周恩来主持中央专委第13次会议,会议讨论了二机部、六机部《关于研制核潜艇和核动力具体建议》;研究了建立海洋测量船问题;确立了研制战略、战术导弹的规划;原则同意中国科学院受国防科委委托提出的《关于发展我国人造卫星工作的规划方案建议》。会议确定,我国发展人造卫星的工作,采取由简到繁、由易到难、由低级到高级、循序渐进、逐步发展的方针。整个卫星工程由国防科委负责组织协调,卫星本体和地面测控系统由中国科学院负责,运载火箭由七机部负责,卫星发射场由国防科委试验基地负责建设。会议还明确指出,我国发展人造卫星以军事应用卫星为主。钱学森列席了会议,他对洲际导弹、人造卫星、测量船的相互关系作了必要的说明。并提出洲际导弹,必须通过全程飞行试验,最终实地考核其战术技术性能;人造卫星以及飞船,也必须建立相应的跟踪测量站,以保证其准确入轨和正常运行。尽管中国幅员辽阔,但对于需要飞行上万公里的洲际导弹试验,大陆已经不够了,只有建立以船为基础的海上活动跟踪站,把我国陆上测控通信网延伸到海上所需要的范围。周恩来总理对测量船问题,要求国防科委组织有关部门进一步研究提出规划。会议期间,张劲夫与钱学森就卫星工程实施、总体队伍组织问题交换了意见。双方感到事情很多,要通盘考虑,科学卫星工程是重点,应用卫星很多地方不是一家能独立完成的,也要发挥各方面的积极性。力学所任务很重,学科多、任务多,技术骨干力量需要保重点。会后,钱学森、杨刚毅找闵桂荣谈话,要求闵桂荣带领一些科技人员组织卫星工程总体室。钱学森对闵桂荣提出三项具体要求:①组织第一颗人造卫星热设计;②开展预研为后续返回式卫星作准备;③注意开展学术活动。

1965 年 8 月 13 日,裴丽生主持召开了中国科学院落实中央专委第 13 次会议批示的会议,决定在组织领导方面先成立三个组:①领导小组,由谷羽任组长,杨刚毅、赵九章为副组长,共 12 人组成。②总体设计组,由赵九章任组长,郭永怀、王大珩任副组长,成员有杨嘉墀、陈芳允、钱骥、胡海昌、闵桂荣、张翰英、何正华、陆绶观等 11 人组成。③办公室,由陆绶观任主任,办理日常工作。为了保密起见,中国科学院给这项任务起了个代号,考虑到周恩来总理对赵九章信的批示时间为 1965 年 1 月,中国科学院将此项任务作为 1965 年第 1 号任务,故代号定为"651 工程"。裴丽生要求总体组和办公室在 9 月 15 日以前,完成以下工作,提交领导小组研究后向院党委汇报。这些工作包括:草拟第一颗人造卫星总体设计方案;提出院内、院外各有关单位分工协作方案;提出第一颗人造卫星发射及今后一系列卫星研制所必需的组织措施和条件保证;草拟卫星设计院的组织方案。

钱学森除在力学所对杨刚毅筹建卫星设计院的工作,提供了要加强总体工作的一些指导性意见外,还认真考虑一批技术骨干输送到卫星设计院加强其工作。与此同时,钱学森的工作重心是放在七机部八院,抓运载火箭方案论证与规划。钱学森曾对总工程师王希季说:第一颗卫星任务领导已经定了,运载火箭如何实施由你负责。技术途径很重要,要充分利用探空火箭、东风型号两者技术基础,尽快拿出一个切实可行的方案。七机部八院除在运载火箭技术抓总、末级总体及总装工作外,还在返回式卫星、飞船等方面积极地进行调研,争取多承担一些任务。1966 年 1 月 4 日,国防科委罗舜初副主任在中国科学院的请示文件上批示:卫星设计不是一个院所能承担的,同时应发挥七机部八院的作用,请考虑两个院分工意见。

根据中央专委第 13 次会议决定,中国科学院于 1966 年 1 月组建卫星设计院,代号为"651 设计院",公开名称为"中国科学院科学仪器设计院"。该院由原应用地球物理所从事卫星总体设计、天线、电源以及环境试验人员总计 74 人，和他们所使用的全部仪器设备；力学所从事温控、结构设计的 91 人和使用的振动高温结构及传热试验方面的仪器设备；并抽调中国科学院华北办事处的行政管理人员共同建成。1966 年下半年，由西北军事电信工程学院等院校分配一批应届毕业生，从而扩大了总体组和两个实验室。办公地点设在中关村力学所大楼二、三层。杨刚毅兼任党委书记，赵九章任院长。中国科学院参加 651 任务的有 30 个单位。除了 651 设计院外，还有华东分院、东北分院、西南分院。具体参加的有沈阳金属研究所、长春光学精密机械研究所、长春应用化学研究所、西南电子研究所、昆明物理研究所、上海硅酸盐研究所、上海有机化学研究所、上海冶金研究所、华东技术物理研究所、紫金山天文台、上海科学仪器厂、中国科学院的物理研究所、化学研究所、半导体研究所、北京天文台、自动化研究所、力学研究所、地球物理研究所、北京科学仪器厂、109 厂、508 厂、电子学研究所、电工学研究所、地质研究所等。

此时，由于卫星总体方案论证的需要，由杨家德、陈芳允组织地面观测系统的进一步论证。1966 年 2 月，陈芳允编写出"卫星地面观测系统方案及分工建议"的报告。1966 年 3 月 4 日，国防科委张震寰召开会议审查通过这个报告，并决定由中国科学院负责卫星地面观测系统的规划、设计、建设和管理工作。同年 5 月，中国科学院决定从电子所和西南电子所、自动化所等单位抽调技术力量组成"701 工程处"，由杨家德、陈芳允负责上述提到的各项任务。

第六章
"651 工程"系统论证

首颗卫星论证会议

"关于发射人造卫星问题,钱学森、赵九章两位在 1958 年、1959 年就提出过设想。没有他们的设想,就不可能有今天的结果。"这是时任国防科委副主任罗舜初在 1965 年 11 月 30 日"651 会议"总结大会上讲话开头的一段话。

研制人造卫星在中国是首创,没有前人经验可借鉴。它所涉及的行业和技术,其广泛性和复杂程度也是空前的。召开这样一个方案论证会,不论在科学院还是在全国,都是史无前例的。为促进各有关部门尽快进入人造卫星研制的实际工作,国防科委决定组织军、民有关单位,对第一颗卫星的总体技术方案进行具体论证,集思广益,将方案确定下来,以便进入实际研制阶段。根据国防科委通知,委托中国科学院组织的"651 会议",主要任务是论证并落实第一颗人造卫星的设计方案。并完成国防科委规定的四项任务:①论证研制人造卫星的目的、要求、总体方案;②拟订研制计划和具体分工协作;③起草技术工作管理制度或办法;④提出研制人造卫星所需保障条件和措施。为了开好这次会议,按照中央专委对卫星工程分工的意见,在会前,钱学森安排七机部八院王希季组织建立运载工具总体室;张劲夫组织科学院赵九章、钱骥、王大珩、陈芳允、杨嘉墀,就卫星总体与地面测控等做了充分的技术准备,许多方面均备有书面材料,这些都是保证会议成功的关键因素。

论证会从 1965 年 10 月 20 日开始,由于内容庞杂,问题繁多,直至 11 月 30 日才宣告结束,历时 42 天。参加会议的有国防工办、国防科委、国家科委、总参三部、七机部、四机部、一机部、空军、海军、炮兵、通信兵部、8120 部队、军事医学科学院以及中国科学院有关研究所代表共计 120 名。会议的组织领导,由参加会议各单位的负责同志组成领导小组。科学院裴丽生任领导小组组长,副组长分别由国防工办赖坚、国防科委赵濂清、国家科委章敬三、科学院新技术局谷羽、651 设计院及力学所杨刚毅担任。其成员有国家科委戴中溶、四机部唐士吉、七机部耿青和于志、8120 部张贻祥、通信兵部陈太一、空军魏坚、海军洪惠以及科学院相关所的吕强、杨家德、赵九章、王耀华、边伯明、华寿俊、王大珩等。"651 会议"还将总体、运载工具、卫星本体、地面等分成了四个分组。

10 月 19 日下午,由科学院副院长裴丽生主持,召开了"651 会议"预备会。会上讨论确定了领导小组成员和正副组长、各专业组正副组长,以及会议日程等。

"651 会议"于 1965 年 10 月 20 日上午正式开始。国防科委张震寰副主任到会作了重要讲话。他要求会议高举毛泽东思想红旗,突出政治,大力协同,充分发扬民主,贯彻领导、专家、群众三结合的原则,发扬"三敢"、"三严"和勤俭办科学的精神。科学院裴丽生副院长在会上就国内外政治形势和会议目的、任务、发射第一颗人造卫星的基础和条件,以及如何赶上和超过世界科学技术水平等问题作了报告。裴丽生在报告中强调指出,我国发射人造卫星是为社会主义革命、社会主义建设服务的,为反帝、反修、反对各国反动派服务的。由于我们缺乏经验,发射的第一颗人造卫星是科学探测卫星,主要是进行空间环境参数和卫星本体工程参数的探测。从而为今后一系列的侦察、导弹预警、气象、通信等卫星以及载人飞船打好基础。下午,分组进行了讨论。与会的同志普遍反映,国防科委决定组织这次会议是适时的,一定要按照张副主任和裴副院长的讲话精神把会议开好。本着周到细致的精神,对各项方案进行了充分论证,对措施务求具体落实。任务虽然艰巨,只要按照毛主席"大力协同"的指示办事,有充分信心完成任务。但是,有的同志反映,虽然会议领导力量很强,但多数领导同志忙于其他工作,不能经常地具体指导方案论证工作,对会议能否开好,表示怀疑。

会议从 21 日上午开始,组织大会报告,赵九章介绍了《关于我国第一个人造卫星的总体设计方案初步意见》、钱骥介绍了《我国第一个卫星设计方案提纲(草案)》。王大珩介绍了《我国第一批卫星观测网设计方案提纲(草案)》。由于保密关系,《我国第一个人造卫星运载工具的方案设想(草案)》没有在大会上报告。随后三天,各专业组分头阅读技术文件,并对方案进行了一般性的讨论。在各组讨论中,大家对第一个卫星的设计原则、总体指标、能源、运载工具、地面观测网以及地面观测设备体系等,广泛地发表了意见。大家对总体方案中提出的第一个人造卫星的设计原则"上得去、站得住、先进可靠",原则上同意。但对具体技术要求,不少同志感觉方案中过分地强调了采用先进技术,如采用硅太阳能电池、指令控制、姿态控制、固体组件等。而对如何保证可靠性强调得不够。不少同志建议,要在可靠的基础上,力争先进,而且先进指标不一定列那么多,保证一两项就行了,方案要定得留有余地。有的同志说,样样都先进,势必分散研制力量,到头来,恐怕连起码的可靠性都没有把握。还有的同志认为,第一个卫星发射成功与否影响极大,因此,先进性首先应体现在"上得去、站得住",而且还要"抓得住"(指能够及时而准确地跟踪)。因此,应集中力量保证可靠性。譬如,加大信标机功率,以便于跟踪;信标机应该有备份,以备一个坏了,另一个能接替工作;为了便于及时跟踪,第三级火箭上应加装信标机等等。会上做到了畅所欲言,各抒己见,有人认为谈到本体方案中所提的先进,是在可靠的基础上力争先进;还有人认为试制项目大多是为今后军用卫星打基础的项目,各项技术指标,已初步估计了可能性。总之,由于大会报告时间有限,有些具体问题阐述不够,会后应加以补充说明。

关于总体指标问题,方案中提出了我国第一个人造卫星工作寿命要长一些,重量要比苏、美的第一个大一些,为国防服务的目的性强一些。具体指标为:重量 100 公斤,工作寿命不短于三个月。有些同志考虑到运载工具和卫星能源的情况,建议重新考虑一下第一个卫星的寿命问题。七机部同志提出,寿命一个月行不行? 关于运载工具和轨道问题,因运载工具的控制精度与卫星的轨道和寿命关系极大。根据数学所的计算,发射一个距离地面 350 公里的圆轨道卫星,如果在入轨点的速度方向误差 1 度,那么就会变成一个椭圆轨道,近地点 230 公里,远地点 660 公里,卫星的寿命也会大大缩短。运载工具组根据方案提出的轨道要求,准备对发射时可能出现的误差,重新进行比较精确的计算,并从制导系统,发射方式进一步研究保证轨道精度的途径。地面组的同志希望能缩短入轨点与发射点的水平距离。本体组的同志在酝酿中提出,要求能尽快知道运载工具在飞行过程中,卫星能承受到的力学环境参数,如振动、加速度等,以便于对卫星本体进行设计。

为了充分发扬技术民主,贯彻群众路线,使方案论证收到集思广益之效果,为把方案修订更为完善起见,11 月 25 日至 27 日,会议对总体、本体、运载工具、地面系统等四个技术方案进行了大会综合论证。

在 11 月 25 日召开的综合论证会议,由裴丽生主持,列席会议的有国防工办副主任李如洪,国防科委副主任罗舜初、张震寰,国家科委副主任张有萱,中国科学院副院长张劲夫,七机部副部长钱学森,一机部副部长孙友余,通信兵部副参谋长罗长波等负责同志,大家听取了综合论证会上的各项报告。会上赵九章在《我国第一个人造卫星总体设想方案（草案）》的说明报告中，就我国第一个人造卫星的目的和任务、主要参数、本体设计、地面观测以及大致工作进度作了说明。朱毅麟在《我国第一个人造卫星的运载工具方案设想》说明报告中，着重阐明了运载工具设计原则和组成、飞行过程、制导系统以及卫星轨道等问题，并特别着重说明了末级火箭自旋稳定和轨道参数选取问题。他说，由于末级火箭没有制导系统，采用自旋稳定，入轨时速度方向可能产生较大偏差，自旋速度愈高，这个偏差愈小。据初步计算，当自旋速度每分钟 300 转时，入轨点速度方向偏差小于 3 度。轨道参数的选择提出的范围是：近地点 200～350 公里；远地点 1 000～1 600 公里；运行寿命是 60～910 天。若考虑运载工具能力和入轨点速度方向可能偏差，发射椭圆轨道把握大；若选择近地点 350 公里，远地点 700 公里的近似圆轨道，实现起来是比较困难的。钱骥在《我国第一个人造卫星设计方案提纲（草案）》的说明报告中，对于争论比较多的轨道参数；10 厘米的信标机和 5 厘米的应答器；"看得见"以及可靠性等问题，作了较详细的阐述。王大珩在《卫星地面系统方案（草案）》说明报告中，着重介绍了以有源雷达为主和以无源雷达为辅的跟踪手段，及其相应的两个布站方案。

　　钱学森应大会主席裴丽生与国防科委罗舜初的邀请，在会上作了简短的发言。他讲：看了会议的简报及资料，又听了今天的报告，感到经过大家的共同努力，对于发射卫星的目的、要求、总体方案等，进行了较为深入的、系统的、集中的、卓有成效的论证，这就为下一阶段的深入论证创造了条件，提供了依据，明确了方向。发射卫星是一项庞大的工程，涉及面很广，它涉及上至天文下至地理，是一项极为复杂的尖端科学技术。要"敢"字当头，要敢于开创自己的道路，还要从实际出发，循序渐进。要贯彻主席"大力协同"的指示，科学院、七机部的力量都是有限的，必须既有分工又有配合，还必须组织几百个单位参加，大力协同，广泛协作。论证报告很好，这仅仅是万里长征的第一步，从研究、试制到发射卫星,以后的道路、任务还很艰巨,要依靠党的正确领导,只要下定决心,肯于努力,就一定能将我国的第一个人造卫星早日发射上天。

在 11 月 27 日的综合论证大会上发言的有金建中、杨嘉墀、陈芳允、黄足、王绶琯、刘易成、孙传礼、张景成,他们从不同的角度汇报了 26 日小组讨论的情况,对轨道参数,末级火箭转速的问题,无线电跟踪设备中,采用有源雷达还是无源雷达的问题,用多普勒测速设备或比相干涉仪,解决第一圈测轨的可行性等问题提出了一些建议。在综合论证期间,获悉法国发射了他们的第一个卫星,对此与会同志均有所议论。大家一致表示一定要同心协力,争取时间,使我国在放卫星的名次上除苏、美、法之外,能够排在其他国家的前面。

11 月 30 日上午召开"651 会议"的总结大会。裴丽生代表会议领导小组作了总结报告。在总结报告中指出,会议在国防科委和有关部门的领导关怀与指导下,经过与会的 120 位同志的辛勤努力,对研制和发射我国第一个人造卫星的技术方案进行了较为深入细致的论证;讨论了进度计划和条件保证;研究了分工协作和技术管理办法等等。基本上完成了国防科委交付我们的任务。写出了卫星总体方案、本体方案、运载工具方案和地面观测系统方案等 4 个文件初稿,还写出了 27 个专题论证的材料,共计 15 万字左右。这些方案和材料,将发射人造卫星的复杂技术问题,做了较为系统的阐明,摸索到一批关键性问题,并抓到了一些主要矛盾;了解到我们的有利条件,发现了一些主要困难和薄弱环节,等等。这是一个很大的收获。是 120 位同志 40 多天来辛勤劳动的结晶。我们要很好地珍视这些方案和材料,并在此基础上经过实际工作上的考验,进一步肯定其正确方面,准备修正和补充其不够准确和不够完整的方面,使之逐步日臻完善,以此作为成功地发射我国第一个人造卫星的技术方案的基础。

国防科委罗舜初副主任、国家科委张有萱副主任到会作了重要讲话。罗副主任首先指出:这次方案论证会议,是根据中央专委12次、13次会议的决议精神,解决采取什么方案和途径把我国第一个人造卫星送上天去的问题,所以是一件大事。在讲到发射人造卫星的意义和目的时,罗副主任强调说:在我国国民经济和科学技术水平有很大发展的基础上,提出发射人造卫星是完全必要的,是沿着奋发图强、自力更生道路不断前进的必然结果;对全世界革命人民将是一个很大的鼓舞;同时通过研制和发射人造卫星,对于我国的尖端科学技术、新兴工业,将是一个很大的促进,同时和发展导弹武器有着不可分割的联系。因此,目前和今后若干年,发展人造卫星工作的落脚点,应该是以为国防服务作为重点、作为中心,同时结合探索宇宙空间的科学技术。关于对卫星技术指标的要求,根据论证中提供的材料,罗副主任概括为:"上得去、站得住、转得动、抓得着、联得上、听得到",并争取初战成功。他说,能做到这一点,科学技术水平就大大迈进了一步,这不是低标准,而是有一定水平的,至于能否"看得见",要从实际出发,不要强求。在考虑先进性与可靠性的关系时,首先要立足于可靠性,即在可靠性的基础上争先进。在卫星上天的问题上,我们要考虑争取一次发射成功的问题,要坐稳屁股做冷静的促进派,无论如何不要闹大笑话,搞高指标。在现有的物质基础和技术条件下,经过最大努力,争取我们的第一个人造卫星,比苏、美第一个卫星在某些主要方面比较先进,不一定全都先进,但能办到的要尽量办到。重要的问题,在于贯彻毛主席"初战必胜"的战略思想。第一仗打胜了,就能够鼓舞士气,第二仗就好办了。发射第一个人造卫星,主要是为了"练兵",要循序渐进,从小到大,从低到高,从粗到精,积小胜为大胜。

最后罗副主任在讲到关于如何完成发射第一个人造卫星这一艰巨而光荣的任务时,指出:用主席思想指导工作,政治统帅业务,政治统帅技术。贯彻勤俭建国,勤俭办科学、勤俭办一切事业的方针。要切实计算一下,发射人造卫星究竟需要多少费用,无论如何不作不切实际的计划。要有过硬的作风,进行这项工作,要贯彻"三敢"、"三严"的精神,一丝不苟,扎扎实实,严肃对待。最后罗副主任一再强调,时间必须争取。从现在起到1970年发射卫星的时间,虽然还有五年,如不抓紧,一拖就滑过去了,一定要分秒必争,紧张工作。对我们来说,时间就是胜利,时间就是力量,不珍惜时间就是最大的浪费。分秒必争,不是要粗制滥造;紧张工作,不是不要劳逸结合,而是要求我们在工作时间真正发挥出效果来。争取时间,卫星可以提早上天,但如果条件不具备,也不要勉强。

接着由国家科委张有萱副主任讲话。他指出:最关键的问题是组织起来,把可以利用的现有人力、物力、财力都调动起来,建立必要的责任制,中国有句民间谚语:"好汉吃八方"。像卫星上天这样复杂的工作,不靠"吃八方",是无法干好干快的。科学院、七机部、四机部三家搭台放卫星,工作中不要扯皮顶牛,要以毛泽东思想挂帅,突出政治,大力协同,把卫星顶上去。张劲夫、钱学森等各部门领导表示,回去后一定要认真贯彻上述精神,闻风而动,积极地开展工作,保证完成或提前完成中央专委和国防科委交付给的各项任务。

运载工具专题论证

要把人造卫星等空间飞行器送入预定的轨道,首先要有强大的动力,达到相应的宇宙速度。因此,研制具有强大推动力的运载火箭,是独立发展空间技术的首要条件。使一个物体成为绕地球旋转的卫星,需要具有两个条件,一是飞出稠密大气层;二是使它达到每秒约7.9公里的第一宇宙速度。早期我国所发射的各种火箭,都是单级火箭,虽然飞出了稠密的大气层,但还未达到第一宇宙速度,不能成为卫星的运载工具。因此,发射卫星需要多级火箭,每级各飞一程,逐级加速,最后使火箭末级上装载的卫星进入预定轨道。中国是在研制弹道式导弹的基础上,发展运载火箭的。

大跃进时期,有关方面都曾积极探索过运载火箭,并做了一些工作。几年来,按照三家拧成一股绳的精神,使各方面的工作又有了很大进展。特别是中近程地地导弹、气象火箭探空等有了较好的基础,有条件进行发射人造卫星的运载火箭的研制工作。1963 年,钱学森想到中程导弹与探空火箭相结合有可能构成卫星运载火箭,决定将上海机电设计院并入国防部五院,并写信到上海明确成立运载火箭和卫星总体室。1965 年 1 月 8 日,钱学森在关于发展人造卫星工作的建议中也进一步指出:"现在我国弹道式导弹已有一定的基础,将现有型号进一步发展,就能发射 100 公斤左右重量的仪器卫星。这些工作是复杂而艰巨的,必须及时开展有关的研究及研制工作,到时才能拿得出东西来。"按照中央专委第 12 次会议精神,七机部负责运载火箭研制。上海机电设计院搬迁到北京,更名为七机部第八设计院。而八院的首要任务确定为研制中国第一颗人造卫星所需的运载火箭,计划发射时间定在 1970 年左右。钱学森曾对总工程师王希季说:要不要搞运载火箭,领导已经作了决策,你的任务是掌握好技术途径,尽快组织力量,拿出中国第一个卫星的运载火箭设计方案。经过一段时间调研,王希季采取的技术途径是,把探空火箭技术和中程导弹技术的优势结合起来,因此可以说第一个卫星运载火箭是探空火箭加中程导弹构成的运载火箭。具体方案是一枚三级火箭,第一、二级基本是液体发动机推动的中程导弹,最后一级则是固体发动机火箭。因此,该火箭是一枚固体发动机与液体发动机相结合的火箭。

钱学森对国防科委召开的我国第一个人造卫星方案论证会"651会议"比较重视,先后派出了耿青、于志、朱毅麟、倪惠生、林华宝、李颐黎、陈崇卿(现名陈中青)、芦和缔、高森、张成玉、蔡玉笙等十多名科技与管理人员出席会议。为了处理好导弹保密问题,在 1965 年 10 月 19

日的"651 会议"预备会后,裴丽生召集赖坚、赵濂清、耿青、谷羽、杨刚毅、赵九章、王耀华等研究确定:"651 会议"的各项方案论证中,需要运载工具提供基本参数,否则卫星总体及本体就难以切实可行地论证。但因运载工具本身又属于武器范畴,其主要技术性能必须保密。因此,运载工具由七机部组织论证,外单位不再参加。如果卫星本体组、轨道组及运载工具组在论证中涉及武器保密问题难以掌握时,可由耿青、谷羽、钱骥三位同志研究处理。"和平一号"探空火箭也可以考虑纳入"651 任务"规划中,为"651 任务"提供必要的试验性工作。

"651 会议"分总体组、卫星本体组、运载工具组、地面设备组。运载工具组由七机部耿青任组长;七机部八院于志、8120 部队陈坤观任副组长。由于保密关系,《我国第一个人造卫星运载工具的方案设想(草案)》没有在大会上做报告。运载工具组在"651 会议"期间活动有关资料,当时处于绝密。随着时间的推移,这些资料早已解密,但保存下来的却甚少。现将尘封多年的"651 会议"卫星运载工具组活动的有关资料摘录如下:

　　运载工具组 1965 年 10 月 21 日上午听了总体方案及本体方案的两个报告。下午对第一个卫星设计原则进行了讨论。会议由于志、陈坤观主持。参加会议的有武政、蔡玉笙、张成玉、朱毅麟、卢和缔、李颐黎、倪惠生、陈崇卿等十人。我国第一个卫星要一个怎样的卫星?大家认为"上得去,站得住,先进可靠"是对的。但是对先进怎样理解,先进到什么程度的问题发表了一些看法,而且意见比较集中。

　　卢和缔、倪惠生谈到,我们要从第一个卫星中对各方面技术进行一次试验,并且从这次试验中得出一些起码的直接经验。所以先进技术指标不能反映那么多,保证一两个主要指标先进就完成了,并不是我们不想都先进,而是先进需要有一段摸索过程,因我们对这些项目都没有搞过,都是重新研究。如果分散力量,样样都先进,那么必然连起码的可靠性都没有把握。要力争就是力争在几个主要指标上,重量及寿命都比苏、美第一个高一点就成了。例如 100 公斤,寿命 1 个月作为主要指标。定方案时应留有余地,力争高指标,这样就有把握。如果我们潜力还很足,那么可以在接二连三的发射中再采取更多的先进技术。比如,等我们通过第一个卫星的发射,取得一定的经验后,对姿态控制等就可以在以后的一系列卫星中再安排。与会代表谈到这个问题时,认为从我国目前的情况看,1970 年要实现最低限度的先进指标,也要经过很大努力才能实现。例如,要使卫星自转轴始终垂直轨道平面就是一个比较复杂的问题,可以在以后发射的卫星中来完成。

是否全部采用太阳能电池,这是又一个较为集中意见的问题。张成玉、朱毅麟、李颐黎等人都谈到,一个卫星的能源是很重要的,它决定了卫星本体的布局及探测项目的安排。我们所用的太阳能电池现在水平怎样,到 1970 年左右的生产能力又怎样,到高空后转换效率是否有什么影响,能不能在技术上过关,这些问题在会议中可作为一个专题来论证一次。如果能源万一不落实、不可靠,卫星就失败了。所以这是一个很关键的问题。因此,建议太阳能电池在第一个卫星里只作为试验用,不作能源。并且,目前银-锌电池是比较可靠的,性能也较好。李颐黎还提出我们的第一个卫星一定要祖国人民看见,这从政治意义是很重要的。如果现在卫星表面上布置了 50％的太阳能电池就很难看得见。

随后几天,工具组成员分头准备材料,对轨道、发射方式等问题进一步论证后,并通过一定的方式与有关人员交换意见,使得本体设计、地面跟踪和工具等三方面的工作做了进一步协调。比如,李颐黎与陈坤观等人初步讨论确定了发射方案:发射地点为 8120 部队;轨道倾角

$42°\sim43°$；入轨点在东经 $117°\sim120°$，北纬 $42°\sim43°$。并且取得了一致的意见。他们认为，若从发射安全和政治角度考虑，避免各级火箭掉落在外国领土上，这个方案是较好的。为了更好地发挥运载工具性能，并考虑各级落点安全，便于跟踪测轨等因素，在初步提出的轨道设计方案的基础上，又分成几个小组按其他推力程序进行轨道计算。倪惠生等人进一步分析扰动对于入轨时速度精度的影响。高森等人进一步对惯性飞行时采用的姿态控制系统的重量进行了分析。卢和缔、林华宝准备与钱骥商谈在和平一号探空火箭上进行本体试验等问题。

　　10 月 27 日上午工具组主要是讨论与轨道有关的问题。钱骥首先提出，我们的助推器比美国"雷神"大，美国的末级只有 2 吨推力，我们为什么要用 10 吨？还有，美国不用姿态控制，但相反我们的轨道数据为什么还比美国的第一个差呢？朱毅麟就这些问题作了说明。他指出，我们的助推器是选用已有的武器。从武器观点，第一、二级的重量就不好变了。在这种情况下，我们的第二级显得过重，因而使第一级的能量不能充分发挥出来。这样的重量分配，也决定了末级的重量大约在 1.3 吨左右为最佳，所以末级也要经过一定的改装才能使用。再一个问题是助推器末级的结构系数还比不上"雷神"，加之"雷神"第二级的比冲比我们的高。所以我们的轨道高度还不能达到的近地点 350公里，远地点 700 公里的本体方案要求。经过讨论，大家基本上同意作为武器的助推器目前不能作设计改变。后来又原则上否定了采用二级液体火箭的另一个方案，因为要重新研制一级液体火箭，从安排上有困难。所以问题就全集中在如何改进固体的末级上面了。对于如何改进末级的问题，会上的讨论结果亦未能取得一致意见。但是大家都同意可以多做几种方案进行比较，以便作出最后选择。改进的方向就是使末级的工作时间缩短，加大推力，这样对减少工具的误差提高精度有好处，但是又涉及要重新研制末级。有关部门是否能安排出力量，还需上级考虑后再作决定。还有人提出采用玻璃钢新材料来降低结构重量是很有希望的。

1965年10月29日,参加工具组讨论的有于志、陈关复、陈坤观、陆绥观、钱骥、朱毅麟、曾宪波、林华宝、李颐黎、倪惠生等14人。钱骥首先谈到我们的运载工具虽然第一级能量未能充分发挥,但是也不至于比美国的"雷神-阿金纳"差那么多,没有定量计算很难使人相信。

倪惠生等将他们原来考虑过的几种主要方案作了比较性的介绍,说明了为什么采用目前的三级方案(末级是770毫米直径的固体),并提供了这一方案的计算结果。他们说:原来是考虑过两种体系的运载方案的,第一种是采用二级液体的,那么就需要重新研制一个普通燃料的(类似于"阿金纳")或者液氢液氧的二级火箭,这样不仅能解决目前轨道要求的矛盾,而且对今后系列化也会很有把握。然而,目前安排上却有困难,因为重新研制的二级火箭绝对不能作武器用,只能用作放卫星。所以从我国目前的情况出发,我们觉得在我国武器系统的基础上设法改进是合理的。因此,就初步确定用固体作为第三级来放我国第一个卫星。与此同时,还对采用什么样的固体三级也做过多方案计算,从计算结果来看,采用770毫米直径、推力为10吨左右其性能较好,且于1970年放卫星就比较有基础了。接着李颐黎又提供了这种方案经计算获得的各种数据,如各级火箭的工作时间、熄火点高度、速度和速度方向,采用这一方案就可以达到的近地点不低于200公里,远地点达到700～

固体发动机试验

800 公里,卫星重量 100 公斤。倘若现在方案中末级的性能进一步提高,卫星的重量和轨道高度还可提高。如果我国有可能在 1970～1975 年间研制成 10～15 吨推力的液氢-液氧火箭发动机,那么,一系列的发射计划便有可能实现。

有人认为,放卫星在很大程度上是显示我国的运载能力,有其政治、军事及国防的意义,也正式列入了国家计划。因此,应该集中力量打攻坚战,把工具搞上去。反过来说,又可用卫星来打靶,可进一步改进武器,其实看似矛盾也就变成了不矛盾。还有人认为,敌方主要是看我们的轨道高度数据,了解我们的运载能力,就目前的轨道数据来看,反而暴露了我们的弱点,同时也是为了将来发展的需要,重新研制第二级火箭是值得考虑的。

运载工具组为了提高轨道高度,延长卫星寿命,又经过进一步的分析论证之后,提出了改进运载工具的性能,提高入轨点高度和速度的初步意见:入轨点高度由原来的 300 公里提高到 350 公里;轨道近地点可在 200～350 公里,远地点可在 1 000～1 600 公里范围内;卫星运行寿命视轨道近地点与远地点的不同,可在 2 个月至 3 年的区间内。

1966 年 1 月 27 日,七机部根据国防科委要求,确定第一颗人造卫星运载火箭的研制分工。其中,七机部八院承担技术抓总、末级总体及总装工作。七机部八院在钱学森统一安排下,由王希季组织有关单位进一步研究,王希季与杨南生多次对固体火箭发动机交换意见,曾亲自带队赴内蒙七机部四院,专门研究固体末级火箭改进的途径。1966 年初又在钱学森"寻求实用与先进相结合的总体设计方案"的思想指导下,进行了第一枚运载火箭"长征一号"总体设计工作。

"长征一号"是一枚三级火箭,一、二级选用两级液体燃料火箭,第三级火箭采用固体燃料发动机。起飞重量 81.5 吨,起飞推力 104 吨,箭长 29.46 米,最大直径 2.25 米。火箭一、二级和控制是在我国自行

"长征一号"运载火箭

研制的中远程导弹的基础上稍加修改而成的。这样,不仅运载能力满足要求,成功的把握性大,而且可以节省大量的研制经费,同时还可以满足 1970 年发射卫星的进度要求。第三级固体燃料火箭发动机是新研制的。二、三级采用转接锥壳相连。第三级与第二级完全分离以后,起旋火箭点火,使第三级在空中自由地起旋。整流罩采用水平抛脱。三级上装有飞行遥测系统、外弹道测量系统的仪器。卫星与卫星分离弹射器,都装在新增加的仪器支架上。

　　为了充分利用地球自转的能量来提高卫星的重量,最初选择的发射方向接近正东(偏北 10°)。火箭第一级工作完毕之后坠落在内蒙古,第二级工作完毕后坠入太平洋,第三级则在东北地区上空点火,和卫星一起进入轨道。这样一来,卫星的轨道倾角只有 42°,卫星在地球上投影的轨迹只能扫过中、低纬度地区,欧洲、北美许多国家和地区都看不见。1966 年 4 月决定把倾角提高到 70°左右,发射方位改为东偏南 70°。由于倾角越大,利用地球自转的能量越小,运载能力也相应地减少。这样,卫星的重量虽然有所减少,但能使全球有人居住的地方几乎都可能看到我国的第一颗卫星。沿着这条轨道,火箭第一级工作完毕后坠入甘肃省,第二级完毕后坠入南中国海,第三级则在广西自治区西北部和卫星一起进入轨道。"长征一号"的飞行程序,其特点是在第一、二级发动机工作结束后,第三级发动机点火之前,火箭要飞过一段很长的无动力的滑行段。这样既可以增加入轨高度,又可以节省能量。为此,在火箭第二级上增加了滑行段姿态控制系统,控制着处在失重状态时并持有剩余液体推进剂的火箭。

刘易成在《测轨法与我国卫星轨道的选择》一文中回忆:

1965 年 7 月,中央批准我国第一颗卫星总体方案,其中卫星轨道与地球赤道夹角为 42 度左右。这一轨道的选择是基于我国诸多条件的限制,如利用现有的酒泉中心;火箭运载能力有限,须利用地球自转速度;第一、第二级火箭能落在无人区等,尤其是基于要保证测轨的考虑。但这一轨道选择并非理想,因为它不能满足实用卫星对轨道的要求。1965 年 10 月会议后,我一直在想能否在现有限制条件下改选高倾角轨道。后来由于模拟计算证明多普勒测轨法的可行性和优越性使我见到了希望,一个大胆的设想油然而生,即从酒泉卫星发射中心向海南岛方向发射,轨道倾角将达近 70 度,且计算表明卫星入轨后在我国飞行约 2 000 公里(原 42 度轨道才 600 公里),第一圈可测弧段达 3 000 公里,测轨条件是比较好的。但是,如果万一第一圈测轨失败,卫星第二圈仅从新疆喀什上空一掠而过,很难补救。这一轨道可满足实用卫星的需求,又可提前发射实用卫星,好处大、风险也大。这一结果既使我们兴奋,又使我们不安,因为这样势必加重多普勒测轨的责任。这时适逢钱学森令人转告说,"火箭尚有余力",这就增加了我建议选用 70 度轨道倾角的信心。1966 年 4 月,在杨刚毅、钱骥主持的轨道会议上,我做了"从卫星测轨、回收、遥测遥控和发射安全诸方面分析比较几种可能的轨道选择及其利弊"的报告，论证了改选 70 度轨道倾角的技术可行性。潘厚任论证了 70 度轨道倾角可以满足实用卫星的需求。根据钱学森提供的信息，会议一致通过了改变轨道选择的建议。会后，在杨刚毅、钱骥主持下，起草了中国科学院给中央关于《我国卫星的轨道选择》的报告。对此，国防科委评价道，"这一轨道选择的好处是实在的"，并于 1967 年 4 月 10 日发文，决定"卫星轨道与地球赤道的倾角：70 度左右；发射中心：酒泉；发射方位：南略偏东"。后来，在我国第一颗卫星发射成功之后，又用这一轨道成功地发射了"实践"卫星。

1966 年 3 月 24～26 日，七机部八院召开了第一颗人造卫星运载工具方案论证会。七机部八院提出的设计方案，经钱学森审查后并组织有关单位专家评审，评审的结论认为"八院提出的方案中的关键技术可以攻克，能满足任务指标的要求，合理可行。方案既结合了中国的实际情况，又不影响导弹的研制"。关于不影响导弹的研制这一问题，据王希季回忆：在当时的形势下，使我国具有威慑力量的任务是首要的，这就是"导弹第一"的含义。当时钱学森曾明确指出："运载火箭和卫星的研制，不能从导弹研制上抽调力量，要八院自己承担。""长征一号"火箭设计，充分证实了钱学森提出的利用导弹与探空火箭相结合的优势，构成卫星运载火箭的设计思想。

卫星系列规划研究

历史没有忘记"651"时期作出贡献的科技专家。1985 年 6 月 15 日，中国科学院申请国家科技进步奖，其中一项就是《"东方红一号"及卫星事业的开创奠基工作》，该项列出的八名重大贡献人员有赵九章、钱骥、钱学森、王大珩、陈芳允、关肇直、谷羽、陶宏。他们的主要贡献列有五条：①适时向中央提出建议，使卫星事业得到及时的和顺利的发展；②主持卫星总体方案的制订和实施；③及时组织了测轨、选轨工作，赢得了时间，节省了资源，提高了水平；④主持制订了卫星系列规划，为卫星的长远发展打下了基础；⑤开创和主持了我国卫星研制的前期准备工作。该项目荣获国家科技进步特等奖。

《当代中国的航天事业》一书中，对"651"时期坚持自力更生，独立研制发展中国卫星事业也作出过一段描述：

> 我国人造卫星技术，是在外国对我国实行严密封锁的情况下，独立发展起来的。……人造卫星技术起步较晚。从中国科学院抽调出的力量是精干的，但比较分散。他们各自的专业技术基础是扎实的，但对卫星工程比较陌生。搞人造卫星的愿望是强烈的，但从何处入手，没有完善的资料可以借鉴。客观情况迫使他们只能自己动手，从头做起。逐步把零星的分散的研制力量集中起来，按系统工程要求，组织一支能独立研制卫星的技术队伍。该队伍将上百项空间技术研究课题一一落实，并取得成果，直到进行人造卫星的工程研制，经历了艰苦摸索过程，靠着广大科技人员决心自力更生发展中国航天事业的高度热情和献身精神，终于走出了自己的道路。

以上这些也都是对钱学森等人在中国早期空间活动中所起的作用作了一些概括性介绍。

由于"651"时期卫星任务属于绝密级，因而被限制在很窄的小圈子里，圈外单位的人对此了解甚少。为了尽可能地发挥全国的优势和积极性，增强今后实现卫星系列规划的后劲，651设计院在1965年底提出了460项专题，1966年初钱骥与陆绥观组织总体设计组、新技术局有关人员赴上海等地,经调查后将专题增加到 700 项,并在全国各地安排与落实。大到分系统,小到元部件,得到全国各地军民有关单位的全力支持,确保了我国首颗人造卫星按时完成,可靠地上天,这也是一个重要的战略性措施,为卫星系列规划一步步地成为现实铺垫了坚实的基础。

据何正华回忆:

> 1965 年里的紧张工作阶段过去了,1966 年初 651 设计院这一机构刚刚建立,此后有一小段稍空些可喘息的时间,钱骥赶紧利用这一空当儿为以后开展空间事业工作进行准备,即对华东地区的有关单位进行调查、学习与考察,对各单位的特长和水平进行摸底排查,能否参与或承担卫星工作,同时还进行宣传与发动。由钱骥、陆绶观率领总体组何正华、胡其正、潘厚任、孙传礼等人,从北京南下,到过的地方和单位有:南京紫金山天文台、南京无线电厂、14 所、无锡半导体厂、合肥自动化所、上海冶金所、上海硅酸盐所、上海光机所、上海原子能所、上海科学仪器厂、上海铜仁合金厂、上海 1423 所、上海技术物理所。调查组每到一处,钱骥都会做从事我国空间事业的伟大意义和重要性的报告,鼓励大家积极参加,然后双方进行讨论,各单位到场的领导和科技人员,都很积极地表示能参加卫星这一崇高的工作,并争取多承担些任务,从情感上观察,他们既兴奋,又激动。在上海中科院华东分院与边伯明院长会谈时,边院长提出,采用"揭黄榜"的方式分配任务。我们对各单位的实验室和工厂车间都认真仔细地参观、询问和学习,这就大大地拓展了我们的眼界和思路,增加了感性认识,增强了对发展卫星事业的信心,达到了预期的效果。

为了制订出的应用卫星系列规划能够符合国家需求,解决实际问题,651设计院专门组织总体设计人员遍访全国各种可能的和潜在的用户,征询对我国卫星系列规划的意见和建议。据"中国当代著名科学家丛书"《赵九章》一书中的记载。1966年5月,中国科学院几次召开了卫星系列规划会议。5月5日至10日召开了卫星系列规划设想讨论会。5月19日开始又召开了卫星系列规划论证准备会。钱学森对卫星规划论证会比较重视,每次都派七机部八院的人参加会议,他本人也尽量挤出时间到会听取规划论证报告。根据会议简况记载,1966年5月19日大会做了五个专题报告。

1. 651设计院赵九章在《对我国卫星系列规划的设想》的报告中,把整个卫星规划分为四个部分:①以科学试验卫星作为开始和打基础;②以侦察卫星为重点,全面发展军事应用卫星(如电子侦察、通信、气象、核爆炸侦察、导弹预警、测地、导航等卫星,配成一个完整的体系);③在照相侦察卫星基础上发展载人飞船;④卫星的防御措施,必须使卫星拥有反干扰、反破坏等能力。

2. 651设计院钱骥报告了《发展返回式遥感卫星的设想》,首次提出将对地观测兼测地卫星的方案作为我国卫星系列规划的重点。

3. 军事医学科学院贾司光报告载人飞船在军事任务中的作用。

4. 科学院心理所徐联仓介绍发射宇宙飞船的初步设想。

5. 科学院数学研究所刘易成报告关于我国人造卫星轨道选择问题。

在制订中国早期卫星系列发展规划时,钱学森曾根据系统工程原理和导弹规划实践中的经验,多次指出:预测未来、选准方向;全面考虑、综合平衡;突出重点、目标明确。钱学森的这些科学思想,奠定了中国航天技术得以较快发展和取得重大成果的基础。1958年,在"大跃进"的影响下,放大卫星的热情很高,但当时火箭技术尚未突破。如果火箭、卫星齐头并进,物力、财力均不允许。所以国家下决心收缩卫星工程研制,提出了"大腿变小腿,卫星变探空,任务不下马,着重打基础"的方针。这样一来,就能更集中力量发展火箭技术,从而为研制卫星的运载工具创造条件。1965 年中央批准的发展卫星规划中,确定以发展应用卫星为主,以遥感卫星为重点。由于坚持了实事求是的原则,规划中提出的目标都是经过努力可以达到的。中国卫星发展规划,经历了一个从粗到细,从浅到深,从低级到高级的发展过程。也是经过充分酝酿、讨论与传播,然后集思广益而成。

1966 年 5 月 21 至 25 日,由中国科学院主持召开了我国卫星系列规划论证准备会。参加会议的单位有国防科委、国防工办、国家科委、总参、空军、海军、炮兵、七机部、四机部、通信兵部、邮电部、二十基地、军事医学科学院等单位。经各部门领导、专家反复讨论,认真仔细地分析、研究与论证后,提出了我国 1966~1975 年卫星系列规划方案,供领导决策。现将《发展我国人造卫星事业十年规划》修订草案讨论稿中有关说明、方针任务、指导原则摘录如下:

方针任务。发展我国人造卫星事业的方针,必须在党的绝对领导下,以主席著作为最高指示。必须根据党的鼓足干劲,力争上游,多、快、好、省地建设社会主义的总路线,坚持奋发图强,自力更生,艰苦奋斗的方针。坚持备战、备荒、为人民的方针。

人造卫星是建设我国现代国防的重要方面之一,是战略武器重要的配套装备。因此,必须坚持发展军事应用卫星为主的原则,从而在未来的战争中发挥其一定的作用。

人造卫星可以促进一系列新技术的发展。对于进一步提高我国国防工业和科学技术具有重要意义。

指导原则。主要是:(1)以我为主,走自己的路。根据我国自己的需要来确定卫星种类;根据我国的特定条件来确定技术途径;以解决自己需要为标准来衡量赶超。(2)要大力协同,充分发挥社会主义制度的优越性,全国大协作。(3)鉴于卫星工程综合性强,协作面广,必须统一领导,集中管理。(4)人造卫星采取由易到难,由低到高,循序渐进,逐步发展的方针,首先以科学技术试验卫星开路,取得经验,然后发展以返回式卫星为重点的应用卫星系列。(5)发射卫星的运载工具,在初期以中远程火箭为基础,进行适当修改或配以专门研制的末级火箭发动机组合而成。下一步再发展大推力的运载工具。(6)第一颗卫星和第一期工程卫星的发射,均利用已有的火箭发射试验基地,同时还将在适当地点建立新的发射场。(7)地面观测系统,因研制周期长,工作量大,必须分期建设,以近为主,远近结合。

实践证明,上述方针与原则是符合我国国情的,也是正确的,特别是在当时的历史条件和国际环境下,我国在空间技术方面不可能得到任何国家的技术援助;唯一的出路是从我国的实际情况出发,走自力更生、独立研制的道路。

在这一期间,我国液体燃料中远程火箭开始进行总体方案论证和设计,一些单项技术已经取得了突破。与此同时,中型固体燃料火箭发动机也开始进行技术攻关。七机部第八设计院根据当时火箭技术的进展情况,开始进行我国第一枚卫星运载火箭总体方案论证和设计工作。此外,根据已经制定的卫星规划,军事医学科学院、中国医学科学院,也开始进行宇宙医学、生物环境工程的研究试验工作。承担第一颗人造卫星及其运载火箭协作任务的国务院其他各有关部委也在抓紧组织力量,落实研制任务。这样我国的卫星事业便从全面规划阶段,进入工程研制阶段。

第七章
创建空间技术研究院

力排干扰形成拳头

1966 年 5 月,经国防科委、中国科学院、七机部的负责人罗舜初、张劲夫、裴丽生、王秉璋、钱学森等共同商定,同意我国第一颗人造卫星命名为"东方红一号",运载火箭命名为"长征一号",采用由两级液体燃料加第三级固体燃料火箭发动机组成,计划于 1970 年发射。

正当我国第一个卫星工程进入技术攻关阶段,卫星本体、运载火箭和地面观测三大系统的研制工作取得可喜的进展时,一场给党和各族人民造成巨大灾难的"文化大革命"发生了,激烈的政治斗争浪潮冲击着全国的每一个角落,毫无例外,也冲击着承担卫星工程研制的每个单位。"文化大革命"中,先后有康生、陈伯达、林彪插手中国科学院,把一个好端端的科学殿堂搞得乌烟瘴气,成了重灾区。1966 年 6月聂元梓的大字报一出来,由康生背后操纵的造反派,每天到文津街科学院院部请愿,并对保卫部门派去谈判的同志实行扣押,进行刑讯逼供。当张劲夫找到分管科学院运动的陈伯达汇报时,陈伯达说:"他们闹事,你们可以反击嘛!"于是群众起来,抓了几个闹事的人,并把他们扣押的人质放出来。到了 1966 年 6 月 28 日,陈伯达心血来潮,要到地球物理所看大字报,裴丽生陪同前往。当裴丽生向他汇报按他的指示处理闹事结果时,陈伯达竟然一反常态地说:"他们做法不对,你们也不对嘛!人家扣你们一个人,你们就扣了人家六个人!"裴丽生对陈伯达的这种出尔反尔的两面手法深感惊讶。不久林彪对此事也作了批示：“科学院镇压造反派。”原因是林彪的侄子就在自动化所，是一个造反派小头头，因此林彪也直接插手此事。“文革”浩劫首先冲垮中科院应用地球物理所党的领导班子，接着又冲击到原地球物理所分出的其他几个所以及 651 设计院。

作为中国科学院副院长的陈伯达，在 1966 年前的 17 年里，极少过问院内的工作，却于“文化大革命”开始不久的 7 月 30 日与江青一道，以“中央文革小组”的名义召集了科技界的万人大会，煽动科学界包括中国科学院的群众揪斗“走资派”。在他们的插手策划下，科学院内群众很快形成了互相对立的派别。

9 月 7 日，周恩来亲自参加了中国科学院北京地区的万人辩论会，针对当时形势，他指出：“在这样一个大的科学院范围，既要进行无产阶级文化大革命，解决社会主义革命抓阶级斗争，又要抓革命促生产，抓生产斗争和科学实验。我们不能看着科学院的尖端科学研究和许多重点实验室像现在这样放在一边，不能继续下去。我已经有很多材料证明，我们某一方面的工作已推迟时间，我昨天看了这么一个紧急报告，我很不安……”①

在这次大会后，承担 651 任务的许多研究人员又回到了实验室，但是在不断揪斗“走资派”和“反动阶级反动学术权威”以及铺天盖地的大字报干扰下，很快政治运动又占据了绝大部分时间，中国科学院领导机关也基本处于瘫痪状态。在张劲夫 1999 年 5 月写的《中国科学院与“两弹一星”》一文中指出：“文化大革命对全国是大破坏，对科学院也是大破坏，文革对科学院是一场真正的浩劫，科学院是重灾区！有的科学家被整死，赵九章就是被整死的。”担负运载火箭研制的七机部，职工队伍被分裂，科研生产被迫中断。担负地面观测站建设的地

---

① 钱临照，谷羽主编：《中国科学院》上卷，当代中国出版社，1994 年版，第 143 页。

区,武斗不断,交通受阻,器材供应不上,工程施工无法进行。眼看卫星工程的好形势将这样被断送,广大群众心急如焚,希望中央采取措施,扭转局面。因此,周恩来派驻中国科学院的联络员刘西尧向中央专委提出了将卫星研制工作改由国防科委直接组织领导的建议。中央专委同意了这一建议。据此,国防科委确定由罗舜初副主任负责领导这项工作,并指派科技负责人李庄带领工作组,于1967年初到中国科学院直接处理有关卫星研制工作。

　　为了保护我国这支新生的空间技术队伍免受摧残,保证"东方红一号"卫星工程按计划进行下去,周恩来总理、聂荣臻副总理采取了一系列措施,力图在尖端技术部门把动乱抑制到最低程度,尽可能减少损失。聂荣臻向周总理请示后,于1967年3月向中共中央提交了《关于军事接管和调整改组国防科研机构的请示报告》。周恩来同意这个报告,并提出了对国防工业的6个部实行军管的建议。毛泽东批示:"总理照办"。3月17日周恩来总理宣布对七机部等实行军事管制,中

在"文化大革命"十分困难的情况下,钱学森反复做工作保证了
"东方红一号"卫星的按时发射

国科学院新技术局及其归口从事卫星工程研制的单位,由国防科委接管;而卫星地面观测台站的建设任务则由科学院调整到国防科委所属的试验基地。

1967年初,聂荣臻、罗舜初、刘华清曾分头与钱学森等有关人员多次研究如何加强国防科技力量,调整科研队伍等问题。考虑到世界航天技术的发展趋势和航天技术能为国防建设、国民经济以及人民物质文化生活带来的巨大利益,为加速我国航天技术的发展,国家有必要建立一个专门研制人造卫星及其他航天器的机构,以便形成完整的航天工业体系。组织相对集中的科研机构,"集中力量,形成拳头,进行突破",这就是借鉴了20世纪50,60年代从我国经济和技术的实际情况出发,组织科学技术攻关的一条重要经验。这样就可以在科学技术力量还比较薄弱的情况下,适当集中人力、设备和经费,再加上全国大协作,就比较有把握地在一些新兴学科领域取得突破,国防部五院的实践,充分说明了这一点。但是,由于历史的原因,我国第一颗人造卫星和其他航天器的研制,是分散在中国科学院、七机部及其他一些部门进行的,这就给组织领导和指挥调度带来很多困难。

1967年4月,聂荣臻安排国防科委政策研究室负责组织研究空间技术体制问题。5月初国防科委新技术局接管组汪永肃通知舒润达、杨照德等人,到国防科委大楼参加研讨会。限于当时的保密因素,参加会议的除科学院新技术局之外,还有七机部八院的两个人。在国防科委政策研究室组织下,进行空间技术研究院的任务与组建方案的研究。刘华清、钱学森几次到会参与讨论。在讨论空间技术研究院与其他院之间的分工与组织编制等事项时,对空间技术研究院要不要建立空间电子技术研究机构起了争议。当时电子技术研究院有人提出:"卫星、飞船是公共汽车",是"帽子公司"。钱学森立即回答说:"应该加上两个字,是现代公共汽车,它离不开导航、通信与自动驾驶仪。"随后钱学森还专门给体制规划组讲空间电子技术的内涵与重要性,他指出:空间电子技术是应用于卫星、飞船工程的电子与电磁波的理论和技术。在卫星、飞船工程中电子系统是重要的系统之一。它按功能分为通信、导航、雷达、目标识别、遥测、遥控、遥感、火控、制导、电子对抗等系统。各种系统一般包括飞行器上的电子系统和相应的地面电子系统两部分,这两部分通过电磁波传输信号合成为一个系统。和这些电子系统有关的电子理论和技术有通信理论、电磁场理论、电波传播、天线、检测理论和技术、编码理论和技术、信号处理技术等,而微电子技术和电子计算技术则是提高各种电子系统性能的基础。它们的发展使飞行器上的电子系统进一步小型化和具有实时处理更大数据的能力,将使卫星的功能日益扩大。

经过充分讨论,大家一致感到空间技术研究院的组建一定要加强电子技术研究、提高生产能力,才能适应未来飞行器的发展需求。会上还就关于组建几个总体部进行了论证,当时有人提出按照回收与不回收方式分类,来组建两个卫星总体设计部的方案。经过大家的反复讨论研究,钱学森认为,在卫星工程的起步阶段,应集中力量先组建一个总体设计部,这样可以做到工程、学科技术之间的优势互补。

1967 年 5 月 29 日,国防科委向中央军委呈送《关于组建空间技术研究院的报告(草案)》。报告中说:为在近期把人造卫星、载人飞船送上天,在集中统一、分工协作的国防科研体制下,把我国分散的空间科学技术力量集中起来,形成拳头,成立空间技术研究院,列入军队序列。并提出空间技术研究院建院指导思想、任务,与其他院的分工及组织编制等。其任务是全国空间技术研究中心,负责国家空间技术研究院的抓总工作。1967 年 6 月 27 日,中央军委常委第 77 次会议决定:遵照毛主席"自力更生,奋发图强,树雄心,立壮志,赶超世界先进科学技术水平"的指示,把现有较分散的科学技术力量集中起来,加速空间技术的发展,同意国防科委提出的组建空间技术研究院的方案。该院属国防科委建制领导,定编 12 400 人。由钱学森兼任院长,常勇任政委。

钱学森当时任第七机械工业部副部长,曾任国防部五院院长、副院长。常勇,1915年10月出生,山东荣成人。1938年2月加入中国共产党,参加革命工作。1958年8月任第21训练基地政治委员,1964年11月任军事电信工程学院副政治委员,同年晋升少将军衔,是一位身经百战,坚定沉着,作风民主,眼光

空间技术研究院老政委常勇

锐利的老将军。钱学森、常勇早期为我国导弹、原子弹试验作出了重要贡献,在组织这两项工程中,都展示出了他们的领导才能和积累了丰富的管理经验。因此,中央军委决定由他们二人配对共同创建空间技术研究院。他们认真执行党的路线、方针、政策,为空间技术研究院的组建,确定空间技术研究院的发展方向、主要任务、专业分工、人员的调整与配备,做了大量的开拓性工作。

创业,首先面临的是选址和组建机构的问题。1967年,正处于"文化大革命"的动乱之中,为了加速人造卫星的研制,寻找一个安定的工作环境,经国防科委办公厅与中央军委办公厅、中共中央办公厅的多方联系,并考虑到空间技术研究院是一个严格保密的单位,若设在北京城区显然是不合适的,经过中共中央办公厅的多方联络,同意将中央社会主义学院原址调整给空间技术研究院。

中央社会主义学院位于北京西郊白石桥北边,与中央民族学院毗邻,南边与西边是白石桥生产队的一片菜地,东边(即马路对面)是中央气象局。中央社会主义学院创建于1956年,是中共中央统战部为

位于北京白石桥的中国空间技术研究院

培养各民主党派干部而创立的学校。学校的主楼是利用建筑人民大会堂的剩余物资,于 1959 年建成的。1965 年 7 月 1 日,因参加"四清"运动,学院停办。随后它成为上访人员的接待站。"文化大革命"初期,该院亦成为红卫兵的接待站。经过多方领导的实地考察,最终选定了中央社会主义学院这一地点给空间技术研究院。

1967 年 6 月中旬,国防科委李庄为建立国防科委 651 指挥部,带领机关人员首先进驻中央社会主义学院主楼,并对其实施军管。随后国防科委 20 试验基地、中国科学院新技术局等单位亦抽调王天柱、孙传福、张国荣、张百生等 10 人组成了接管小组,于 6 月 23 日进驻主楼。李庄指定邹参谋、季参谋负责接管小组的领导工作。其任务是对营房、家具等进行清点。3 天后北京卫戍区派来警卫排值勤。

1967 年 7 月上旬的一天,上午 9 时左右,钱学森身着便装,在保卫秘书的陪同下,乘专车首次进入中央社会主义学院的大院进行视察,李庄等人早在楼前等候。钱学森下车后,环顾了一下四周,楼前有葡萄园、桃园,杂草丛生,大楼墙上还有"打倒×××"、"批判××"的大标语、大字报的痕迹。钱学森进入二楼中间的小会议室。李庄介绍了办公楼的接管情况,大楼面积计 29 000 平方米,主楼 6 层均已接管。中央社会主义学院的留守处办公室安排在边上的一、二层,通道已相互隔开。主楼的水、电、暖气均已接通,正在安装电话。钱学森在李庄的陪同下,由孙传福拿着钥匙打开二层的各办公室和会议室进行检查,钱学森看后表示满意。他指出:营具要清理好,充分利用它;营房要边接管、边维修、边使用。要注意搞好与中央社会主义学院留守职工的关系,但新成立的机构其使命与任务对外要严格保密。

1967 年 7 月 18 日,国务院秘书厅通知,为组建新的国防科研机构,周恩来总理同意将中央社会主义学院的校舍拨给国防科委(651 筹备处)使用。最早到中央社会主义学院上班的有常勇、夏冰、刘振国、冯再寅等一批国防科委 20、21 试验基地调来的军人干部,其中有些干部是原打算转业到北京的军人,现在又重新穿上军装,调入国防科委新组建的机构。

1967 年 8 月 12 日,国防科委通知:

> 据 1967 年 6 月 27 日中央军委第 77 次会议决定:"同意国防科委提出的组建空间技术研究院的方案,该院属国防科委建制领导",当前先成立筹备处,并于 1967 年 8 月 12 日启用国防科委651 筹备处公章。

国防科委 651 筹备处正式成立后,在钱学森、常勇直接领导下,由夏冰、王祖泗等对研究院编制做了进一步研究,于 1967 年 8 月 28 日,国防科委 651 筹备处上报了编制,其中院机关设院务部、政治部、科技部、基建部、器材部,院机关编制 544 名,下设 11 个所。1967 年 9 月,聂荣臻副总理向中央提出了《关于国防科研体制调整改组方案的报告》,建议把国防科研方面的研究力量进一步集中起来,成立 18 个研究院,其中第五研究院名称为"人造卫星、宇宙飞船研究院",即空间技术研究院。10 月 25 日,毛泽东主席在此报告上批示:"此件压了很久,今天看过,很好,照办。"

1967 年 11 月 9 日,国防科委刘华清副主任主持召开了"卫星、飞船研究院的体制方案和组建问题的汇报会",钱学森、常勇、夏冰参加了会议。会议经讨论,决定如下事项:一、关于体制编制,基本同意 651 筹备处提出的方案;二、关于院的编制,根据"精干"的原则,可搞暂行编制报国防科委党委常委审批后试行;三、迅速把院、所机构和干部配备起来,总的要求是院机关和总体部争取在年底基本组建起来,其他单位在 1968 年 3 月底基本就绪。

1967 年 11 月 13~18 日,国防科委 651 筹备处召开了"人造卫星、宇宙飞船研究院的体制工作会议"(代号 501 会议)。会议领导小组由钱学森、常勇等 7 人组成。组建研究院的有关单位参加了会议。它们是:中国科学院新技术局管辖的 651 设计院、自动化所、应用地球物理所、力学所、生物物理所、西南电子所、北京电工所、北京科学仪器厂、上海科学仪器厂、七机部八院、七机部 702 所、704 所以及军事医学科学院的第三研究所等。会上公布了研究院的组建方案,讨论了各所属机构的方向、任务、分工,同时明确了所属单位不开展"四大"(大鸣、大放、大字报、大辩论),以正面教育为主。会上,钱学森明确了建院的指导思想、任务、与其他院的分工、组织编制等,并确定了空间技术研究院为中国空间技术研究中心的定位。其基本职责是:负责国家空间技术研究的抓总工作,包括拟制国家空间研究规划,组织空间飞行器的战术、技术论证,组织、实施和协调空间技术研究工作;负责人造卫星、载人飞船及其他空间飞行器(包括姿态控制、遥测、专用电子设备和回收系统)的研究、设计、试制、试验、定型及必要的小批量生产;负责载人飞船和生物卫星的生命保障技术、宇宙医学研究和宇宙航行员训练,以及空间物理和空间探测技术的研究工作;负责电火箭的研究、设计、试制、试验、定型及必要的小批量生产;负责对运载工具和地面测控系统提出战术技术要求,并负责空间飞行器同运载工具和地面测控系统的技术协调工作,以及为发射场提供空间飞行器发射前的检查测试设备、技术资料和发射操作规程;负责探空火箭和各武器研究院提出的遥测设备(传感器、中间装置除外)、回收装置的研究、设计、试制、试验和定型。研究院由院直属机关、一个总体设计部、十个研究所、一个计算站、五个院属工厂组成。

据陈世平回忆:

1967 年 11 月份,国防科委 651 筹备处在北京白石桥社会主义学院大楼召开了 501 会议。武顺、崔勤、叶发宗和我作为中国科学院西南电子学研究所的代表参加了会议。会上,国防科委宣布了钱学森任卫星、飞船研究院院长,常勇任政委。常勇政委在会上宣布了西南电子学研究所划归卫星、飞船研究院的建制。钱学森院长作了重要讲话,讲述了研究院的任务和发展,除了当前要完成"东方红一号"卫星任务,还要开展返回式卫星、导航卫星、通信卫星和载人飞船的研究工作。我在中国科技大学读书时,曾听过钱学森的报告,这次近距离面对面地听他的讲话,感到他的语言简单明了,但很有力量,又很亲切,心情十分激动。此前,西南电子学研究所承担了"东方红一号"卫星工程地面测控系统干涉仪和多普勒测速仪的研制工作,划归研究院后又承担了引导雷达和东方红乐曲地面短波天线阵的研制工作,圆满完成了承担的各项任务。后来明确研究所的任务是空间电子设备的研制,除测控设备外,主要承担了大量通信、遥感和导航有效载荷设备的研制工作。

1968 年 2 月 16 日,国防科委遵照中央军委批复,下令授予五院番号,称"中国人民解放军第五研究院",隶属国防科委建制。钱学森兼任院长,常勇任政治委员,撤消"651 筹备处",印章于 1968 年 2 月 20 日开始启用,这标志着空间技术研究院正式成立。在研究院刚成立时,机关工作人员有 219 名,其中现役军人 80 名,职工 139 人。

研究院成立后,钱学森院长立即组成以常勇政委为组长的接管领导小组,通盘考虑对调入研究院的各单位的接管工作。1968 年 2 月 27 日国防科委通知,中国科学院 651 设计院、自动化研究所、北京科学仪器厂调入研究院。3 月 8 日中国科学院力学研究所分部调归研究院。3 月 22 日国防科委通知,中国科学院原新技术局所属的应用地球物理研究所、西南电子研究所、兰州物理研究所、北京电工研究所、上海科学仪器厂以及军事医学科学院第三研究所,从 4 月 1 日起调归研究院。至此空间技术研究院对调归至研究院的有关单位的接管工作基本结束。据曾邑铎在《五〇四所的历史变迁》一文中回忆:

1967 年 3 月,中国科学院新技术局及其所属单位由国防科委接管。同年 12 月,西南电子研究所正式编入国防科委五院,所址定在西安附近。1968 年 3 月,全所开会宣布我所由国防科委军事接管。此时,全所已整装待发向西安转移。按部队换防规定,不带营房家具,只把实验设备及仪器箱搬走。3 月 17 日,我们往火车站运送,一共装车三四天,不知装了多少个车皮。总之,挂的是专列,开的是军车,沿途由部队提供开水及膳食。由成都到达西安后,暂时借住长安县王庄公社 112(建筑工地编号)大院,那是中国科学院地球物理所的三线基地。1968 年 8 月授予空间电子技术研究所番号为中国人民解放军第五〇四研究所。1971 年 3 月改属兰州军区,番号改为兰字 845 部队。后又划归七机部,用 504 所的名字。1982 年定点于长安县韦曲西街现在的所址。

在此基础上,空间技术研究院除院机关外,还组建了航天器总体设计部、空间控制工程研究所、空间物理及探测技术研究所、空间电子技术研究所、宇宙医学与工程研究所、真空技术研究所、空间环境试验站以及三个试制工厂和计算计量、科研情报等机构,逐步形成一个基本配套的研制航天器的主体单位。

突出重点制定规划

国防科委651筹备处在组建空间技术研究院的同时,履行了研究院的部门职能。钱学森与常勇经常研究的问题是:如何调配力量、组织技术队伍,使首颗卫星尽快成功地发射上天;制定空间发展规划,明确各所、厂的方向与任务。

1967年7月,钱学森、常勇推荐并经聂荣臻元帅批准,调孙家栋参加中国人造卫星的研制工作,负责组建空间飞行器总体设计部,并参加领导组建空间技术研究院。孙家栋,1929年4月出身于辽宁省复县,1948年就读于哈尔滨工业大学预科,学习俄语二年。1950年参加中国人民解放军,从事俄语翻译工作,不久就参加了空军飞行员培训。1951年8月他被选送至苏联留学。在苏联茹可夫斯基空军工程学院攻读飞机设计,以优异的成绩获得学院金质奖章,于1958年4月毕业回国。1956年8月加入中国共产党。1958~1967年,孙家栋参加了中国战略导弹初创阶段的工作,主要从事导弹总体设计。他先后担任国防部第五研究院一分院第一设计部总体研究室主任、第一设计部副主任。参加了苏联"P-2"近程导弹的仿制和改型设计工作。1962年任中国第一枚自行设计的中近程战略导弹的总体主任设计师。

1967年,"东方红一号"卫星的研制工作正处于"文化大革命"时期,钱学森、常勇对卫星的研制管理工作,采取了适应当时形势的特殊方法,建立 651 生产指挥部。一方面从第七机械工业部第一研究院抽调孙家栋等 18 名科技人员,与中国科学院 651 设计院、应用地球物理研究所、自动化研究所、力学研究所分部的技术人员,共同开展卫星总体设计工作。另一方面又从中国科学院新技术局、北京科学仪器厂、半导体研究所、651 设计院抽调部分科技管理人员,组建了"东方红一号"卫星本体生产指挥部(简称 651 生产指挥部)。651 生产指挥部由孙家栋等 3 人负责,下属一个 4 人组成的办公室,负责"东方红一号"卫星研制过程中的技术、计划和物资保证的指挥调度工作。651 生产指挥部力排"文化大革命"的干扰,从卫星设计、生产、试验和物资保证诸多领域,一竿子插到底,指挥调度卫星研制过程中每一个关键环节。哪个地方出现问题,指挥部的同志就在哪里战斗,确保卫星研制任务的顺利进行。651 生产指挥部在处理一些重大问题时,明确了由孙家栋直接对钱学森、常勇负责。钱学森对总体与指挥部的人员提出的要求是:无论发生什么事情,我们应该考虑的事是不能让卫星事业受到损失。让"卫星上天"是我们大家的神圣职责,我们要团结一致,坚守岗位。"卫星"把我们结合在一起,在任何情况下,都必须坚持下去。按照空间技术研究院建院体制规划,钱学森明确提出总体设计部的主要任务是:探索空间技术发展途径,负责拟定空间技术发展规划,并负责空间飞行器的总体设计和技术抓总工作。

2001 年总装备部隆重召开"向人民科学家钱学森学习座谈会"。中国航天科技集团公司高级技术顾问、中国科学院院士孙家栋,在以《钱学森带领我们走过的航天路》为题的发言中回忆:

　　在组建中国空间技术研究院时,钱学森着眼于科学事业的未来,大胆启用和培养年轻人。1967 年炎热盛夏的一天,我接到了经钱老推荐、聂老总批准,调我到中国空间技术研究院负责组建和领导空间飞行器总体设计部,并担任第一颗人造卫星的技术总负责人的通知。由于钱老的点名推荐,使我从导弹总体研究走入我国第一颗人造地球卫星的研制行列。在钱学森的指导下,众多科技人员经过艰苦奋斗,完成了我国第一颗人造地球卫星研制和发射任务,在实践中培养和造就了我国第一颗人造地球卫星技术专家群体。他历来坚持大型科学试验,要首先从系统工程角度抓好大系统总体、分系统及子系统的总体。他还指出,搞总体工作的人知识面要宽,既要懂工程上的问题,还要有比较广的科学知识,要尽快培养出一批卫星总体设计人员,尽快建立一支卫星总体设计队伍,因此,他提出了要在加强"东方红"卫星总体设计力量的基础上,按型号发展规划,为成立卫星总体设计部创造条件。卫星工程是一个庞大而复杂的系统工程,虽然中国科学院组织力量几年来已做了大量的工作,但国家科学技术刚刚起步,航天技术方面的经验还是相当缺乏,在这种情况下搞卫星确实难度很大。我当时虽然担任过导弹总体设计工作负责人,但点名要我担任中国第一颗人造卫星总体设计和卫星总体设计部技术负责人,我还是深深地感到这副担子的沉重和艰巨,同时也感到钱老对人才培养的意图和对我这样在当时尚属年轻的技术人员的信任。他超出了人们的习惯范围,给我们这些人从技术攻关、总体设计等各个方面加码,凭着当时的那么一股子冲天的干劲,使我们在挑大梁的过程中有了实践的机会。

钱学森在筹建空间技术研究院的初期,就把制定空间技术发展规划作为一项重要内容来抓。早在1966年5月,由中国科学院主持召开了卫星系列规划论证准备会,论证并提出了1966~1975年卫星系列规划方案。后来由于"文化大革命"开始了,卫星系列规划的正式会议未能如期召开。然而,国防科委要求,为修订国防科技"三五"规划,空间技术研究院筹备处应尽快组织制定空间技术发展规划。1967年

11月在建立651生产指挥部的同时,研究院筹备处也成立了规划组,由钱学森、孙家栋直接领导,马礼晋、杨照德协助办理具体事宜。由于总体设计部尚未成立,钱学森决定先由七机部一院、科学院651设计院、自动化所抽调韦德森、吴玉石、王壮、何正华、李秉勘等人参加规划组的工作,按照返回卫星、通信、导航、飞船等系列分成若干个技术小组,并指定杨照德协助负责规划综合管理工作。在相当长的一段时间里,钱学森所领导的工作头绪颇多,任务繁重,为了发挥下属每个人的积极性,充分发扬技术民主,他坚持每个星期都要抽出时间,和规划组的成员一起研究具体的技术问题。他经常说,我们搞卫星这样的尖端技术,强调自力更生,首先要考虑一切从中国实际出发,还要有明确的实际应用价值。就如同我们的火箭水平,如果还达不到一定程度的时候,那就谈不到卫星。只有按照从导弹到运载火箭再搞卫星这么一个客观步骤,才能搞出切实可行的卫星总体技术方案。钱学森还给大家讲规划与计划的内涵和区别,他指出:一般人们说规划是长远一点的,计划则是短期一点的;或者说,规划是粗一点的,粗杠杠,计划则是仔细详尽的。这些说法都对,但不够明确。对卫星来说,国家总是优先保证的,所以规划可以不谈可能性方面的东西,或少谈可能性方面的东西。规划着重在需要,着重在科学技术的可能。先后次序上着重于科学研究的规律。规划在进度问题上除考虑技术因素外,也要充分考虑到人的积极因素。这样的规划,才能够避免保守,但这也是科学的,不是冒进的。

由于规划组成员来自各个单位,对卫星知识掌握的程度参差不齐,所以钱学森经常身体力行地为大家做表率,为大家讲授星际航行知识。他还安排何正华介绍历次卫星规划的情况。钱学森要求卫星系列规划必须在调查研究的基础上进行概念研究,提出论证报告。还要求从系统的角度分析和研究问题,运用系统工程的思想找出相互间的制约关系与牵制影响,从而解决主要矛盾。虽然卫星本身是一个系统,但在整个工程大系统中它并不是一个孤立的系统,做卫星总体应从推进整个大系统的发展出发分析问题和解决问题。

在钱学森的指导下,规划组的成员分别到总参、空军、海军、炮兵、通信兵部等部门进行调研,根据需求结合国外发展趋势提出了返回卫星系列、通信卫星系列、导航卫星系列、载人飞船系列等发展报告讨论稿。经过规划领导小组多次讨论,1968 年 5 月 30 日,空间技术研究院制定了《人造卫星、宇宙飞船十年发展规划(草案)》。制定规划的指导思想是:以毛泽东思想作为一切工作的指导方针,大力发展我国空间技术,为无产阶级政治服务;坚决贯彻毛主席的"鼓足干劲,力争上游,自力更生,奋发图强,树雄心,立壮志,赶超世界先进科学技术水平"的无产阶级革命路线,闯出一条中国人民发展空间技术事业的道路,赶上和超过世界先进科学技术水平。大体规划是:前五年以遥感卫星序列为重点,大力研制导航卫星序列和通信卫星序列等各种用途的军用卫星,要赶上 1960 年代中期的国际水平;后五年重点研制宇宙空间武器,从我国实际情况出发,走我们自己的道路,以便超过世界先进科学技术水平。

钱学森对规划草案看得十分认真,他逐字逐句做了多次重大修改。第一次是在规划讨论稿上加上了中心任务是保证"东方红"卫星上天;第二次在报告中提出增加科学技术卫星系列;第三次提出载人飞船作探索性研究。有关这方面的情况,杨照德在《钱老教我搞管理》①一文中,作了如下回忆:

> 1968 年 2 月,空间技术研究院正式成立,钱老在"文化大革命"的高潮中任院长,可以说是受命于危难之中。他首先把院的机构组建起来,考虑到中国科学院划拨过来的人员在总体设计方面相对薄弱一些,他立即从一院总体部调来孙家栋等一些人员,加强总体设计力量。钱老抓的第二项工作是规划问题,他指定杨

① 《九十华诞钱学森》,上海交通大学出版社,2003 年 4 月,第 303 页。

照德和田耀辉参加规划工作。一次我向他汇报规划草案时,钱老指出:"中心任务是保证'东方红'卫星上天,返回卫星列入重点,导航卫星、气象卫星、通信卫星往后排,载人飞船作探索性研究。"九大以后,钱老在办公室给我讲:"这次会议,我和余秋里住在一起,有机会了解到国民经济计划,搞卫星、飞船要考虑国民经济问题,看来飞船要放慢一点,可搞一些技术储备。"

在作者写本书第七章之际,即 2010 年 6 月 20 日上午,与陈世平相约,一起去看老首长、原空间技术研究院政委、96 岁高龄的老将军常勇。他精神还很健旺,仍很关心空间技术研究院的发展状况。当我们谈起钱学森院长与常老一起创建空间技术研究院时期的往事时,常老说:"你们这一提,许多幸福的往事历历在目,很值得回忆。"我们的交谈亲切、真挚、热烈。常老回忆说:"那个时候,接到中央军委调令,马上就到北京报到。卫星任务使我和钱学森结合在一起,让'卫星上天',是我们的职责。当初我对卫星一点儿也不懂,在确定研究院的发展方向、主要任务、专业分工、人员调整等,我协助他做了一些工作。制定卫星发展规划时,钱学森向我推荐了孙家栋与钱骥。他介绍了钱骥在卫星规划、第一颗卫星方面做了许多工作。在筹建研究院初期,我们约好一起去看望钱骥。在那个年代,白天去不方便,弄不好帮倒忙。一天下午,快到下班时,我们去到设计院钱骥的办公室。当时钱骥'靠边站',我看见他办公桌上放着的马列主义著作、毛选。经过简短的谈话,钱骥从抽屉里拿出 1966 年起草的人造卫星规划,和第一颗人造卫星的几种方案比较等许多手稿与资料交给我们。钱骥说话嗓门小,只说了一句:你们拿回去,可能会有些用处。后来经证实,这些宝贵的资料与手稿对我们当时制定卫星规划,与最终确定第一颗卫星技术状态,很有参考价值。"

此后,钱骥于 1968 年调任五院 501 部主任,1979 年任七机部五院副院长、科技委副主任,中国宇航学会理事、中国空间科学技术委员会副理事长。1983 年钱骥因病逝世,钱学森在吊唁中作了较高的评价:"钱骥同志是我十分尊敬的科学家、工程师,他为我国的航天事业作出了巨大的贡献,他的去逝,是中国人民的一大损失!"

卫星工程系统管理

空间技术研究院建院之初,科学技术基础薄弱,研制条件十分简陋。钱学森、常勇提出"边建设、边研制"的方针,带领全院职工奋发图强、艰苦创业。全院职工知难而进,凭着自力更生、奋发图强、顽强拼搏、勇于攀登的精神,一步一个台阶,一步一个脚印,开创了一条具有中国特色的空间技术发展道路。

卫星研制工作是一项综合性强的系统工程,必须有一支能运筹帷幄、善于组织的科技管理队伍。建院初期,研究院的卫星研制技术管理队伍,一部分来自中国科学院,他们对基础理论研究课题的管理模式比较有经验;一部分是由部队转业过来的,他们熟悉部队的管理方法;还有一部分是从导弹研制技术管理工作转来的。对于卫星工程研制和管理工作这一新领域,以上三部分人员均有一个认识和熟悉的过程。科研生产管理初期,沿用了中国科学院搞课题研究的一套组织体系和管理方法。这种"边设计、边加工、边试验、边改进"的研究方法,难以适应系统工程管理模式。按照钱学森院长的系统管理要求,管理人员等通过相互学习,逐步认识到卫星研制的管理必须应用系统工程方法,而导弹部门人员已在这方面积累了较多的经验,因此,从一开始他们就借鉴并基本上沿用了导弹武器和运载火箭的管理模式。

据刘凤琴回忆:1968 年 2 月,我们十多人在赵一鹤率领下,由南苑七机部一院乘坐一辆大卡车到白石桥国防科委五院报到。下车后,一走进大楼就看到较熟悉的钱学森院长,我们跟随他走进二楼东边的小会议室。他说,都是一家人了,大家随便坐。然后给我们介绍了坐在他身边的常勇政委。他接着说,卫星事业在我国是一门新的行业,研究院刚组建,任务很艰巨,一方面要首先保证"东方红一号"卫星研制工作继续按计划进行;另一方面要进行组织机构的建设,建立必要的管理制度,特别是要创造必要的研制条件。为了卫星上天,请大家多出主意,尽快把各项管理工作开展起来。随后我和刘瑞娣、张春炳被分配在科技部综合处,负责资料、情报、档案管理工作。当时院机关对研制卫星的资料、图纸管理是一片空白,大部分资料基本上是由各研究所个人掌握,缺乏审核制度。按照钱院长系统管理的要求,我们到南苑调来些管理条例、规章制度等,供机关同志学习与试行。钱院长多次指出,技术基础工作要全面发展,要发挥科技情报的先导作用,档案工作要加强。1968 年 2 月,将原中国科学院 651 设计院情报资料处改建为研究院情报资料室,负责为国外空间情报资料提供服务。随后改为科技情报资料处,负责情报资料的管理。研究院在建院初期,形成了文书档案和科技档案两大门类,全院实行了院和所、厂二级档案管理体制,文书档案由院办公室归口管理,科技档案由院科技部归口管理。经过相当长时间的工作,逐步建立起一套资料、情报、档案的管理体系,并由科技管理模式逐步向工程管理模式转变。

空间技术研究院刚组建时,管理上需要办的事情很多,各种问题均要由钱学森院长、常勇政委研究决策。据曲洪泰回忆:

我原在中国科学院新技术局工作,曾参与 651 任务管理。1967 年底我调到空间技术研究院,分配在院办担任业务秘书。按照分工我协助办理钱院长的一些具体事务。每到星期五下午,我就打电话给国防科委乔秘书,报告五院下周的主要活动。乔秘书在星期六再通知我有关钱院长准备参加的会议及具体的日程安排。最后由行政秘书张超统一协调,制定出院领导下周活动日程表。钱院长这一时期的工作十分繁忙,但他还是尽量抽出时间抓五院的各项工作。我将需要钱院长审阅和批示的文件、报告等,提前送到钱院长办公室。钱院长按照惯例,每次都按照日程表上的具体时间提前一小时到院审阅文件。每次会议需要研究的问题较多,除任务中的规划、计划外,还要研究基建、器材、设备等诸方面的具体问题。钱院长对文件审批很仔细,他的务实、严格的工作作风,对我们影响很大,始终是我们学习的榜样。

在钱学森系统工程管理思想的指导下,杨照德通过多年的学习与实践,在工作中深深体会到卫星工程本身就是一项复杂的系统工程,它是研究、设计、生产、试验的有机结合,是以型号为目标,相应进行卫星工程技术及其应用研究。在建院初期,钱学森便多次向院科技部的同志提出,要按照“三步棋”安排型号计划。导弹工业系统按“三步棋”安排科研生产,是聂荣臻副总理根据多年的实践经验和中国的实际情况提出的。“三步棋”具有双重含义。也就是说,第一层的意思是在一定的计划期内,要具备三种处于不同阶段的型号:一种是正在研制试验的型号,另一种是正在设计的型号,还有一种是正在探索研究的更新型号;第二层的意思是对于同一种型号来说,又要分成三步走:先经过预先研究,再转入型号研制,最后进入批次生产。在建院初期,空间技术研究院对卫星研制的管理工作,就是遵循这一原则进行分工的。当时空间技术研究院科技部设有计划处、规划预研处、工厂生产处、综合管理处。各个处的分工是按照专业化原则进行的,每个处方向明确,管理任务专一。鉴于“东方红一号”卫星的研制工作,正处于“文化大革命”时期,为了适应当时的形势,对它的管理采取了特殊的办法,即设立了651生产指挥部专门负责该卫星研制过程中的技术、计划和物资保障的指挥调度工作;而计划处是负责正在设计的返回式卫星的管理;规划预研处是负责导航卫星、通信卫星、载人飞船的预先研究的管理。

抓好预先研究工作,是进入型号研制的前提和基础。一个型号的先进与否,完全取决于采用新技术的多少,而新技术的获得又取决于是否有预研成果。预研工作必须先行一步,走在型号研制之前。还在建院初期,钱学森院长就亲自过问一些重大项目的预研课题,并确定研制单位,还及时提出了多项需要提前安排的项目。据原兰州物理所所长达道安研究员回忆:[①]

　　早在 1969 年,空间技术研究院就非常重视预先研究工作,尽管当时只有发射低轨道卫星的任务,然而业已提前开展了高轨道卫星的基础工作。1969 年 2 月 19 日,空间技术研究院院长钱学森批示:同意兰州物理研究所开展极高真空技术基础课题研究。所谓极高真空,是指气体压强小于 10^{-10} 帕的真空环境。此时,气体分子密度约为地球表面的亿亿分之一。极高真空技术是真空科学技术的前沿技术,带头课题。当时世界上只有个别国家达到了这一水平。由于距地球表面 36 000 公里的高空和月球表面都处在这样的极高真空环境中,因此,它的发展将为我国发展静止轨道卫星打下了一项技术基础。在院领导的支持下,同志们克服了种种困难,经过三年的努力,于 1972 年建成了 1×10^{-7} 帕的全金属超高真空系统。1974 年又对该系统进行了改装,增加了液氮温度下的冷冻钛升华阱以及具有分子沉效应的冷冻钛升华泵,系统压强达到 10^{-10} 帕,居国内领先水平并获得 1978 年甘肃省科学大会奖。1980 年以后,又经过 5 年多的努力,终于使该系统的

---

① 于庆田主编:《飞翔太空—中国空间技术研究院二十年》,宇航出版社 1987 年版,第 135 页。

压强稳定地达到了 $3.1×10^{-11}$ 帕的国际先进水平。1984 年全国科协二届三次会议期间,我见到了钱学森副主席(当时他担任科协副主席),向他简要汇报了该项工作的进展情况。当我谈到这个课题还是他担任空间技术研究院院长时亲自批准搞的预研课题时,钱副主席说:"我是支持搞基础课题研究的,我知道这项技术很难。搞到这个水平很不容易,请向同志们表示祝贺!"

1985 年 10 月,航天工业部主持召开"10^{-11}帕极高真空技术"课题鉴定会。与会专家一致认为此项工作以及所达到的极限压强指标,属国内首创,达到世界先进水平,标志着我国真空科学技术进入新的阶段。该项成果通过部级鉴定会后,在社会上引起很大反响。中央人民广播电台、人民日报、光明日报、科学报以及一些地方报纸和甘肃电视台等都报道了这一消息。当时正在上海参加中日双边真空科学和表面学术讨论会的日本科学家小官宗治听到电台广播这一消息后说:"这的确是很不容易,向你们表示祝贺!"这项研究成果获得 1986 年航天工业部科学技术进步一等奖,该课题组被评为中国空间技术研究院"六五"期间预研工作先进集体,我个人也被评为航天工业部"六五"期间预研先进工作者。

钱学森、常勇在创建空间技术研究院的初期,提出了边研制卫星、边建设研究院的方针。在建院任务非常艰巨的情况下,他们非常重视各研究所的方向任务调整及技术队伍的充实与提高,为后来的中国空间技术发展奠定了坚实的基础。据空间物理研究所的所史记载:

1968 年应地所划归国防科委五院后,番号为总字 815 部队五支队,代号为 505 所。国防科委下文明确 505 所是空间物理及其探测技术研究所。其任务:(1)从事探空火箭的研究试制及试验;

(2)空间物理及其探测方法的研究;(3)高空大气物理及其探测方法的研究;(4)参加科学卫星、气象卫星的方案研究;5 提供高空环境模拟条件。之后在 505 所召开的全体人员大会上,钱学森提出做空间环境红色预报员的任务。

原空间物理研究所研究员都亨在《空间环境与预报》一文中记载:

我所的空间环境研究工作可追溯到 20 世纪 50 年代,赵九章在开创空间物理学科时,就已经十分明确地预见到空间物理在航天领域和军事领域将会得到广泛的应用,因此在深入进行理论研究的同时,十分注意它们可能的应用前景,抓住了预报和模式两个方面,并作了全面的布局。在预报方面,最早开展了与通信关系十分密切的电离层骚扰预报,并组织了专门的电离层骚扰预报组。与此同时,作为预报工作的基础,积极开展了日地关系研究,并且准备开展磁暴预报工作,围绕太阳活动的不同特征,如耀斑、日冕、谱斑,以及空间环境的扰动,如电离层骚扰、磁暴等现象之间的相互关系,开展了大量工作,并发表了大量的论文。这两方面的研究工作,为以后的空间环境预报工作奠定了良好的基础。在模式和效应方面的工作,最有特色的是为"东方红一号"卫星计算辐射带通量。1966 年,在我国第一颗卫星"东方红一号"的紧张研制过程中,赵九章就注意到地球辐射带对卫星可能造成破坏性影响,应该在设计研制过程中考虑辐射带防护的问题。为此专门组织了磁暴理论组人员计算"东方红一号"卫星在轨道上可能遇到的高能带电粒子通量,作为防护设计的基础。空间环境研究工作在文革中也未完全停顿,1968 年空间技术研究院成立时,钱学森特地将我所的预报工作形象地称为"红色预报员"。1972 年前后,为了适应我国航天工程的需要,由周炜负责,组织了许多科技人员编写了"人造地球卫星环境手册"。该手册在我国的航天器设计中发挥了重要作用。从此以后,我所的空间环境研究纳入了国家计划,得到较大的经费支持,逐渐发展成为相对独立的空间环境科学。

"卫星要上天,环境要先行。"这是钱学森对空间环境模拟工作重要性的高度概括。所谓空间环境模拟,就是在地面上模拟宇宙各种环境,如极高真空环境,空间冷黑的热沉环境,太阳辐射环境,地球辐射与反照环境,磁场、微流星、粒子辐射环境等。空间的这些环境,会影响卫星热交换性能、电气性能、机械性能、材料性能和润滑性能等。尤其是在超高真空下,两种金属之间要产生干磨擦和冷焊现象,会影响天线、太阳帆板等活动部件的运动特性。因此,在卫星发射之前,必须在空间综合环境试验设备内,对卫星整星及零部件作各种类型的试验。卫星系统十分复杂,可靠性要求极高,对它们进行充分的环境模拟试验是十分必要的。如果不经过试验而直接发射,一旦失败很难查明原因,也就得不到正确的解决办法。从经济上来说,发射一次卫星费用很高,要比研制模拟设备投资大几倍,况且这类设备经一次投资后,可以用于各种型号的试验。因此,空间环境模拟工程与试验技术是空间技术的一个重要的组成部分。

空间技术研究院成立之前,中国科学院应用地球物理所在钱骥的领导下,就已经研制成功 KM2 中小型空间环模设备。该设备的主模拟室的真空容器直径 2 米,长度 3.2 米。为了能满足应用卫星的研制需要,1965 年召开的 651 会议上,兰州物理研究所金建中院士等科技人员,建议研制主模拟室直径 3 米以上的 KM3 空间环境模拟设备。1966 年初,金建中提议 KM3 设备由 651 设计院与兰州物理研究所共同负责研制,经中国科学院批准并决定由金建中任该项目负责人。1967 年 9 月 11 日,七机部和国防科委 651 筹备处共同组织召开返回式卫星总体方案论证会。钱学森在会上进一步强调地面模拟试验要先行。由于返回式卫星直径为 2.2 米，而 KM3 副容器的主模拟室内径试验尺寸偏小，会造成试验误差大、安装也不方便的后果。为此，需要研制 KM4 设备。KM4 空间环境模拟设备主模拟室直径 7 米、高度12 米，配有热沉、真空系统、液氮系统、气氮系统、太阳模拟器、氦系统、运动模拟器、总控制系统等。1967 年国防科委批准了 KM4 空间环境模拟设备研制立项。在国防科委 651 筹备处领导期间，钱学森与常勇曾多次研究空间环境工程试验站的组建方案与站址的选择问题。国防科委武政曾带领周泽槐、黄本诚等人去看怀柔的 KM4 实验室建设地点，当时有人主张 KM3、KM4 实验室应同北郊 KM2 建设在一起，以便于管理。由于当时中苏边界关系紧张，很多单位迁往三线，不同意在北京市内建设，况且在北京郊区也只能利用现有厂房，不准新建。在这样的形势下，只能选择到怀柔下庄，它原本是中国科学院科技学校的校办工厂厂址，这里也曾是 1958 年 581 时期选址后建造的一座发电厂。根据当时的总体构思的设想，这个厂房经改造后可以容纳 KM3、KM4。经钱学森、常勇研究，写报告呈请国防科委聂荣臻批准，作为空间环境实验室使用。

1967 年 9 月成立了空间环境试验研究所筹备组，从事空间环境试验基地的建设。由李绪鄂担任业务负责人，张明任筹备组副组长。李绪鄂 1952 年毕业于清华大学航空系飞机设计专业，1957 年调入国防部五院，1965 年任七机部一院 702 所副所长、所长。他主持建成了我国第一个全自动的热应力试验室、大型火箭垂直振动试验塔，是中国火箭结构强度与环境工程实验研究的奠基者。为了加强空间环境试验研究，钱学森从七机部 702 所调动李绪鄂等科技人员，与科学院力学所分部以及 651 设计院等共同组建成空间环境试验研究所。1967 年 12 月 1 日至 6 日，李绪鄂主持 KM4 方案论证会，黄本诚作了《KM4 工程方案设计报告》。在方案论证讨论时，钱学森、王大珩、闵桂荣等提出了很多指导性意见。1967年12月12日,国防科委同意将原中国科学院怀柔590电厂(即技校校办厂)改建为近期人造卫星环境模拟试验站,代号"679工程"。

据原中国空间技术研究院基建部部长魏斌回忆:"679工程"是在一个下马多年的电厂基础上进行改造扩建的。在建设之初,满院长着人高的蒿草,和人捉迷藏的野兔到处可见,房屋也十分破烂。全体工作人员硬是在这样困难的条件下,自己动手,清除杂草,打扫房舍,做饭烧水,安装电灯,用辛勤的劳动把它改造成为一座真空试验基地。在短短的两年时间里,首先建成了KM3大型真空环境模拟试

KM4大型热真空模拟室

验室。1971年开始用于返回式卫星的真空热试验。

1968年8月5日至18日,空间技术研究院召开了"大型空间环境模拟试验设备KM4设计评审与计划协调会"。由李绪鄂主持会议,黄本诚作KM4工程总体设计报告。兰州物理所达道安、北京物理所杨文治等作了专题论证报告。会上,钱学森院长做了重要讲话,他反复强调,环境模拟试验设备研制在卫星工程中的重要地位;要发扬自力更生艰苦创业的精神;要刻苦钻研,坚持在生产第一线攻关;要调动全国力量搞大协作。会上他又进一步明确了分工:由空间环境试验研究所负责真空容器与大门运行机构、热沉真空系统、真空检漏、运动模拟器设计;兰州物理所负责气氮系统、液氮系统设计;北京物理所负责氦系统设计;长春光机所负责太阳模拟器设计。

据当时参与KM4工程建设的黄本诚、魏斌等人的回忆:

1968 年年底,要着手对 KM4 进行投产研制,直至 1970 年初,设备才开始运抵怀柔实验室工地(下庄)现场。随后现场开始制造真空容器与热沉。当时怀柔交通十分不便,生活条件亦很艰苦。2 台大型设备安装时只配有 1 辆解放牌卡车拉货,来回拉人,冬天也不例外。工作人员一般乘火车或公共汽车穿梭在北京与怀柔之间,有时赶不上从怀柔县城到下庄的公共汽车,只得步行到工地,行程需要 3 个多小时。实验室的环境条件也很差,风沙大,两餐咸菜就馒头是常有的事。因此,很多工作人员得了肺结核、肝硬化、胃病、腰肌劳损等疾病。虽然困难重重,大家还是干劲十足。KM4 大型真空试验设备有 11 米高,而厂房高度不够,要将这一大型设备安装进去,必须把原汽轮机的近 200 吨混凝土底座清除掉。但是,吊车吊不动,爆破也很困难。大家集思广益,主动与施工单位的技术人员多次共同研究施工方案,后来用四个百吨的千斤顶以水平推移,这个方法,十分奏效,不到二十天的工夫就将这个庞然大物给推走了。

在 KM4 空间环境模拟试验设备研制过程中,突破了不锈钢大型真空容器制造、大门运行机构、铜热沉的研制以及氦气透平膨胀机的调试等诸多关键技术问题。北京市的有关单位亦为 KM4 空间环境模拟试验设备直径 7 米大封头的拼焊制造以及直径 7.5 米大法兰的焊接、热处理和加工制造等部件研制作出了很大贡献。自 1979 年 9 月 KM4 空间环境模拟试验设备投入使用以来,为中国通信卫星、气象卫星、返回式遥感卫星等进行了多次热真空试验。KM4 空间环境模拟试验设备的研制成功,使空间技术研究院拥有的空间环境模拟试验设备形成了多参数、系列化,满足了高轨道、长寿命卫星的发展需要。KM4 空间环境模拟试验设备对外开放后,很多外国航天代表团前来参观,认为该设备具有 20 世纪 80 年代国际先进水平。

第八章
太空奏乐豪情盈宇

集思广益审定方案

"东方红一号"卫星是中国第一颗人造地球卫星,于 1965 年开始研制,1970 年 4 月 24 日进入太空轨道,谱写了中国发展空间技术的第一首凯歌。钱学森最早为中国星际航行技术勾画蓝图,他是空间技术研究院的首任院长,成功地领导了我国第一颗人造卫星的研制与发射,是当之无愧的"中国航天之父"。然而他却十分谦和地说:"不要老提个人好不好!要说功劳的话,首先要归于党的领导,第二是广大科技人员的努力。个人的贡献要是与党的领导和集体的力量相比,那是非常渺小的。"

研制卫星,对于钱学森来说,也是一个崭新的课题。技术上的难度,社会环境因素,均超出了人们的预料,困难接踵而至。1965 年 10 月 20 日至 11 月 30 日,中国科学院接受国防科委的委托,主持召开了中国第一颗人造卫星方案论证会(代号 651 会议)。钱学森多次出席会议,并作了重要讲话。会议首先由钱骥报告了中国第一颗人造卫星总体方案,并充分地进行了讨论,确定中国的第一颗卫星为科学探测性质的卫星,为发展我国对地观测、通信广播、气象等各种应用卫星取得必要的设计数据,具体任务是测量卫星本体的工程参数、探测空间环境参数,从而奠定卫星轨道测量和无线电遥测技术基础。会议还进一步明确了中国第一颗卫星必须首先考虑政治影响,应该比苏联和美

自力更生研制中国卫星

国的第一颗卫星先进、可靠；要比它们的卫星质量大、发射机功率大、工作寿命长、技术新；能听得见；并争取一次性成功等要求。

按照国防科委分工原则，张劲夫与钱学森协调后，于1966年1月，651设计院成立了由11人组成的"东方红一号"卫星总体设计组。卫星大系统由钱骥领导。"东方红一号"卫星设计组对卫星总体方案进行了认真地分析后，将卫星播送《东方红》乐曲由功能较大的含载波双边带调幅发射改为功耗小、效率较高的双等幅波调制发射，并经过原理性试验后表明这种方式可使地面收到优美的乐音。为了使《东方红》乐音项目能够早上、快上，又将卫星的姿态控制从技术难度大、研制周期长的自转校正2轴稳定改为自旋稳定加章动阻尼器的方案。与此同时，651设计院发文要求卫星本体各分系统在2月中旬完成技术方案论证，2月底将通过论证后的技术方案同时报送中国科学院新技术局汇总。1966年5月24日，中国科学院新技术局下发了《下达各厂承担"651"任务的分工及1966年任务》的文件，文件明确卫星本体由北京科学仪器厂加工制造；卫星地面设备由上海科学仪器厂加工制造；遥测遥控星上及地面设备，包括超短波遥测发送负载波部分、短波遥测发射机、脉冲遥测、超短波锁相遥测接收机、超短波频分接收设备、脉冲遥测地面设备、遥控编译码设备、多路数字显示设备、快速显微数字化记录仪等均由山西科学仪器厂加工制造。

1966 年 5 月经国防科委、中国科学院、七机部三家单位主要负责人罗舜初、张劲夫、钱学森等共同商定，我国第一颗人造卫星命名为"东方红一号"。承担卫星研制任务的科研人员既感到任务十分光荣，亦深感责任无比重大。正当人们满怀激情投入到卫星研制工作中时，"文化大革命"开始了，把一个宁静而有序的中科院搅得到处是"炮轰"的大字报，以及揪斗"走资派"的大小会场，全院顿时成了无政府状态，科研工作被迫停顿下来。然而发射人造卫星是毛主席、党中央决定要做的，是全国人民企盼的光荣政治任务，一定不能停顿下来。所以，在这样极度困难的环境中，卫星的研制工作是凭着广大科研人员高度的政治热情和不屈不挠、勇往直前的精神继续前行的。"东方红一号"卫星在进行方案论证的同时，开展了模样产品的研制。卫星各分系统从制作试验线路到装出性能样机，证明技术方案是可行的，生产是能够实现的。651 设计院总体组设计出"东方红一号"卫星方框图、总体电路图。1967 年初对各分系统的仪器设备进行验收，装成了模样星，还解决了各分系统的仪器设备在星上的布局与安装问题，以及电缆网的走向，从而确定了基本的协调参数。

1967 年 3 月，为加强卫星研制方面的管理工作，中央决定对从事卫星研制工作的科研单位实行军管。于是中国科学院新技术局管辖的研究所及工厂均由国防科委接管。由于当时正处于与"帝修反"全面论战、国内"文化大革命"又需要强力支持，所以首要的目标是必须把"政治卫星"发射上天。国防科委指令要求在 1968 年底发射卫星，并由赵濂清局长在新技术局 651 口召开的大会上正式宣布，他还同时传达了聂荣臻"尽量简单、尽快上天，达到基本目的，掌握技术"的有关指示。651 设计院闵桂荣与卫星总体组一起做了反复研讨，限于进度上的需要和现实可能性之间差距过大,卫星方案作了局部简化,撤除了某些实在差距过大无法上星的仪器项目。通过讨论提出了《"东方红一号"卫星研制任务书(草案)》。在任务书中,卫星的质量从100公斤变成130公斤;卫星的轨道倾角由42°增大至70°,使卫星能飞经全世界主要人口居住地区,并使地面测控站的建设兼顾返回卫星的要求;并明确卫星要播送《东方红》乐曲,让全世界人民都能听到中国卫星的声音。再按照"保证《东方红》乐曲质量,且体现先进的前提下,尽量简单、可靠"的原则,对卫星本体作了若干修改、简化。修改简化的部分有:能源系统只采用银锌化学电池供电方案,去掉科学探测系统和遥测系统;去掉姿态控制部分,只保留姿态测量用的红外地平仪、太阳角计和保证自旋稳定的章动阻尼器。任务书规定:由《东方红》乐音装置和短波遥测、跟踪、天线、结构、热控以及能源系统外加姿态测量部分等组成的"东方红一号"卫星,在技术上要做到比苏联、美国第一颗卫星先进;卫星入轨后,要具备抓得住、测得准、预报及时,并能使全球人民"看得见、听得到"等优势。1967年3月27日,中国科学院651设计院革命生产委员会正式下文安排东方红卫星系列第一批研制任务,并明确提出"东方红一号"是"政治卫星",以及正式确定第一颗卫星本体的简化方案。

1967年4月,中国科学院自动化研究所讨论《东方红》乐音装置方案。经对五种方案比较后,确定采用电子线路产生《东方红》乐曲并发送遥测信号。具体来讲,只播送《东方红》乐曲前8小节(全曲共16小节),重复播送两遍共40秒钟,间隔5秒后发送10秒钟的遥测信号,再隔5秒钟,开始下一轮的循环。杨俊发在《回忆"东方红一号"卫星遥测系统的研制历程》一文中回忆:

《东方红》乐音作为卫星标帜信号,其实施方案是集大家智慧多次讨论决定的。当时乐音方案有四五种方式,如八音响方案、磁带机方案、电子单音节方案、电子复合音方案等。经过多次论证比较，从可靠性考虑，我们认为采用无触点的电子音乐较为合适，但按乐音效果考虑，则以电子复合音的效果为最佳。最后批准的方案是采用电子复合音。当时遥测总体组的成员由张翰英、叶万庚、杨俊发、王可和郭宝康等人组成。杨其堂负责系统试验，杨书仁负责机械设计。我的导师张翰英是我国遥测领域的首席专家。"文化大革命"开始后不久，也受到一定程度的冲击，已经不是室、组的领导了，但是他并没有因此而消极。我们室的领导班子还是很重视和相信他的，在方案制定过程中，以及每当召开大系统协调会时，我们都邀请张翰英和叶万庚老师参加。当时和我们在一起讨论遥测方案的老专家还有钱骥、陈芳允、陈宜元、何正华、周同灏等。我们主要讨论确定卫星乐音和遥测的具体实施方案、体制、发射机功率的计算，需要多大才能满足《东方红》乐曲和遥测信号的可靠接收等技术问题。

1967年8月下旬，国防科委张震寰副主任主持召开了"东方红一号"卫星乐音系统评审视听会议。钱学森、常勇、赵濂清、孙家栋、何正华、张翰英等出席会议。会上，651设计院卫星总体设计组何正华汇报《乐音系统及其方案》。强调在卫星上发射乐音在世界上未曾有过，是个新课题，经过几年各方面的努力，大家一致认为乐音系统是卫星总体的有机组成部分。方案包括从政治目的意义、效果以及星上和地面系统的可行性分析；电离层探测与遥测及频率的选择；星上无线电系统方案设计、信号格式、发射功率、接收对象；地面设备；收听乐音效果分析与实验等内容。随后开动《东方红》乐音实验装置，大家听到乐音时都十分高兴。经过试听，一致同意将《东方红》乐音系统，作为第一颗卫星重点项目，并要简化卫星方案，确定乐音发送，使卫星尽快发射，让全世界都能听到《东方红》乐音。钱学森提出现有乐音系统的方

东方红一号卫星乐音装置

案作为第一方案抓紧进行研制,同时要尽快论证卫星以大功率发射乐音,可以使国际上家庭及乡村的较高级收音机听到《东方红》乐音,扩大政治效果。

据何正华回忆:

关于发送《东方红》乐音,我进一步研究提出一种十分省电的双等幅波放乐音新的调制方法和发射机电路。曾组织和指导饶国宝和江泽刚进行试验并研制成电性能样机,请赵九章、钱骥、卫一清、解兆元、周炜等许多人到场视听效果和指导工作。裴丽生副院长也到场聆听过,都感到满意好听,不会损害领袖形象。1967年初,我又请姜昌完成乐音项目中音符发生和电子开关部分新的样机,在多种场合下,请大家来试听音响效果,征求意见。1967年8月,钱学森在国防科委乐音评听会上,听到乐音的声音时很高兴,而听到古怪的遥测声音时则紧锁眉头。会上,钱学森提出将乐音以大功率直接发放给国内外家庭优质的收音机接收的设想。他直接向我提出:"给你一个月,再深入论证后汇报。"我奉命作了分析研究,1967 年 8 月 26 日完成了发射 20 兆周、100 瓦输出功率的发射机所需重量、体积及电源重量与体积方面的估算。9 月 9 日完成发射调幅电报式乐音所需发射功率估算。9 月 18 日完成《关于大功率发放〈东方红〉乐曲的分析报告》。从理论分析及试验结果可以得出的结论是:如果采取双等幅调制发射机和等幅信号发生器,以及采用 64 路交换子,则地面高级收音机就可以接收。1967 年 11 月,我被调离"东方红一号"卫星总体工作,未能参加第二次乐音汇报会。随后我向军管交了一份《争取延长卫星乐音寿命的报告》,报告中提议采用新方案发射机作为乐音系统备份,乐音寿命可增加到 162~171 天,且作为备份也不会影响卫星的研制进度,遗憾的是报告送上去,未获回音。

潘厚任在《东方红一号卫星总体工作片断》回忆:

钱学森院长和孙家栋主任一上任,对"东方红一号"卫星工程抓得很紧。我亲身经历的有这样几件事:立即要我们总体组汇报"东方红一号"卫星轨道、寿命和目视亮度的计算结果。由于算出的星等级亮度很暗,难以用肉眼直接看到卫星本体,后来就由有关单位在末级火箭上想办法,安装增加亮度的观测裙。而且还要我们深入论证用收音机直接接收《东方红》乐音的可能性。当时是由李庄和汪永肃代表国防科委来抓此事,在他们的支持下,立即从国防科委仓库借出了各类型号的收音机,一个个进行灵敏度的测量,计算各类各种型号的收音机直接收听音乐所需要的星上发射功率,以及所需的卫星重量,并统计了世界各地各类收音机的拥有量和分布等,一共进行了 3 个月的大量实验和计算。当然,其结论是用普通民用收音机直接接收,对那时的运载来讲是做不到的,但通过这一有益的工作,使我们心里更有数,实际上也是后来直播卫星的思路。

1967年12月11日至16日,国防科委在白石桥国防科委651筹备处召开"东方红一号"卫星研制工作落实会议。会前,由于各方面的努力推进,已经攻克了许多难关。在这次会上"东方红一号"卫星的初样星已在会场上展示,并且楼上实验室和楼下开会会场之间,已可进行东方红乐音的发射和接收的实际演示了。会场四周窗户,都用红、黑双层窗帘布遮挡,室内却灯火辉煌。大家走进会场,都情不自禁地走向"东方红一号"卫星初样产品,仔细观看。人心振奋,因为这是凝聚着大家心血的结晶。会议领导小组由罗舜初、钱学森、常勇、夏冰、孙家栋等组成。会议由钱学森主持,审定简化后的"东方红一号"卫星总体技术方案;审定"东方红一号"卫星研制程序,并明确分工协作关系;研究解决技术关键及"短线"的办法以及落实全面研制计划。会议开始由孙家栋、沈振金在"东方红一号"卫星研制任务书的基础上,提出了简化后的"东方红一号"卫星技术方案的审定意见。经会议充分讨论,对卫星组成作了若干修改简化:如能源系统,只采用银锌化学电池供电方案,去掉太阳能电池加镉镍电池供电部分,只保留姿态测量用的红外地平仪和太阳角计。这样一来,最后确定的"东方红一号"卫星的分系统组成是:结构、温控、能源、《东方红》乐音装置和短波遥测、跟踪、天线以及姿态测量部分。张福田借鉴导弹工程管理模式,结合"东方红一号"卫星研制工作进展情况,在会上提出了《"东方红一号"卫星工程项目研制程序》,分模样、初样、试样、正样四个阶段。强调了卫星初样阶段,各系统根据初样研制任务书要求,研制生产初样产品,按照实验技术规范给出的条件,进行各种环境模拟试验,以便考验设计的正确性和产品的可靠性。总装出的模拟星进行结构、温控试验。会议在钱学森主持下,对各个系统进行反复、深入的论证,进一步明确总体与分系统的分工与协作关系。研究解决技术关键及短线的办法,落实全面研制计划。许多与会者如今回忆说:"钱学森在几天的论证会上,集思广益,反复比较,优中选优,最终确定方案,使人们口服心服。"国防科委副主任罗舜初在会议总结时,正式命名我国第一颗人造卫星为"东方红一号",再次强调要大力协同,确保卫星"上得去,跟得着,看得见,听得到",使我国第一颗人造卫星顺利上天。会后,1968年1月国家正式批准了《"东方红一号"人造卫星的研制任务书》。

突出重点强化管理

"东方红一号"卫星经过简化、修改后,其研制方案终于被确定下来。此时,"东方红一号"卫星正处于初样研制阶段,星上供电系统的图纸已设计出来,而投产所需的接插件、电缆和一些元器件尚无着落,靠现定货已赶不上研制进度的要求。651生产指挥部,在钱学森、孙家栋的安排下,责成张福田、任志宇立即赴第七机械工业部第一研究院物资部争取援助。经一院物资部的大力协助,解决了供电系统生产的燃眉之急,大大缩短了生产准备时间,有力地保证了初样电性星的生产配套。与此同时,651生产指挥部还组织有关单位共20多人,赴上海有机化学研究所和上海原子核研究所,从事太阳角计、《东方红》乐音仪、电缆、元器件等的电子、质子辐射试验。然而,当时正处于"文攻武卫"动乱时期,由于两派斗争,曾一度使试验无法进行。经钱学森多次向上级反映,争取国防科委出面解决,才得以使试验继续进行。参加辐射试验的人员,不顾辐射对身体的危害,加班加点,终于在1968年2月春节前夕,圆满地完成了试验任务。

1968年2月,空间技术研究院成立以后,钱学森院长就进入了工作异常忙碌的阶段。他多次主持院领导小组会议,会上明确了突出的重点,即首先应确保中国第一颗人造卫星——"东方红一号"研制任务按期完成,并通过该卫星研制实践过程摸清卫星工程的研制规律;创建各种必备条件,建设急需的专门生产线和试验设备,这样便可以为后继卫星的研制工作打下较为坚实的基础。当"东方红一号"卫星进入工程阶段的管理时,对研究院机关的每一个组成人员来说,不论是卫星技术本身,还是组织管理工作,都是初次接触,因而面临卫星工程计划管理工作困难重重,然而也有有利条件,甚至是"得天独厚"的条件。这就是钱学森院长在百忙中抽出时间,亲自给研究院科技部的有关人员讲解系统工程管理。早在1962年,钱学森在倡导系统工程管理的同时,提出在计划和技术管理部门实行计划协调技术。这种技术在美国称为"PERT",在1958年底研制"北极星"导弹核潜艇武器系统时首次使用。他将构成任务目标的所有工作事项,按其相互间技术上和组织上的各种时序联系和逻辑联系,组成统一的计划流程图,然后运用数学方法对计划流程图中各环节进行分析、预测、分清主次、明确关键、寻求资源利用的最优方案,并在计划的编制和实施过程中随时进行调整。1968年4月,钱学森院长指定赵一鹤组织平惠民、舒润达、盛达昌与魏乐裕等同志对计划管理程序进行研究,要求既要注意结合科学院多年科研管理工作的实践经验,更要注意当前工程中遇到的实际问题。他还在不同场合多次强调"东方红一号"卫星型号进入工程阶段后,必须严格按照研制程序进行管理。研制程序可分为五个或四个阶段。"东方红一号"卫星可沿用运载火箭的研制程序,按总体方案可分为设计阶段、初样阶段、试样阶段、正样阶段以及飞行试验阶段五个阶段安排研制。在初期,为了使"东方红一号"卫星的研制工作按照计划进行,研究院科技部计划处加强了综合计划管理。在一段时间内计划管理主要使用了线条图反映各种计划,这一方法很简单,原来是生产部门所使用的。它的特点是列出每次任务之后,划出一条横线,以表示进度的起止时间,直观地反映出受领的任务及其完成的顺序和期限。但是,它只能表明预期的静态状况,却不能充分反映各项任务之间的相互联系和相互制约的关系,因而难以看出全局性的关键所在,以及主要与次要任务之间的关系。根据钱学森院长提出的计划协调技术,平惠民、盛达昌与魏乐裕经过深入调查研究,逐步引入了计划协调技术,将"东方红一号"卫星任务的整个过程画在一张计划流程图上,并表示出它们之间的分工、关系以及时间要求,做到了责任分明,便于组织指挥、实时调度。这一工作得到了钱学森院长的肯定,并批准试用。从而使型号的计划管理工作由凭经验转向科学化,为院领导决策和实施指挥提供了科学依据。

在计划实施过程中,钱学森院长还要求计划部门要经常进行"东方红一号"卫星计划的平衡、协调工作,使整个研制工作处于动态平衡最佳状态。在卫星初样阶段,对于卫星各系统应根据初样研制任务书的要求,将已研制生产的初样产品,按照实验规范给出的条件,进行各种环境模拟试验,以便考验设计的正确性和产品的可靠性,有的经过几次反复才能达到设计要求。为了考核卫星结构的设计水平,总装出模拟与卫星重量相同的结构星,进行卫星结构的静力强度和动力强度试验,测量卫星各部分的载荷。为了检验温控设计方案,做出用电加热器模拟各分系统耗功的温控星,在真空罐中进行模拟卫星运行轨道上冷热环境下的热平衡试验,根据实验结果局部修改温控设计方案,再进行试验,直到达到设计要求。不仅如此,还要进一步在分系统和整星的基础上,修改总体设计,进行协调,确定研制试样星的技术状态,以便于修改试验技术规范。

为了使科研生产正常而有序地进行,确保第一颗卫星如期发射,1968 年 3 月 2 日,中国人民解放军总参谋部与国防科委通知,授予五院"中国人民解放军总字 815 部队"番号。随后又遵照中央军委与国防科委的批复,分别授予总体设计部番号为"中国人民解放军第五〇一设计部";空间控制技术研究所番号为"中国人民解放军第五〇二研究所";空间电子技术研究所番号为"中国人民解放军第五〇四研所"……4月12日,国防科委通知,孙仲一任五院军管办公室主任,井明任副主任,以加强五院所属各单位军管组的统一领导。4月27日,在五院关于成立临时革命领导小组的报告中还进一步明确:

> 经"651筹备处"领导小组一致同意成立五院临时革命领导小组,并提名和由院直机关群众的讨论,五院临时领导小组拟由常勇、钱学森、郭天才、孙仲一、井明、夏冰、刘振国、赵一鹤、徐继泉、冯再寅、张百生11名同志组成。钱学森负责全面业务工作。

随着卫星事业的发展,在研制"东方红一号"卫星的同时,卫星规划各个型号的工作亦相继展开,划拨到五院的各个研究所任务方向适时进行了调整;工厂、工作区、生活区等各项基本建设都在加紧进行。大量的技术问题都需要钱学森院长去处理和解决。当时对他压力最大的,莫过于"一次成功"的要求。周恩来总理提出的要求是,要过细的工作,做到万无一失。这些要求归结到一点,就是"东方红一号"卫星这一整套的复杂系统工程设计要正确,且各个部分、各个环节乃至每个元件、器件以及零件等都要质量过硬、可靠性高,这可是一项十分艰巨复杂而又细致的工作,来不得半点马虎。为此,钱学森多次召集领导小组会议,听取汇报,不厌其烦地将每次汇报中所反映的大大小小问题都一一详细记录下来,并一一落实解决。1968年3月8日至15日,钱学森在空间技术研究院主持召开了包括四机部在内的8个单位参加的"第一颗人造卫星工程定位系统技术方案论证会议",就研制超短波信标机等6项设备,进行技术协调,落实了研制分工,要求1969年5月交付正样产品。会议期间,钱学森提出,凡是第一颗卫星的任务我们都要确保:①设计工作没有漏洞;②所有元器件都要齐套,并保证质量,确保可靠。3月29日,钱学森在听取"651工程"情况汇报时,关于器材元件问题,尚未齐套的就有18万3千多个,其中1千多个到

4月20日才齐套。对此,七机部和五院表示已无办法。于是他要求四机部两个配套仓库要开仓,仓库没有的,要马上安排生产,凡是承担任务的工厂,都要充分动员群众并确保质量。为了保证设计工作不出现漏洞,他要求七机部和五院都要组织力量进行设计协调及方案复查。

据韩宪昌回忆:

> 1968年3月,当时我在651生产指挥部工作,一天接到院的通知,提到明天钱学森院长要来听"东方红一号"卫星研制情况的汇报,张福田让我准备材料,并进行汇报。第二天上午钱学森院长在常勇政委的陪同下,一起来到总体部四楼会议室。当会议将要开始的时候,孙家栋才匆匆忙忙地来到会议室。钱学森院长打趣地说:"你孙家栋就是有三头六臂也不够用啊!"意思是你工作忙碌、勤恳。汇报开始后,我按事先准备的稿子,借助一块小黑板,具体汇报了"东方红一号"卫星初样研制进展情况及存在的问题。当汇报到整星振动实验时,我提出院北郊没有承载整星试验那么大量级的振动台,但东郊的一个工厂有这种设备时,钱学森院长说:"我们可以和他们搞协作,来解决我们的临时困难……"会议结束时,钱学森院长和常勇政委都作了总结性发言。

在解决卫星研制的关键性问题中,钱学森充分发挥总体设计部的技术抓总与精细准确系统之间的协调作用。他对孙家栋有过一段推心置腹、意味深长的话语:"先抓总体部,总体部建立不好,卫星就搞不起来。要虚心向科学院的同志学习,搞好关系。在南苑,你搞导弹积累了实践经验,但是在理论上还是科学院的同志更有基础,要协调好两支队伍的关系,要大力协同。"

为了确保卫星播送《东方红》乐音准确、可靠,钱学森多次听取卫星总体负责人的汇报,审查设计方案,检查设备质量。比如,"东方红一号"卫星运行时可能受到电子和质子的辐射干扰。在第一次电子辐射实验室,发现《东方红》乐音在电子照射下,出现变调、毫无节奏之后又趋于正常的情况。乐音组的同志就从线路设计和电装工艺上查找原因,反复进行试验,最终解决了在电子辐照下由于电子束产生的电磁干扰乐音错乱的问题,并采取新的固封方法解决了乐音在高、低温条件下的变调问题。为了确保乐音的质量,技术人员对所用的电子元件进行严格的筛选,并进行老化和长寿命试验,以便经过各种试验检查后获得确保质量和可靠性元件。乐音装置的第一批正样产品,是1968年上半年由重庆一家工厂生产的,由于当时生产秩序极不正常,乐音装置正样产品中发现许多元件有虚焊现象。为此在院领导会议上,钱学森院长及时下决心报废了这批产品,果断决策由上海科学仪器厂重新生产,并指定赵一鹤向上海科学仪器厂黄长新厂长交底,又由科技部生产处许宏鼎与该厂蔡雪笙、张元龙两人具体联系安排。在黄长新领导下,组织成立了三结合小组。他们首先对采用的电子元器件进行严格的筛选,还为炭膜电阻做了蜡模具,先浇灌环氧树脂,让其固化过程中阻值充分地变化,直至稳定在某一值时,然后再将这些穿了环氧树脂外衣的炭膜电阻安装到电路板上,进行高低温条件下的调试,调试好之后,再用环氧树脂对电路板整体固封。应用此法终于解决了乐音的变调问题。经过半年多时间的努力,上海科学仪器厂完成了生产任务,共生产乐音装置正样产品10台,而且产品质量非常好。因为播送的是《东方红》乐音,所以在乐音和遥测装置的盒子正面镶嵌的是毛主席的像,如太阳一样放射着熠熠金光,像的下方镌刻着"东方红"三个字,也是按毛主席的手书临摹的。

　　《东方红》乐音装置及短波遥测系统另一个难关是星上4根短波天线的正常展开与释放。星箭分离后,拉管式短波天线能否可靠地释放展开,它关系到播放《东方红》乐音的质量。每根短波天线长3米,由3节组成,用铰链与卫星腰带连接。在星箭分离前,呈收缩折转状态的短波天线长度为 1 米,与卫星自旋轴平行。星箭分离后,套在第三级火箭外壁上卡环中的短波天线的自由端离开卡环,呈收缩状态的 4 根短天线,在卫星高速旋转产生的离心力作用下迅速展开,从而将每根天线中收缩的两节释放出来。短波天线伸展试验是在中国科学院力学研究所的一间破旧简陋的仓库里进行的。在第一次短波天线伸展试验中,最后一节天线折断并被甩了出去,试验未能成功。经完善设备和改进天线结构后,又做了多次试验仍然没有成功。试验的失败说明技术人员尚未掌握这方面的关键技术,对空间技术仍处于一知半解阶段。究竟是什么原因造成试验失败呢?孙家栋主持会议,让大家坐下来认真地进行分析、计算。初步分析认为是天线展开后两节天线间连接部分太短、强度不够,还因为管子的直径较大,质量大,在高速旋转时离心力也大,所以末节天线容易折断。会后,孙家栋把试验情况及研究分析结果向钱学森院长作了如实汇报,钱学森指出,要研究天线释放和展开的运动形式,它是复杂的运动合成,要考虑在地面作试验时的重力影响;并提议应请胡海昌帮助计算一下天线甩开时的运动轨迹和受力分析。胡海昌原为"东方红一号"卫星总体组组长,"文化大革命"运动初期,因家庭出身、学术权威等问题而"靠边站"。孙家栋经军管组同意,与胡海昌作了一次谈话。胡海昌在没有计算机的条件下,一夜之间用笔计算出来了所需的数据。第二天参加了讨论会,初步分析认为天线与卫星之间只用一个铰链的设计方案,使每根天线相对于卫星只能一个方向转动,这与卫星自转时,依靠旋转和离心力使天线展开和释放的实际运动是不一致的。根据这一认识,修改了天线结构设计。按照新设计生产出的天线,在多次模拟卫星自旋时展开释放试验中,均获得了成功,达到了设计要求。胡海昌也因此而得到"解放",他再次投入到卫星技术总体和结构设计的工作中。

　　为了检测设计的正确性、合理性,在"东方红一号"卫星研制过程中,钱学森多次强调:要严格进行地面试验。1968 年 4 月 16 日,完成了"东方红一号"热控试样星的总装与出厂,进行地面调温试验。由于"东方红一号"卫星预定的发射时期,发射场正处于寒冬季节,因此,在1968年夏季将热控试样星置于海军后勤部的一个冷库中进行地面调温实验(模拟发射场环境温度),海军为了支持此项工作,下令关闭冷库3个月。实验中,利用电加热系统对卫星各分系统的温度进行调节,使其达到设计要求。通过这次试验,确定了加热方式和加热功率,为卫星发射时的地面加温系统设计提供了参数。1968年6月18日,完成电性试样星电性能联试。6月20日,电性试样星返厂进行改装,以便作动平衡试验。7月25日动平衡试验完成。7月24日,完成串联试样星总装和电性能测试。紧接着进行了振动试验、自旋试验、热控试验。9月,钱学森在总装车间对卫星进行质量全面复查时,研究人员提出应进行10厘米引导跟踪系统的联合试验,以便验证地面观测跟踪系统能否"抓得住"卫星。会上,钱学森立即决策支持进行该项试验。装在运载火箭第三级上的"观测裙"是为增强地面对卫星观测的条件而设计的。初样产品的重量远大于允许值。钱学森明确指出:必须减下来。承担该研究任务的七机部第八设计院采取"三结合"的方式研究解决超重的问题。他们找出"观测裙"的三个主要部件是:导向杆、裙包环、大弹簧,它们是造成超重的主要矛盾,并分析了重量与刚度、重量与强度、重量与启动力之间的矛盾关系。决定将导向杆的材料由不锈钢改成铝合金,同时还降低制作裙包环的铝板厚度,这样就可以使它们的重量下降。然而在生产中又碰到了导向杆的不平直度的问题,为此,又在工艺上做了多次试验和改进才使问题得以解决。在环境工程研究所北郊试验站进行"东方红一号"试样温控星试验期间,钱学森在郭天才副院长的陪同下到实验站现场检查时,闵桂荣汇报了实验进行情况。通过七次红外加热试验和高低温碳弧灯加热试验,在多次修改涂层设计和附加保温措施后,卫星壳体和仪器舱温度水平及变化幅度已能满足总体设计要求。钱学森对闵桂荣提出的模

"长征一号"末级火箭和"东方红一号"卫星

拟轨道积分平均热流理论成功地应用于各次卫星热平衡试验,给予了高度的评价。

1968 年,虽说研究院已编入军队序列,采取以"正面教育为主",不开展"四大"(大鸣、大放、大字报、大辩论),但仍难于幸免"文化大革命"的冲击和干扰。1968 年 12 月 29 日,首都工人、解放军毛泽东思想宣传队进驻五院。首要的任务就是"清理"阶级队伍。卫星总体部当时共有四百余人,经工宣队"一整、一排、一清",便清出三百多名有各式各样问题的人来。孙家栋也被颠倒黑白,很快靠边站。研究院的广大职工在钱学森院长、常勇政委带领下以事业为重,顶着逆境上,不顾个人安危,不计个人得失,顽强地坚持工作,努力将第一颗人造卫星研制任务向前推进。这期间,钱学森也被应邀出席科学院《中国科学》审稿会议。一天下午,钱学森叫杨照德一起坐车到中关村开会。小车走到黄庄时,因游行队伍混乱拥挤堵车,等车赶到会场时,会议已开始。刘西尧招呼钱学森坐到吴有训旁边的一个空位子上。刘西尧继续主持会议,让大家对"评相对论"的文章发表审稿意见,吴有训、钱学森、周培源等人均表示:这些文章尚不成熟。刘西尧总结说,文章尚需进

一步研究。据聂冷著《吴有训传》[1]记载:

> 1968 年,陈伯达在中科院发起了一场批判"世界上最大的唯心主义者"——物理学大师爱因斯坦活动,首先在院里出了批判相对论专刊,要吴有训写批判稿,吴有训坚持不写。到 1969 年,有一些年轻人写了一批"分量很重"的批判稿,准备在当时中国最重要的两份杂志《红旗》和《中国科学》上发表。当时负责中国科学院工作的刘西尧同志比较慎重,决定请一些著名科学家来审稿,吴有训在会上明确表示:"我看这些文章不成熟。"加上同时参加审稿的周培源、钱学森等人的反对,这场即将闹出的国际笑话终于偃旗息鼓了。

《中国近现代科学技术史》[2]记载:"文化大革命"中的批判相对论运动,起源于湖南一位中学教师的一篇文章《从物质的矛盾运动研究场的本质及转换》。此文在 1967 年底以"京区场论小组"的名义印发。1968 年 2 月,中国科学院物理研究所对这篇作者的自以为是"意义非常大"的文章做出了否定的评价,但是中国科学院革命委员会,却看中了它的哲学批判意义,于是在 3 月成立了批判自然科学理论中资产阶级反动观点的学习班。经过 4 个月的讨论,学习班写出一篇批判相对论"相对主义"的文章,即《评相对论的基础"光速不变"原理》,并且,在 1968 年 7 月 5 日呈送毛泽东主席和中央文革,请求把这个相对论的学习班作为开展类似批判的试点。一年以后,这个批判相对论学习班写出了《相对论批判》和《相对论的基本原理被实验证实了吗? ——关于专门验证相对论的实验的理论分析》两个讨论稿。这时,中央文革小

---

[1] 聂冷:《吴有训传》,中国青年出版社,1998 年版,第 502 页。
[2] 董兴壁:《中国近现代科学技术史》,湖南教育出版社,1995 年版,第 1115 页。

组组长陈伯达把科学界批判爱因斯坦和文艺界批判斯坦尼斯拉夫斯基定为理论批判的两个中心课题,指派了联络员进驻学习班。在他指挥下,驻中国科学院工人、解放军毛泽东思想宣传队和中国科学院革命委员会积极组织讨论,连竺可桢、吴有训和周培源都得"奉命"出席座谈。

在当时那样的局面下,钱学森不仅要解决技术难题,还要分出精力扫除人为障碍。据黄一先回忆:

> 1969年初,工宣队、军宣队住进了五院,他们的首要任务就是整顿,就是排队,就是清理阶级队伍。然而,搞"东方红一号"卫星,是毛主席下达的任务,卫星同样要搞,任务照样得干。钱学森仍然要负责全院的业务领导工作,而他身边的助手却一个个地"靠边站",大事小事他都得管。一天在北京科学仪器厂卫星调度会上,钱学森发火了,他说:"为什么没有让孙家栋来,告诉他们是我说的,今后我召开的东方红卫星调度会,孙家栋不能不参加。"随后工宣队、军宣队找孙家栋谈话:"你有历史问题,正在调查清楚,总体部领导工作先放下,你可参加业务会议,卫星研制上有了耽误,你还是要负责的。"这段时期持续了二三个月的样子,在上级的干预下,孙家栋又恢复了技术总体负责人的职位。

孙家栋在《钱学森带领我们走过的航天路》一文中回忆:

> 钱老根据聂荣臻在研制导弹时强调的"凡是科学技术上的事,只能由科学人员定,其他人不能干预"的意见。钱老向技术人员提出,在技术问题上要勇于承担责任,要敢于明确发表自己的见解。当时钱老的工作非常繁重,为了充分发扬技术民主,他在很长一段时间里,坚持每个星期要抽出时间和我们研究重大技术

问题。他经常说：我们搞卫星这样的尖端科学技术，强调自力更生，首先要考虑一切从中国实际出发，还要明确它的实际应用价值。就如我们的火箭水平如果达不到一定程度的时候就还谈不到卫星，只有从导弹到运载火箭再到卫星这么一个客观步骤才能搞出可行的卫星总体技术方案。应该从系统的角度分析和研究问题，运用系统工程思想找出相互间的制约关系、牵制影响并解决主要矛盾。虽然卫星本身是一个系统，但在整个工程大系统中它并不是一个孤立的系统，做卫星总体应从推进整个大系统的发展出发分析问题和解决问题。

又如戚发轫院士也在《永不磨灭的记忆》一文中回忆：

记得在"东方红一号"卫星研制期间，正值"文化大革命"，当时情况很乱。我被推举到技术领导岗位上后，由于各种原因，很多保密的背景材料和文件我都接触不到。身为五院院长的钱老，当时给了我有力的支持。他对有关人员说："既然让戚发轫同志干这项工作，就要把有关资料给他看，否则他怎么干工作啊？"类似的事并不鲜见，钱老就是这样尽可能地给年轻人以有力支持。

据徐熙春回忆：

空间技术研究院成立之初，钱学森院长就到529厂视察加工条件。他问我加工制造卫星有什么问题？能不能保证质量？当我汇报到工厂过去加工过一些高、精、尖的科学仪器，厂里一贯抓质量，只要设计没有问题，制造就不会有问题。他说："你那么自信！这我就放心了，心中有数了。"有一次在院部召开"东方红一号"卫星调度会，休息时，钱院长找我了解情况，他说："你们厂有没有工时定额和记录？""一个工时多少钱？"我一一作了回答。他指出："一定要注意原始记录。成本估计也应再细一些。比如设计、工艺人员的工时成本，工人各个等级的工时成本。"当时钱院长抓产品成本核算的这种意识，给我留下了深刻印象，久久不能忘怀。在"东方红一号"生产制造过程中，钱院长到厂对质量、进度，抓的具体、细、准、狠。哪怕是人员的具体工作安排，也都要亲自过问。由于当时的运动形势，我们在基层工作很困难。有些人不听指挥，工作难分配下去。有一天钱院长找我谈话，我曾提出希望去干校锻炼。他指出："干校可以去，以后去也行，在'东方红一号'卫星发射前有些人是不能动的，不能今天是这个人，明天再换那个人。"随后军管组没有让我下放劳动去干校。钱院长很重视529厂基础建设，一次为了卫星型号的发展需要建设3号厂房时我们向他汇报，他指出："如果原厂房无法改造或没有改造的条件，建厂房是必要的，根据我们的经费情况，能满足我们的基本要求就行了，你们也不要把造卫星看得那么神秘，其实只要注意些卫生条件，搭个草棚也可以。"这句话引起了当时厂领导的争议，一种意见建厂房；另一种意见是"学大庆""干打垒"搭个草棚把尖兵送上天。两种意见各不相让，最后钱院长表态："你们把我的话理解错了，要根据自己的条件办事。战争年代白求恩在前线就是在草棚和破庙里做手术，现在我们不也建了许多医院了吗！最后他同意建3号厂房。实践证明，厂房建成后为后续返回式卫星系列创造了良好的条件。

通常，人们一说起人造卫星，总是爱描述巨龙腾空、火箭发射、地面测控、天线飞旋那些热烈壮观的场面，然而，有谁知道在卫星要放到运载火箭的头部之前，多少个科研厂所为它付出了艰辛的劳动！它是航天战士用血凝成的结晶，而最终将卫星送到发射场，完成卫星制造最后一道工序的，是卫星总装厂的总装车间。据李维嘉《星回斗转话春秋》文中记载：

> 我国卫星总装厂——北京东方科学仪器厂是以中国科学院科学仪器厂为基础组建的。1967 年，这个厂接受了我国第一颗人造卫星"东方红一号"的总装测试任务。为此，厂里建立了卫星总装车间，组成了总装测试队伍。最初，总装车间并无专用的厂房，大部分的工作在临时改建的车间内进行。1969 年建成第一座总装厂房。它的内部设施尚不完善，既无净化条件，也无空调设备，装配卫星的条件是相当简陋的，然而，就是在这样的厂房里，总装车间的同志们，凭着高度的政治责任感，凭着严肃细致的科学工作精神，克服了重重困难，装配出了合格的卫星产品。"东方红一号"是总装车间总装测试的第一颗卫星。他们遇到了许多新问题，都要自己从头摸索。卫星总装完成后要做转动惯量、动平衡等地面试验，可总装车间的同志谁也没搞过这些试验。为了拿出符合设计要求的试验方案，车间技术人员会同设计人员四处去搞调研，查阅资料，反复计算，推论，终于搞出了符合设计要求的试验方案，保证了地面试验圆满完成。因陋就简、土法上马，卫星总装工人就是依靠"自力更生、艰苦奋斗"的精神，做出了令人瞩目的成绩。

系统管理卫星上天

"东方红一号"卫星工程（代号"651 工程"），由卫星系统、运载火箭系统、地面跟踪系统、发射场系统等组成。周恩来总理明确指出："651 任务总抓由国防科委负责，钱学森参加。"在"651 工程"中，钱学森实际上是担负着大总体,即"星-箭-地面"系统的技术协调和组织实施工作。"东方红一号"卫星在一定意义上可以说是一颗技术试验卫星,因为首先必须考虑政治影响,要比苏联和美国的第一颗卫星先进、可靠,要一次成功地上得去、跟得着,还要求卫星运行轨道尽量覆盖全球,让世界听得到、看得见。

在651工程总体方案讨论会上,集众家智慧斟酌而定的卫星工程十二字口号中,"上得去"最为重要,卫星只有上了天,进入预定的轨道运行才称其为卫星。在运载火箭方面,钱学森建议充分利用导弹和探空火箭现有的技术基础,将二者结合起来,组成发射卫星的运载火箭。他认为走从导弹到运载火箭发射卫星的这条路线可以大大地缩短研制时间,节省人力和物力资源。所以发射第一颗人造卫星的"长征一号"火箭是在"东风四号"导弹的基础上,在上面加了一个固体的第三级火箭组成的。"东风四号"导弹和"长征一号"火箭实际上是同时开始研制的,钱学森为"长征一号"火箭研制中的许多关键技术问题的解决贡献了智慧。据王寿云著作《钱学森传略》中记载:

> 第一个人造卫星的运载火箭"长征一号",在1966年6月下旬,为解决滑行段喷管控制问题而进行的滑行段晃动幅值达几十米的异常现象。钱学森亲临现场,在讨论中认定:此现象在近于失重状态下产生,原晃动模型已不成立,此时流体已成粉末状态,晃动力很小,不影响飞行。后来,经多次飞行试验证明,这个结论是正确的。

在"文化大革命"动乱的日子里,钱学森协助周恩来总理,为领导人造卫星研制计划的正常进行发挥了特殊作用。据涂元季《人民科学家钱学森》①中的记载：

> 1968 年 2 月 9 日钱学森在一院召开了"东风四号"和"长征一号"动员大会，他一开始讲话，就有一个"造反派"站起来打断他的讲话，说："你名义上是抓革命，促生产，实际上是以生产压革命，阻止我们对聂荣臻的批判。"钱学森见来者不善，立即提高嗓门说："我今天是受毛主席、周总理的委派来召开这次大会的。'651 工程'是毛主席亲自批准的，这是他老人家对我们的最大信任，最大鼓励，也是最大鞭策。我们不能辜负毛主席的期望。两派一定要联合起来，抢时间，保质、保量完成'东风四号'和'长征一号'任务。谁要在这个问题上闹派性，影响卫星上天，那就是政治问题，是对毛主席不忠。"他的话一时间把那些还想"造反"的人都镇住了。接着他要求两派头头都要在会上对这个"大是大非问题"表态。动员大会基本成功，"派性受到遏制"。尔后他又在 1968 年 3 月 6 日到一院听取"东风四号"和"长征一号"技术问题汇报，并部署下一步的工作。钱学森在会上提出，"总的要求是卫星不放则已，一放就成功。"他再次明确指出，一院是"长征一号"的抓总单位，四院的固体火箭发动机也归这个口协调配套，一院要主动与各有关单位做好协调工作。

在"长征一号"运载火箭发射卫星之前，要进行一、二级；二、三级以及三级等四次发动机全推力状态下的试车。一方面是为了考核各系统的协调性，另一方面，地面试车可以提供比飞行环境略为苛刻的动力学环境，对火箭上仪器设备进行负荷考核，因而它是提高"长征一号"火箭飞行成功率极其重要的一环。王寿云在《钱学森传略》一文中

---

① 涂元季：《人民科学家钱学森》，上海交通大学出版社，2002 年版，第 70 页。

记载：

> 由于动乱，"长征一号"试车无法进行。1969 年 7 月 17 日、18 日、19 日和 25 日，周恩来总理连续 4 次召开会议，解决二级和三级地面试车问题，委派钱学森和七机部军管会副主任杨国宇全权处理有关试车事宜，从而得以在 8 月 2 日取得试车成功。

1969 年 8 月底，第一发"东风四号"导弹出厂，运往甘肃酒泉发射基地。钱学森、任新民也在此时来到酒泉基地。9 月至 10 月这两个月里，酒泉基地处在一片忙碌状态之中。虽然导弹从北京出发时经过严密的测试，但是经过几千公里的长途运输后，一些零部件的状态有可能发生微小的变化，所以必须重新测试。国庆节刚过，就发射了第一发"东风四号"导弹，这发导弹可以说打得很不理想，一级弹工作状态良好，到二级弹工作时，没有能够点火，根本未能启动起来，原因出现在二级弹里的一台设备的电路坏了。事故原因找到以后，有一部分人员回到北京准备第二发和第三发"东风四号"。这两发弹于 11 月份出厂，由专车送往酒泉基地。1970 年 1 月 30 日"东风四号"再次飞行试验，两级火箭分离成功，发动机高空点火亦取得成功。下行的遥测数据也表明了火箭在失重状态下滑行姿态完全正常。这次试验获得了圆满成功，证明以中远程导弹为基础的"长征一号"运载火箭的一、二级达到设计要求，可以准备发射卫星了。

当时对于我国发射的第一颗卫星来说，"抓得住"是卫星测控中心的关键所在。如果卫星打上去，而测控却未能跟上，不知卫星打到何处去了，也不好宣布卫星发射成功了，按照这些特殊要求，地面测控系统必须做到"跟得上，抓得住，测得准，报得及时"。具体是指卫星起飞进入轨道后，地面跟踪测轨系统设备要能抓得住卫星，随时掌握它的飞行动态，并将其跟踪测量获得的信息和数据及时反馈给指挥控制中心,要求精确而及时地报出卫星飞经世界 244 个城市上空的时间和飞行中的一系列数据。计算控制中心则利用电传迅速将全球预报发往北京,供中央人民广播电台向全世界广播之用。同时地面观测系统还要完成对卫星的跟踪、测量、计算和预报等一系列的技术设计和操作。

早在 1967 年 3 月,国防科委曾召开地面观测系统的方案复审会议,会议对原定的观测系统方案作了局部修改。钱学森出席了这次会议,深感卫星测控系统是一项复杂的系统工程,对于"东方红一号"卫星的观测跟踪,则要求"抓得住、测得准、报得及时",并且需要每一种手段的可靠性和多种手段的联合运用,才能确保系统的观测精度。因此,必须搞好测量站的合理布局。1967 年 12 月在国防科委召开的"东方红一号"卫星方案审定研制工作会议上,钱学森明确表示星载测控设备要天地结合统盘安排。在当初组建空间技术研究院的基本职责之一,就是负责对运载工具和地面观测控制系统提出技术要求,并负责空间飞行器运载工具和地面测控系统的技术协调工作,以及为靶场提供飞行器发射前的检查测试设备、技术资料和发射操作规程。钱学森在研究审查空间技术研究院工作计划时,将西安无线电技术研究所研制的"701-5"无源引导雷达;空间物理所、上海科学仪器厂生产的多普勒测速仪等多项协作配套任务,也都列入到"东方红一号"卫星配套计划中,以便提供物资器材保障。1969 年初,钱学森还主持审查了星、地测控系统的联合试验方案,安排总装了一颗持有信标机的卫星,在七机部的北京天线测试场,配合地面引导雷达进行联合试验,达到了预期目标。

试验基地在加紧研制各种地面设备的同时,各测试站的土建工程,包括修筑道路,建立输电网,架设通信线路,精确测定站址的大地坐标,以及符合设备需求的各种建筑施工,都在紧锣密鼓地进行。与此同时,各种设备在台站安装调试后还要进行校正试验。因此,从 1967 年底到 1970 年初,在不到两年时间内,就建立起能初步适应首批人造卫星测量跟踪任务的地面观测网。在这一期间,国防科委召开的各种有关会议,均邀请钱学森参加,有时基地的同志直接向他汇报,听取他的指导意见,并请他协调与星、箭之间有关的重大问题。当时担任测控系统的技术负责人陈芳允生前回忆说:

> 我们那时在下面做具体的技术工作,但航天技术是一项庞大的系统工程,这个系统与那个系统之间都有密切关系。我搞的测控系统,不管是技术指标,还是工程施工,经常与卫星系统和火箭系统协调,还要找工业部门配套,这些工作像我们这些在下面的技术人员很难做,跑了半天,人家都不听我的,协调不了。当时我们遇到这种大问题,就去找钱老,求他帮助。钱老的身份与地位与我们大不一样,他有权威性,说话算数。由他出面召开协调会,得出几条结论,大家都得照办。所以中国的导弹航天事业要是没有钱老这样一位权威人物,那可就难办了。

"东方红一号"卫星正样研制阶段,共生产总装了5颗正样星。第一颗正样星作为检验星,于1969年9月完成了全部环境模拟试验。1969年10月,各分系统用于供给安装发射星的产品,均已完成它的验收与测试工作。然而,由于星上的银锌电池在加注电解液后活化,在地面存放时间不得超过3个月,因此,在国家没有确定卫星发射日期之前,卫星总装工作不能提前进行。

1969年10月,钱学森与孙家栋先后到人民大会堂江苏厅,向周恩来、李先念、余秋里等几位中央领导及有关部门汇报工作。钱学森首先汇报了卫星工程的研制及目前发射准备的总体情况。之后,由孙家栋对"东方红一号"卫星初样作了讲解和说明。周总理对两个人的汇报听得很认真,还不时提出一些问题,尤其是对卫星上每一个环节上的质量都问得很详细。并指示说:"搞卫星工作一定要认真仔细。你们应该像外科医生那样,熟悉病人的每一根血管,每一条神经,这样才能万无一失。"钱学森和孙家栋都谈到了有的研制单位,在仪器上刻了毛主席语录,有些零部件还镶嵌了毛主席像章,这使他们感到很为难。周总理听了之后,神情严肃地说:"我们大家都是搞科学的,搞科学首先应当尊重科学。比如说,人民大会堂也不是到处都挂有毛主席的像嘛。突出政治首先要把实际工作做好,而不能把政治挂帅庸俗化。所以卫星仪器上的毛主席像应该从科学角度出发,只要把道理给群众讲清楚,我想不会有什么问题。"①

　　1970 年 2 月,根据"东方红一号"卫星"长征一号"运载火箭、地面观测跟踪系统和发射场的研制和建设工作已基本完成的情况下,国防科委要求各大系统,正式开始进行发射前的准备工作。自 1970 年 3 月 5 日起,先后开始了两颗发射星的总装工作。按照总装技术和工艺流程的要求,每颗卫星要经过 15 道工序才算完成出厂前的全部工作。3 月 21 日,两颗卫星的总装工作全部完成,接着又进行了全面的质量复查。两颗星在总装和测试中暴露出的问题,不外乎是元件或整机的质量问题。当然也有工作上的问题。对这些问题都作了认真的处理,做出了明确的结论,认为两颗星达到了设计要求,总的质量是好的。据 2009 年 11 月 7 日以中国空间技术研究院名义刊登在《神舟报》上《他与中国空间事业同在——深切缅怀我院首任院长钱学森院士》一文中记载:

　　　　在卫星出厂鉴定时,有人提出:卫星在地面模拟试验了 5 天,怎么能保证卫星打上去在太空中能运行二十几天? 由于谁也给不出解释,卫星的出厂鉴定一直无法通过。是他收下厚厚的卫星技术和测试文件仔细研究,几天后在鉴定文件的封面上郑重写下

---

① 殷云岭:《孙家栋》,河北少年儿童出版社,2001 年版,第 180 页。

了一行字:"我看,此星可以出厂。"他以他特殊的专家身份和真知灼见一语定乾坤,中国第一颗人造地球卫星"东方红一号"成功发射,《东方红》乐曲传遍全球,中国空间事业由此开启。

1970年3月26日,"东方红一号"卫星、"长征一号"火箭,正式由国防科委代表国家验收合格,批准出厂,运往基地实施发射。当时,国内正处于"文化大革命"动乱时期,社会秩序很不好,国际形势对中国也不利,苏联在中蒙边界陈兵百万。在这种严峻的形势下,为确保"星、箭"的运输绝对安全,采取了严格的保卫安全措施,运载"星、箭"的专列,除武装押运外,专列途经几个大站时,均有荷枪实弹的解放军战士实行戒严。在专列运行中,北京、大同、兰州等铁路局党的主要领导干部亲临专列随车护送。由北京出发的专列车头横挂大幅标语为"打倒美帝",表明由北京铁路局保障沿途的安全。到达大同铁路局,专列车头横幅为"打倒苏修"表明由大同铁路局保障沿途的安全。专列到达兰州铁路局管界更换车头后,横幅标语为"胜利",表明由兰州铁路局保障沿途安全,直到顺利抵达发射场区。

"东方红一号"卫星和"长征一号"火箭到达发射中心后,按照预定工作程序和发射中心的计划安排,开始检查测试工作。1970年4月2日下午7时,周恩来总理在人民大会堂的福建厅召开会议,听取国防科委领导以及钱学森、任新民、李福泽、孙家栋等关于即将发射的我国第一颗人造卫星及其运载火箭的情况汇报。钱学森首先汇报了火箭和卫星的总体情况。周总理聚精会神地听着,边听边记。听完钱学森的汇报之后,周总理询问了当年苏联、美国发射第一颗卫星的有关问题,而后说道:我们这次发射,一定要吸取苏联和美国的教训,总结他们的经验,力争一次发射成功。接着,其他专家汇报了各自掌握的情况。周总理非常关心地问:这次火箭的第一级落点在什么位置?钱学森立即回答:火箭的第一级工作完毕后可以坠入我国甘肃的大沙漠里；第二级火箭可坠入南中国海；第三级火箭则在广西的西北部上空与卫星分离，同卫星一起进入运行轨道。一、二级火箭的坠落，都不会造成什么事故。随后周总理又问道：这颗卫星都要飞经哪些国外的城市？钱学森按照卫星飞行路线，指着地图上飞经的城市，一一作了介绍。周总理伏下身去，随着钱学森手指的方向，逐一核对飞经的外国城市。一边看一边说你们要把卫星飞经各国首都的时间进行预报，报准确。这次工作一定要做好、做细、做准确。特别是卫星飞经也门、乌干达、坦桑尼亚、赞比亚、毛里塔尼亚这些国家的时间，一定要预报准确。让这些外国朋友都能准时发现我们的卫星，都能收听到卫星播放的《东方红》乐曲，这对第三世界人民是个极大的鼓舞。吃完夜宵，周总理再三叮嘱钱学森：一定要过细地做工作，千万不要以为工作做好了。要搞故障预想，对各种可能发生的情况开展分析、讨论，多想一些应急措施，以免到时慌乱无措，卫星入轨后要及时预报。

钱学森一行从北京回到酒泉后，他按照周总理的嘱托，去做过细的工作，按照工作程序，对运载火箭和卫星先后进行单元测试，分系统测试，系统匹配等工作，最后认定了"东方红一号"卫星符合设计要求。4月8日，对"长征一号"运载火箭进行了第一次总检查。4月9日火箭与卫星进行对接。4月10日，卫星、火箭完成在技术阵地的全部工作。4月14日晚，周恩来总理和李先念、余秋里及国防科委等领导人在人民大会堂福建厅，听取钱学森、任新民、李福泽、杨国宇、杨南生、戚发轫、徐肇孚、孙家栋等专家汇报。钱学森按照准备的材料，一五一十地谈情况，并以歉疚的心情谈到了测试中发现的问题，他说到："这枚大型三级火箭，总装时尽管大家做了反复的检查，但是，在这次总体检查时，还是发现火箭内有遗留的松香、钳子等杂物。"这时周总理很严肃地批评说：这个不行，你们的产品是死的，可以搬来搬去，总比开刀容易，总可以搞干净，无非晚两天出厂，不能把松香、钳子丢在里头，这个不能原谅。周总理还强调要谦虚谨慎，注意搞好协作。并鼓励大家说:如果这次成功了,还要继续前进,不要骄傲自满,这次试验也可能搞不成,这不要紧,失败是成功之母。最后,周总理深情地说:祝"东方红一号"卫星一路平安。

1970 年 4 月 16 日 22 时多,周总理亲自打电话告诉国防科委,中央同意发射卫星的安排,批准卫星、运载火箭转往发射阵地。并指出:到发射阵地后,一定要认真地、一丝不苟地、一个螺丝钉都不放过地进行测试。4 月 23 日,周恩来总理发布预告:如果一切准备工作已经做好,希望能在 4 月 24 日或 25 日发射。发射基地的火箭和卫星通过了最后一次检查。指挥部根据气象部门的预报,认为可以实施发射,并将发射时间定为 1970 年 4 月 24 日晚 9 时 30 分。钱学森在发射任务书上郑重地签上了自己的名字。同时上报中央军委和毛泽东主席批准。4 月 24 日 15 时 50 分,周恩来总理电话告诉国防科委罗舜初副主任:毛主席已批准这次发射。希望大家鼓足干劲,过细地做工作,要一次成功,为祖国争光。晚 7 时 50 分,周总理再次来电话询问情况。钱学森就火箭和卫星的情况,回答了总理提出的问题,并表示,尽管发射前还可能出现一些小问题,但这次发射成功是有把握的。

据运载火箭总体组韩厚健在《卫星从东方升起》①一文中回忆当时的场景:

我回到距离发射台前三百米的休息室,已经是 19 点多钟了。由于地域关系,天还很亮。休息室里,人几乎走光了。只剩下一辆汽车,等待着我们最后撤离。我们研究室的一位副主任还在控制室里,他要等到三十分钟准备的口令下达之后才能上车。我坐在面对着发射台的窗口前面,瞭望着发射台的动静。脐带塔上的工作平台转开,但第五层平台却没有动,一台雷达应答机触发不

---

① 马云涛主编:《航天事业三十年》,宇航出版社,1986 年版,第 166 页。

起来，有人去检查。忽然，有人挡住了我的视线，细一看，是钱学森副部长！他倒背着双手，踱着方步，正从窗前走过。啊！他也没有撤走！我不禁好奇地把目光转向了他。他脸上挂着自己特有的宁静的微笑，走走停停，似乎在考虑什么问题，发射台上临时发生的小故障，并没有打断他的思绪。平常，我们都十分尊敬他。我不知道，他现在想什么，但我相信他的心情一定比我们更不平静。作为发射我国第一颗卫星的技术最高负责人，他很自信，他相信我们的党，相信我们民族的力量，相信我们这一代年轻人。他十分谨慎，他总是用科学态度解决工作中的每一个疑难问题。以前，我们接触少。这一年来，几乎每个月都能见到他，不论是在试验站艰苦地进行地面试车，在兴华机械厂处理陀螺低气压抖动，还是在首次飞行试验时争论失重状态下液面形态问题，他总是用言简意赅，十分风趣的几句话，使大家茅塞顿开。现在，他又站在这里，站在离开即将升天的火箭不过三百米的地方，期待着它奋力的一搏！

"长征一号"火箭

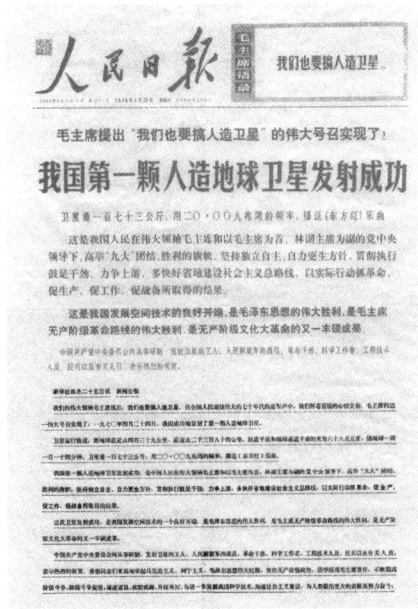

"东方红一号"卫星发射成功的报道

　　1970 年 4 月 24 日 21 时 35 分,发射时刻终于来到了。"东方红一号"卫星随"长征一号"运载火箭在发动机的轰鸣声中离开了发射台。21 时 48 分,从现场指挥所广播里传来了"星、箭分离,卫星入轨"的喜讯。在发射中心观看卫星发射壮举的人们顿时沸腾起来,个个尽情地欢呼、跳跃,有的激动得热泪盈眶。21 时 50 分,国家广播事业局报告,收到了中国第一颗卫星播送的《东方红》乐曲,声音清晰洪亮。两小时后,就在发射场坪上,雄伟的铁塔下,召开了参试人员庆祝大会,钱学森和发射基地领导人及试验队的代表,在庆祝会上发表了热情洋溢的讲话,热烈庆祝我国第一颗人造地球卫星——"东方红一号"一举发射成功的伟大胜利! 原一院 12 所科技委主任沈家楠在《难忘的日子》①一文中回忆:

　　　　在基地庆祝会上,我坐在钱学森同志旁边,钱老亲自倒了杯茶给我,感慨地说:"可惜我们比日本慢了一步"。其实,日本第一颗人造卫星的运载火箭用的是美国的惯性器件,而我国全都是靠自力更生生产的国货;日本发射成功之前失败了好几次,我们则是一次成功的;我国的第一颗卫星的重量比苏联、美国、法国、日本 4 国的第一颗卫星加起来的总量还重。应该说,那时的航天事业我们是处在世界的第四位。

　　中国第一颗人造卫星发射成功,在许多国家引起了强烈反响,它们纷纷发表评论,指出中国第一颗人造卫星发射成功,"体现了中国一直在依靠自己的力量为人类的幸福和进步进行宇宙开发","表明中国的科学技术突飞猛进达到新高度","是中国在科学技术

---

① 刘纪原主编:《航天春秋——航天 40 年回忆录文集》(第二卷),中国航天工业总公司,1996 年版,第 256 页。

和工艺方面取得的突出成就,是中国二十年来在科学技术上前进的新高峰和里程碑"。有些权威人士认为:"中国把卫星射入地球轨道,从而显示出中国掌握了先进火箭技术和制造出大型火箭的技能"。

第九章
应用卫星开拓创新

返回式遥感卫星有功

　　钱学森早就认识到了返回式卫星的重要性。在1965年制定卫星系列规划时,就把返回式卫星、通信卫星、气象卫星等应用卫星系列,确定为卫星发展规划的重点。1966年5月19日中国科学院召开了卫星系列规划论证准备会,在会上钱骥报告了《发展返回式遥感卫星的设想》,他说:"返回式遥感卫星、测地卫星是两弹配套的项目,为两弹的耳目。"王希季也在会上发言,他说:"建立一个卫星普查系统,需要卫星与运载火箭、发射场、地面测控系统、成果处理系统紧密配合,或者叫做合拍,合拍了就能相互支持、相互促进、共同发展。"国防科委副主任罗舜初在一份报告上批示:"卫星设计不是一个院所能承担,应考虑发挥七机部八院的作用,请考虑两院分工意见。"根据这一精神,张劲夫、裴丽生、钱学森都明确表示按照聂老总提出的"三家拧成一股绳"的精神,大力协同,合理分工,逐步组建队伍,积极开展研制工作。钱学森风趣地说:"还是要一块招牌,两支队伍,大兵团协作。"

　　1966年6月,王希季遵照钱学森提出的要求,迅速组织总体设计队伍,开始返回式卫星方案研究。在王希季的带领下,首先从调研工作入手,先后到中国科学院、七机部等有关单位了解火箭及返回式卫星单项课题的预研情况,查找国外文献有关资料。经过半年的努力,于1966年底完成了卫星总体方案设想。1967年3月钱学森提出了为适应国际形势需要加速返回式卫星研制工作的进程,并邀请中国科学院有关研究所科技人员参加方案论证。参加总体方案拟定的工作人员,从国家事业出发,冲破种种阻力,终于在 1967 年 7 月,提出了返回式卫星总体方案初稿。钱学森对返回式卫星的技术方案进行了深入的审查,并建议返回式卫星命名为"返回式遥感"卫星。

返回式遥感卫星总装检测

1967 年 9 月 11 日,国防科委委托七机部和国防科委 651 筹备处共同负责召开返回式遥感卫星总体方案论证会,代号"911"会议。主要任务是论证卫星的技术方案,落实任务分工,协调研制计划进度。参加会议的有国防科委、国防工办、总参谋部、空军、海军、四机部、七机部、物资部、邮电部、中国科学院、651 筹备处等 45 个单位,共 158 名代表。钱学森、常勇、王大珩、王希季、杨嘉墀、孙家栋、闵桂荣、林华宝等出席了会议。钱学森主持了会议,并在开幕式上作了重要发言,传达了国家有关研制卫星的精神,再三强调中央决定自行研制各种应用卫星的决策是完全正确的;返回式遥感卫星具有机密性高、技术难度大两大特点;要发展自己的返回卫星,只能靠自己的力量,走自力更生、艰苦奋斗的道路。在报告中,他还提出了航天新概念,他说:"人类在宇宙空间的飞行活动,在很长的时间内只限于太阳系内,将之称为宇宙航行未免有些夸大。"因此,建议:"人类在大气层以外的飞行活动,称为航天;而在大气层以内的活动,称为航空。"他解释说:"提出航天这个名词,是受到毛主席的诗词"巡天遥看一千河"的启发,是毛主席'巡天'一词的延伸。"最后他进一步强调:返回式遥感卫星的研制工作,既要充分利用国内现有的的技术基础,又要解放思想,敢于走前人没有走过的路,还要敢于攀登前人没有攀登过的高峰。大力发展新技术,带动后续型号,要以只争朝夕的精神,多快好省地开展研制工作,努力实现"巡天遥看一千河"的奋斗目标。

七机部八院在大会上报告了总体方案设想,经钱学森主持会上讨论审定返回式遥感卫星总体方案,确定了卫星研制分两步进行。第一步研制试验卫星,重点解决相机技术、三轴控制技术和卫星返回技术,计划发射 3～4 颗试验型卫星。第二步在基本技术过关后,再研制实用型卫星。关于研制分工问题,会议确定:国防科委 651 筹备处负责卫星大系统协调工作;七机部八院负责卫星本体和结构、电源与配电、遥测、返回系统的研制;中国科学院负责姿态控制、程序控制、温度控制以及相机系统的研制;四机部十院负责星上遥控接收机和应答机的研制;运载火箭由七机部一院负责研制;发射场和地面测控系统由国防科委二十基地负责;成果处理由总参在会后确定一个单位负责。9月 20 日,在会议即将结束时,由王希季总工程师代表会议领导小组作总结发言。会后,各单位纷纷按照会议精神和分工意见贯彻执行,积极开展工作。即使处于"文化大革命"的混乱时期,返回式遥感卫星的研制工作仍能艰难地向前推进。

据王大珩院士回忆:

长春光机所受七机部委托,承担研制空间摄影系统的任务。钱副主任(国防科委副主任钱学森)曾几次提出相机是卫星的主角,工作必须先行。当时我奉命在北京筹建一个新机构——第十五研究院,由于"文化大革命"动乱,研制工作不宜在长春继续进行,于是我就在北京专门组织一班人马,从事空间相机的研制工作。我们借用北京工学院四系的教学楼作办公用房,把光机所有关人员和北工四系搞过航空相机的教师组织起来,开展工作。在方案论证中,我提出在研制地物相机的同时,也要研制星空相机。后者对确定地物相机的拍摄方位和纠正摄影姿态来说,都是必不可少的。但是这个方案需要增加一个攻关项目。经过艰苦奋斗,研制出了合格的产品,事后证明,研制星空相机方案是正确的。后来,由于国防科研体制调整而将这部分力量划归七机部五院。

"911"会议结束后,王希季按照钱学森的安排,组织领导总体组进一步完善了返回式遥感卫星总体技术方案。从卫星总体功能出发,对卫星有效载荷、构形布局和信息载体的回收方式,以及对影响总体方案的内容进行了综合优化。在总体方案论证中,王希季远见卓识地决策采用大容积的返回舱。从而使这种返回舱成为可适用于其他返回式卫星的公用舱,为日后研制实用型返回卫星打下了坚实的基础。

空间技术研究院成立后,钱学森对总体、各分系统技术力量进行了统筹安排,在返回式遥感卫星总体技术方案的基础上,由孙家栋相继主持召开了各分系统的方案协调会,使各分系统的方案基本确定,为全面开展研制工作打下了良好的基础。钱学森十分关心这支年轻的总体技术队伍的成长,赞扬他们敢于挑重担,热情肯干;并告诫大家要吸取"东风二号"的经验教训,狠抓方案试验,群策群力攻难关。他特别指出有关返回舱的气动外形、姿态控制系统、相机系统等均要充分做好理论分析,并安排模拟试验。

返回式遥感卫星方案试验于1968年下半年开始。首先进行的试验是返回舱气动外形的选型试验。卫星返回舱沿轨道再入大气层飞行,需要有一个合适的气动外形使其保持姿态稳定。返回舱的外形是一个细长比约等于1的钝头加截锥的短粗型。由于当时尚没有高速的电子计算机,也不掌握复杂气动情况的计算方法,因而无法用精密计算机进行返回舱的外形选择,只好借助于风洞试验予以解决。在钱学森亲自安排协调下,该项任务由北京空气动力学研究所协作进行。为此,设计了7个返回舱的外形模型,进行不同攻角、不同马赫数情况下的测力、测压、测热试验,累计吹风约上千次,直至1969年底才最终确定了返回舱的气动外形方案。个别风洞试验获得了全套完整的气动力和气动热数据,确定了返回过程中的静稳定度要求。

为了保证返回式遥感卫星圆满完成对地观测,1968年4月,钱学森决定由王希季再次组织科技人员将"T-7A"探空火箭改装成技术试验火箭,并对红外地平仪和国产160胶片进行高空性能试验。1968年12月,"T-7A"火箭经钱学森主持召开院级审定会审查通过。火箭由运载器和试验箭头组成。箭头内装有2台红外地平仪、1台自动对星空摄影的相机和1台对地面摄影的航空相机以及遥测系统、回收系统。1969年6月28日,在国防科委二十基地探空火箭发射场,发射了2枚"T-7A"探空火箭。在这次试验中火箭飞行高度超过80公里,箭头完整回收,红外地平仪工作状态良好,航空照相机对地面照相获得了预期效果,为进一步完善设计提供了依据。

为试验三轴姿态控制初步方案的正确性,在杨嘉墀领导下,于1970年底对姿态控制系统的初样产品进行了三次大型模拟试验:即利用三轴机械转台进行了半物理模拟试验;利用单轴气浮台和三轴气浮台分别进行了全物理试验。这三次模拟试验结果,证明了三轴姿态控制方案切实可行,为分系统在初样设计中合理选择一些参数提供了依据。

返回式遥感卫星各系统,经过广大科技人员、工人和干部的努力,攻克了许多技术难关。1969年7月17日,经钱学森院长审核、批准,空间技术研究院正式向国防科委呈报返回式遥感卫星任务书,其中附有返回式遥感卫星的设计指标和系统组成。卫星质量1 500公斤,工作时间1天。卫星由星体结构、热控制、相机、姿控、程控、遥控、跟踪、测轨、天线、返回、能源等 12 个分系统组成。在 1970 年 2 月 12 日召开的返回式遥感卫星会战动员大会上,国防科委领导要求空间技术研究院在 1970 年底之前,准备好质量为 1 000 公斤的卫星,供"东风五号"远程导弹作弹道飞行试验。同年 4 月 1 日,中央军委办事组在返回式遥感卫星方案讨论计划落实会情况报告上批示:①正式下达任务,将所需元件、器件列入重点项目,保障供应;②由国防科委主持召开协调会议,使各有关单位明确任务,积极安排落实;③采取会战方法,大搞群众运动,争取卫星早日上天。

随着初样研制工作的步步深入,卫星实际质量有可能达到 1 800 公斤,然而,运载火箭的运载能力却有下降的趋势。卫星超重和运载能力下降,变成了一对很尖锐的矛盾,钱学森主持会议进行协调,提出"为了尽快使卫星上天,要为增减 1 公斤而奋斗"。卫星总体部在孙家栋的组织下,对卫星方案以及对火箭的要求重新进行审议。他们认为,卫星的第一步是技术试验,只要不影响卫星摄影和卫星返回这两项关键技术的试验,其他要求可以适当降低,总体方案可以适当修改,以利于矛盾的解决。卫星总体部还提出了把卫星轨道倾角从 70 度减低到 63 度、近地点高度从 190 公里降低到 175 公里的轨道方案。该方案可使运载能力增加 200 公斤左右。七机部一院也提出了小推力滑行的弹道方案,使运载火箭能力有较大幅度的提高。在双方设计人员的努力下,使 1 800 公斤卫星的运载问题得到了解决。

1970 年 5 月 29 日,国防科委为加速返回式遥感卫星的研制,在空间技术研究院召开了动员大会。钱学森出席了会议,传达了周恩来总理和军委办事组把返回式遥感卫星(代号"705 工程")列入国家重点项目的决定。北京市也派代表参加了动员会,并表态支持"705 工程"大会战,需要北京市工厂帮助解决的,保证如愿。空间技术研究院将一时解决不了的生产项目提请北京市进行会战,以便解决工作中的困难,促进初样研制工作取得进展。6 月 5 日,周恩来总理主持中央专委会,听取了钱学森等有关人员对返回式遥感卫星研制情况和现存问题的汇报,宣布返回式遥感卫星、运载火箭为国家重点工程项目,批准在京津地区开展大会战。与此同时,空间技术研究院决定成立以王如庸为组长,何权轩和孙家栋为副组长的返回式遥感卫星会战办公室,具体负责组织京津地区大会战。返回式遥感卫星有关分系统的仪器、设备、元件、器件和材料,通过大会战,大大缩短了研制周期,加速了初样的研制进程,为全面开展地面各种试验创造了有利条件。可以说,在当时那种"抓革命,促生产"的大环境下,用这种会战形式进行军工产品研制,确实起到了应有的作用。比如,为保证按计划完成5颗样星的研制,北京市给予了大力支持。以结构星为例,其返回舱结构采用烧蚀防热结构,需要大尺寸、高精度的模具。该磨具的研制在北京市的大力协助下,便落实到北京金属结构厂。工厂安排经验丰富的工人师傅硬是用手工研磨的方法制造出精度优于设计的产品。又比如,为进行电性星桌面电性能联合匹配试验,需要及时研制出地面综合测试设备。北京市把这项研制任务交给了北京无线电三厂。该厂的工人师傅连续奋战,只用了七个整天便完成了按常规需要三个月才能完成的任务。

钱学森与科工委领导研究返回式遥感卫星的发射

1970 年 6 月 12 日,中央军委任命钱学森为国防科委副主任。他在返回式遥感卫星大系统中,对卫星、运载火箭、发射场、地面测控、返回着陆各系统中,充分发挥总体协调领导小组的作用,狠抓技术协调、系统联试。钱学森特别关注地面各种大型试验的效果,以及测控网的建设。由于返回式卫星对地面测控网的要求较高,不仅要求能对卫星进行跟踪测轨,而且还要求对卫星进行控制。为此钱学森认为必须建设一个初具规模的测控网才能完成卫星入轨、运行、回收这一系列测控任务。因此,地面测控系统在第一期已建的 7 个站的基础上,开始建设第二期的渭南等 4 个站,还同时建设前置站、活动站、回收站。并要综合利用其他测量站的力量,共同组成回收卫星的测控网。

返回式遥感卫星在发射、轨道运行和返回大地全过程中,要经受振动、冲击、过载、噪声、高真空以及高低温等各种恶劣环境的考验。为确保卫星在各阶段能正常工作,在初样研制阶段中,除了各系统要做好各种环境模拟试验外,卫星整体也进行了多种地面试验。在初样阶段,共研制和组装了六颗初样星。总计进行了 48 项大型试验,解决了在方案设计中、生产等诸多方面暴露出来的二百多个问题,为正样产品的研制工作打下了良好基础。比如:被钱学森称赞为"真刀真枪的大兵团作战"的电性能联合匹配试验,在历时八个多月的试验过程中,来自 7 个单位的 80 多位中青年科技人员大力协作,密切配合,连续作战,在试验过程中发现和解决了上百个问题。其中比较严重的无线电干扰和相机卡片这两个问题,终于在 1972 年 1 月得到解决,圆满地完成了电性星的各项试验任务。又比如,返回式遥感卫星热真空试验,因卫星定在 1971 年进行试验,而 KM4 热真空模拟试验设备尚处于方案论证阶段,还不能使用。于是,卫星总体部热控室人员设法先利用中型 KM3 热真空模拟器进行试验。然而 KM3 容器有效空间直径只有 2.9 米,长度也不过 5 米,并且还没有太阳模拟器,如何在这种条件下进行实验并使结果可信是不得而知的。不过研究人员设法借助于闵桂荣在卫星外热流模拟理论及方法上的研究成果,拟定了远红外热模拟方法,研制出一种红外加热笼。在试验时将加热笼罩在卫星外面,然后一起放到热真空模拟器内,并以分区加热的方法模拟不同的受热因子。经钱学森审定开展了这项试验,并于1971年7~8月顺利地完成了热控星的试验,获得了试验数据。在试验期间,钱学森亲临现场指导,还对热控星提出了修改意见。并在1971年10月进行了第二次试验,顺利地完成了卫星初样阶段的试验任务。

返回式遥感卫星防热结构的选材试验和防热结构的温度试验,是防热结构设计的先决条件。卫星返回舱防热结构要能经受高焓、低热流、总加热量大的热环境,通过对酚醛-尼龙、酚醛-涤纶、玻璃-酚醛等不同配方的多种材料进行了几十次筛选试验,初步确定用烧蚀性能好的酚醛-尼龙材料作为结构防热材料。以酚醛-尼龙烧蚀材料制作的返回舱头部烧蚀防热结构,在1971年8月用于温控星进行热真空试验。按预定计划,试验结束时将请钱学森主持温控星现场工作会议。一个星期六的上午,钱学森按时到达KM3试验大厅,可是总体部温控、结构室的技术人员迟迟未来。约两个小时后,闵桂荣等20多人才匆匆忙忙地赶到会场,原来他们乘坐的大卡车,在怀柔庙城粮店附近,出了车祸,大卡车翻倒在地,幸运的是人员未受重伤。人员到齐后,钱学森主持会议,讨论了这次温控星试验发现头部防热结构材料出现的一些裂纹问题。该材料的烧蚀性能是完全能承受返回时的热载荷的,为什么在模拟运行轨道的环境中反而出现了问题?经过大家认真分析,研制人员终于明白:球头结构不但要耐热,而且要抗冷。原来选材料时,只考虑了烧蚀性能,忽略了材料的物理特性,这是造成裂纹的主要原因。为了解决这一问题,钱学森果断决策,作为特急任务,会后请北京工艺研究所协助解决。此项目经协作单位千方百计的努力,找到一种新型复合材料,在试验中经受了温度交变的热真空环境考验,满足了实际要求。会议接着他还对热控星提出了修改意见,安排了第二次热控星的试验任务。会议结束后,钱学森关心地问杨照德,翻车时有没有碰伤,现在有些什么反应。杨照德如实地说,身体处处都好,就是头被撞了一点点,看到卡车就心里发慌,不敢再坐了。钱学森说:"不要怕,跟我的车走。"车进城后,钱学森还嘱咐司机黄师傅,车先经过白石桥再到马神庙,将杨照德先送回单位。

返回式遥感卫星的结构复杂,其精度要求之高,加工难度之大,属国内产品之少有。为使卫星返回舱的头部结构增加强度,沈阳金属研究所将壁板做成了波纹板型。但是,就是这种波纹形的壁板,却增加了卫星返回舱返回时的空气阻力,使温度升高,舱体无法承受。假如做成平板型,则强度又大打了折扣。采用新材料新办法解决问题,时间又不可等待。结构设计人员与承制人员发生了争执,甲说乙未按设计要求生产,乙说甲设计强度不够,一时之间无可奈何。问题反映到调度会上,钱学森思考后,提出了将壁板合二而一的办法:外面用平板,内部用波纹板,这样就大大增加了强度,又能减少空气阻力,解决过热问题。但是,这就增加了卫星的重量,好在火箭运载能力已有大幅度的提高,卫星重量的允许值可在 1 800 公斤左右。更加凑巧的是,沈阳金属研究所还存有两种备份壁板,经紧急调运,粘合后使用,解决了设计与生产问题。

在组织领导"两弹一星"攻关试验中,钱学森对回收系统的安全有效一直极为重视。返回式遥感卫星是返回式卫星,回收系统当然更要安全有效。回收系统的任务是保证返回舱按设计的安全速度着陆,它包括星上发出信标信号,供地面尽快发现目标,打开降落伞减速。这是完成卫星发射、飞行任务最后的关键一步,稍有故障便会前功尽弃。这项重要任务,钱学森把它交给空间机电研究所王希季、林华宝去组织队伍攻关。降落伞子系统由引导伞、减速伞和主伞组成。降落伞在研制过程中首先遇到了主伞的开伞强度问题,研制单位虽然在探空火箭的回收上有相当多的经验,但卫星用的降落伞面积大,回收时的质量大,能否获得一次设计成功,还没有十分把握。1970 年 7 月,在陕西临潼进行的第一批次空投试验中,2 套全尺寸模型全部坠毁,现场分析认为是伞衣强度不够。回所后加强了伞衣强度,又于同年 10 月在山东潍坊进行了第 2 批次的空投试验,2 个全尺寸的模型仍然重蹈覆辙。王希季组织研制人员对此试验出现同样的问题进一步查找原因,认为光靠加强伞强度,是一种被动的做法,能否采取措施,降低开伞时的载荷才是关键。最后,他们提出能否采用二次开伞方案来降低开伞动载荷的设想,得到了钱学森的肯定。按此思路,在 1970 年 12 月进行空投试验中获得成功。在此基础上,他们对主伞结构又作了适当修改,使主伞结构更加合理。1971 年 5 月在河南郑州、12 月在山西大同连续进行了两批次空投试验,回收系统取得了圆满成功。

在返回式遥感卫星进入了紧张的设计加工阶段时,即 1972 年 8 月 24～25 日,叶剑英副主席召集会议,连续两天听取钱学森、孙家栋等人对返回式遥感卫星及其他型号卫星的情况汇报。叶副主席作了重要指示,并语重心长地叮嘱大家:"这是全国人民的希望,是全世界人民的希望。"鼓励大家努力工作。1972 年 9 月 13 日,周恩来总理、朱德委员长、叶剑英、李先念、李富春、华国锋等党和国家领导人视察七机部一院 211 厂,并参观了返回式遥感卫星、"长征二号"运载火箭,鼓励大家排除万难,去争取胜利。1972 年 11 月 4 日,钱学森到卫星总装厂检查工作,他提出的要求是:"正样星发射前,一定要有一颗完整的星作全面检验,不能把问题带到发射场去。"

返回式遥感第一颗发射卫星于 1974 年 6 月完成了总装、测试,并达到了不带问题出厂的要求。1974 年 8 月 8 日,钱学森及国防科委、七机部有关领导到北京卫星制造厂视察卫星总装工作情况。据高士珍在《历史的回忆》[①]一文中回忆:

---

① 于庆田主编:《飞向太空—中国空间技术研究院二十年》,宇航出版社,1987 年版,第 31 页。

宽敞、整洁的卫星总装大厅里，灯火通明。刚刚总装、测试完毕，傲立在大厅正中央的返回式遥感卫星，此时正以无比自豪的神态迎接着钱副主任等人的到来。当钱副主任看到这颗卫星后，便疾步走到它的跟前，前后左右认真仔细地观看了每一个可以看到的部件。他坐下来，在听取研制的情况汇报后，还与院、厂领导、参加卫星总装、测试工作的技术人员以及工人师傅进行了亲切交谈。钱副主任说："今天我和国防科委的同志们到北京卫星制造厂学习来了。从以前你们的研制情况反映中，我知道你们厂在前一段抓这颗星的研制工作，确实做了大量工作，知道大家的确有这么一股干劲。今天，我又亲眼看到了真的东西，给我的印象就更深刻了。总的概念：大家在前段是认真作了工作的。现在大家都有一定的信心，可以进靶场进行试验，准备发射了。我想，在发射前还要进一步考虑一下，我们还有哪些工作要做。我们的卫星要达到最高的目标——成功！空间技术研究院过去还是不错的。'东方红一号'卫星打一颗就成功了，第二颗也不错。''返回式遥感卫星同'东方红一号'相比，要复杂得多。重量重，要姿控，还要回收，要完成这个任务是不简单的，指标是很高的。我们已经做了大量工作，但出厂后，进技术阵地，发射阵地，还要上天，比我们过去的工作量还要大。越接近完成之时，任务越重，责任也越大，这是大家要特别注意的。要多想想没有想到的问题，想象出'冷门'的问题。总之一句话，不要有隐患。"讲到这里，钱副主任又就回收空投试验提出了一连串的技术问题。负责这颗卫星研制工作的王希季，一一认真详细地做了回答，钱副主任听后感到很满意。最后说道："我们要尽量吸收'东方红一号'和'实践一号'的成功经验，要靠马列主义、靠实践、靠团结一致，把工作做细做好，只有这样，我们才能成功。"

　　1974年9月8日,返回式遥感试验型卫星第一颗发射星运往酒泉试验基地,并于11月5日进行首次发射试验。当"长征二号"运载火箭带着卫星徐徐升起、全体参试人员热切盼望首次发射能顺利成功之际,火箭突然失控,发射指挥员不得不下达安全自毁指令。卫星连同运载火箭,顷刻之间变成一团火焰,被炸得粉碎,落在发射场附近。此时此刻,全体参试人员无不心情沉重。中央军委副主席叶剑英得知发射失败后,立即打电话给发射中心的全体参试人员,勉励大家:"失败是成功之母,不要颓丧,要再接再厉,继续奋斗,一定要达到目的。"叶副主席的指示增添了全体研制人员排除万难,去夺取胜利的革命信心。过后,人们慢慢从惊慌中省悟过来,钱学森和大家一起查找酿成大祸的原因,动员了包括科技人员和所有的发射部队人员,将散落于戈壁滩上的残骸都寻找、挖掘、筛选出来,又审阅记录着发射全过程的实况录像。录像片中再现了悲剧的细节——火箭一离开地面就开始大幅度摇晃,卫星却牢牢地对接于箭上。在火箭飞行轨道设计中,有一个安全自毁系统,如果偏离轨道的角度大于允许值,火箭就要爆炸,以免飞入人口稠密区域和大城市,造成不可预计的生命损失。此次的大爆炸便是火箭的"自毁"。在录像的提示下,研究控制系统的同志开始想到有可能是自己的工作出了问题,于是在模拟试验中反复查找原因,调整参数,并利用仍旧可用的遥测信号一个一个模拟,逐渐发现几个参数不正常;在更细致的查找中,又发现控制火箭摆动角度的"速率陀螺"与"平台"之间联接的电缆,没能将"陀螺"上的信号送给"平台",所以在不能纠偏的情况下越偏越大。于是,他们又按照不能传输信号的假设情形反复模拟试验,最后获得的模拟曲线和火箭运动摆动的曲线基本吻合。到底是"速率陀螺"坏了,还是"平台"接收信号有问题?或者是中间传输系统出了毛病?这需要找到确凿的证据。在酒泉的戈壁滩上,上千人在挖掘、捡拾火箭及卫星残骸的碎块,凡肉眼看到的一节铜丝、一片碎钢片都捡回摆在桌上,叫各系统的人前来认领,一点点地对接成型。炸成一节节的电缆线也对接起来了,恰巧有二寸长的一节电缆,被做电缆的技术人员认出,这就是"速率陀螺"连接"平台"的电缆! 在 X 光的透视下,发现在完好的胶皮的包裹中,那根铜线是断开的,用力拉一下断处立刻分离。人们终于找到导致失败的病根。后来查找到了生产厂家,得知是由于"文革"打乱了生产秩序,工人根本未按工艺要求生产,在火箭发射的强烈振动中,铜线被拉成了缝隙。真是千里长堤溃于蚁穴,塌天大祸出于"一根导线"。大家下决心认真总结经验教训,在确保产品质量上狠下功夫,一定要把卫星送上天、收回来。

对于 1974 年 11 月 5 日失利的"长征二号"火箭发射返回式卫星的复查工作,钱学森始终当成返回式遥感卫星研制工作复苏起飞的契机和重点。就在钱学森由基地乘专机返京那天,空间技术研究院调度室接到试验队打回的电话,要求在下午 2 点前到西郊机场接收返回舱。科技部安排杨照德、汪凤传、刘金月乘坐一辆大卡车前往,到达西郊机场时,飞机正在降落。过了一会,钱学森等人走到出口处与迎接人员一一握手致意。随后,他又走到杨照德等人身旁,告知返回舱已同机运回,并指示:产品拉回去后,让工厂好好保管,组织技术力量进行仔细检查,分析测试,发现新的情况要随时报告。

1974 年 11 月 28 日,国防科委和第七机械工业部召开了总结经验、吸取教训、整顿质量管理动员大会。钱学森要求各研制单位和全体研制人员,从返回式遥感卫星首次发射失败的实践中吸取教训,对每一个产品的质量来一次全面的大检查。会后,钱学森又多次指出,空间技术研究院要从首次发射失败的事件中吸取教训,对卫星设计质量、产品质量要进行全面的、彻底的复查,对存在的各种问题和隐患,要提出有效的改进措施。通过这次复查,空间技术研究院以此为契机,制定并建立起了一些有关质量控制和管理的规章制度,"质量第一"的思想开始在全体研制人员中扎根。全体研制人员以更高的责任感、更认真负责的态度和更严谨的作风,投入到返回式遥感第二颗发射星的研制工作中。

1975年5月24日,钱学森参加了空间技术研究院科技座谈会,这次会议发扬技术民主,讨论了空间技术的发展方向和五年、十年任务规划。钱骥在会上提出加速发展返回式卫星是符合国情的,不能将"尖兵"变成"后卫"。他在发言中,从国际环境、国外卫星发展趋势、国内卫星应用的需求、目前返回式卫星研制现状等,多方面地进行系统分析,认为当前返回式卫星研制工作只能加强不能松动,应是在研型号中的重中之重。钱学森插话说:"不能半途而废。"这些都对返回式卫星的发展起到了促进作用。

1975年5月下旬,返回式遥感第二颗发射星齐套,各研制单位始终把"质量第一"记在心中。"不带问题出厂,不带疑点上天"是工作的准则。所有的分系统研制产品都按时按质地送交总装厂,卫星开始总装。卫星总装完成后,立即开展了整星的各种测试,包括系统测试、整星综合模拟飞行状态的测试。参加测试的有空间飞行器总体设计部等十几个单位,上百名科技人员。他们在测试过程中,遵循周总理教导的"严肃认真,周到细致,稳妥可靠,万无一失"16字方针,对待工作一丝不苟,哪怕是一闪而过的现象,也抓住不放。如有一次发现姿态控制的水平陀螺测量精度有短时间的下降,再仔细观察,又一切正常。尽管精度瞬时下降值还是在允许的范围内,但大家仍以不放过任何一个疑点的工作态度,认真进行查找,最终发现有一根导线松动并与陀螺外环上的配重块相碰。这个问题如果不排除,有可能导致整个卫星试验失败。由于他们的努力,排除了一个又一个的隐患,终于在1975年8月完成了总装测试任务。

1975年8月,国防科委主任张爱萍听取了"长征二号"运载火箭和即将出厂的返回式遥感卫星的质量情况汇报,钱学森、马捷和任新民到会参加了汇报。张爱萍要求大家对产品做到"精心保健",确保质

量,力争"一鸣翔天"。据廖俊光《长征二号首次发射返回式卫星》①文中记载:

　　1975年8月18日,张镰斧副院长传达张爱萍主任指示,"请告诉从事这个产品的工人、技术员、干部和器材管理人员,一定要认真进行复查。凡自我查出的问题,不追究责任。查出问题解决了,就是对党对人民负责。"第二天,张爱萍、钱学森、汪洋等同志来到我院,检查"长征二号"第二发质量复查情况。"长征二号"总设计师屠守锷——作了汇报。12所针对速率陀螺短线问题,在增加控制系统可靠性方面做了大量工作。改双点双线148处,改环形供电30处,增大导线截面积13处。703所对星箭使用由他们推荐的新材料、新工艺46项,星上密封件18种32件,箭上密封件66种167件,都进行了复查,并采取了保质措施。704所在星箭上使用传感器28种64个、变换器12种35个,有些产自1970～1971年的产品已经过了保质期!他们同210厂密切合作,共返修4种20多个产品,还有7种因元器件失效,将整机推倒重来。13所对惯性器件作了全面检查、参数协调、精度合格。汇报中有的单位说,如果元器件不出问题,我们就没有问题,张爱萍主任针对这种说法,非常严肃地指出:"你把责任归到别人那里不对嘛,元器件选用时要检查,合格就用,不合格就不用。没把握的你选了,出了问题责任在你们。"听完汇报后,张爱萍主任说:"我们这个产品生于'乱世',元件、仪器存放很长时间了,我们要把吃奶的劲拿出来,把质量搞好。邓副主席讲了,产品质量99%不行,一定要100%。有了问题要发动群众,10次、100次,也要把问题找出

---

① 刘纪厚主编:《航天春秋——航天40年回忆录文集》(第一集),中国航天工业总公司,1996年版,第294页。

来。我们说把路线搞正确,就是以大局为重,消灭资产阶级派性。七机部的形势正向好的方向发展,可能还会有飞跃。但不能低估派性,某些方面可能还会有严重的斗争。有人说'别傻干,不要给汪洋脸上贴金',这是什么人?两个字,坏人。"接着钱学森副主任说:"我们要实现周总理讲的'一次成功,多方受益'。现在的总装测试队伍,就是到东风靶场去发射的队伍,听说这次去300多人,要精打细算。去的人要明确对哪一部分负责,出了问题就找他。试验队配备相应的政工人员,还要有人管生活。一切出厂产品,都要有文字记录,是谁查的,要签名。问题有偶然性就有必然性,不能放过任何一个偶然。到了靶场,时间一长就急躁。对问题找了几次不发现就放过去了。一年前没有认真对待苗头,所以失败了。这一次要认真对待。"

1975年10月13日,国务院、中央军委对第二颗返回式遥感卫星进行发射试验并作指示:"第一、希望把卫星送上去;第二、希望把卫星收回来,要尽最大努力,打好这场硬仗。"10月15日毛泽东主席批准第二颗返回式遥感卫星进行发射试验。1975年10月16日,返回式遥感试验卫星第二颗发射星安全抵达酒泉卫星发射中心。试验队到达基地,征尘未洗便全体动员,卸装备、产品,与基地同志一起将测试仪器就位,技术阵地测试旋即展开。试验队的工作千头万绪,但目标只有一个,就是把大家凝聚起来,心往一处想,劲往一处使,把卫星送上天,还要安全返回来。为了实现这个目标,国防科委钱学森、马捷副主任自始至终在基地亲自指挥这次试验。11月26日11时29分52秒,随着发射指挥员倒计数字口令"……5、4、3、2、1,牵动、开拍、点火。"下达到"点火"这一瞬间,操作员按下了火箭点火的电钮。顿时发射台上发出了一阵震耳欲聋的巨响,"长征二号"运载火箭携带着返回式遥感卫星拔地而起,奔向浩瀚的天空。各地面跟踪测量站不时报告:捕获目标,跟踪良好,飞行正常,星箭分离,卫星入轨,工作正常……至此,我国自己研发的返回式遥感卫星终于飞上了太空。

正当全体参试人员欢庆这次试验奏响了第一曲凯歌的时候,钱学森则专程赶到渭南地面测控中心,等待着传来卫星返回祖国大地的喜讯。发射入轨不简单,卫星返回更加困难,世界上第一种返回式遥感卫星——美国"发现者号"卫星前12次试验都失败,到第13次飞行才回收成功。中国能否突破卫星返回这一难关,是全体研制人员,特别是在渭南卫星测控中心的试验队的人员关注的焦点。卫星运行第10圈的遥测数据表明卫星工作正常,没有任何异常现象。但卫星继续运行下去会不会出现问题? 能否按预定计划于1975年11月29日返回地面? 这些还很不好说。为了完成"把卫星收回来"的任务,试验队开展了事故预想活动,并展开了一场激烈的争论。当时,人们提出三种意见:第一种意见主张让卫星提前于11月27日返回,防止"夜长梦多",卫星回不来;第二种意见主张提前到11月28日返回,因为卫星还未发现存在异常现象,应避开11月27日回收着陆区条件不好的困难;第三种意见主张按预定计划于11月29日实施卫星返回,同时做好28日回收前的准备。钱学森组织在场的专家们进行了研究,在决策前再次听取了杨嘉墀的意见。杨嘉墀和试验队的科研人员一起昼夜密切注视卫星运行期间姿态控制系统的工作情况。他根据遥测数据进行了计算,果断地判断卫星能按计划运行3天,为决策提供了依据。钱学森下决心还是按照原定计划,3天以后再回收,并最后拍板定案。随后马捷负责向张爱萍进行电话汇报。张爱萍当即在电话中批准了这个方案,并且询问了现场的有关情况。最终,卫星在运行过程中工作一切正常,于11月29日11时06分在贵州省六枝地区六盘公社着陆,取得了预定的遥感试验资料。

1976年5月18日毛泽东主席批准了返回式遥感卫星的第三次飞行试验计划。7月28日,唐山发生了大地震。地震波及北京,人们纷

返回式遥感卫星返回地面

纷住进了防震棚,但卫星总装工作始终未停。在钱骥、孙立言的带领下,冒着余震的危险,坚持进行了第三颗发射星的总装和测试工作。1976 年 10 月,在粉碎"四人帮"的大喜日子里,卫星及其运载火箭运到酒泉卫星发射场。1976 年 12 月 7 日,返回式遥感第三颗卫星发射成功。卫星在空间正常运行 3 天后,于 10 日按预定计划并准确安全地返回地面。1977 年 3 月 17 日,叶剑英副主席阅览了返回式遥感卫星发射回收后所获得的图片与资料以及成果分析报告后,批示:返回式遥感卫星有功。这一批示给从事卫星研制和火箭发射的广大指战员、科技人员和干部们以莫大鼓舞与鞭策。1978 年 1 月 26 日,我国又成功地发射了一颗返回式卫星。当天中央军委副主席叶剑英高兴地说:"这是科研工作 1978 年的开门红,祝贺同志们取得的胜利。"在 1978 年春召开的全国科学大会上,孙家栋在大会上发言,详细介绍了返回式卫星研制、发射和应用情况。多项卫星相关科研成果受到了全国科学大会的表彰。

科学技术卫星先行

空间科学技术试验卫星要先行,这是钱学森发展航天科学技术与系统工程的一个重要组成部分。广义地讲,科学卫星是用于探测与研究的卫星,主要包括空间物理探测卫星和天文卫星,借助于光谱仪、盖革计数器、电离计、压力测量仪和磁强计等,研究高层大气、地球辐射带、地球磁层、宇宙线、太阳辐射和极光,观测太阳和其他天体。而技术试验卫星是专门从事新技术试验或为应用卫星进行试验的卫星。航天技术中的新原理、新技术、新方案、新仪器设备以及新材料,往往需要在轨道上进行试验,试验成功后才会投入应用。

早在中国航天开创时期,钱学森便对航天科学技术,"两弹一星"有着明确的方向和目标。他从国家的任务需求出发,在完成国家任务的同时还带动了科学发展,充分体现了任务带学科的原则;学科发展了反过来又促进了任务更好地完成;人们开阔了思路,开创了新的学科领域,为以后接受更新更艰巨的任务奠定了良好的基础。

1965 年 10～11 月,中国第一颗人造卫星方案论证会议("651"会议)所审定的卫星方案,是一个较为先进的长寿命卫星方案。卫星携带的仪器有:测量卫星本体工程参数的舱内外各部分的温度传感器和舱内气压计;探测空间环境参数的宇宙线强度计;太阳短波辐射计和高空磁强计;卫星姿态传感器。为了能尽快发射卫星,突出政治目的,国防科委于 1967 年 12 月 11 日召开了第一颗人造卫星研制工作会议,所审定的卫星总体方案和各分系统方案,实际是简化了的原卫星方案。由于卫星载荷有限,除了测量卫星工程参数的仪器外,卫星未能携带空间环境参数探测仪器。

1968 年 2 月,空间技术研究院成立后,钱学森的工作重心侧重在抓组建机构及规划这些问题上。因此,他要求规划组必须按照新的形势对以往的卫星规划进行审核与研究,并进一步明确空间技术研究院的卫星重点是为国防和国民经济服务,还要兼顾空间探索。钱学森还曾多次给规划组成员讲解科学技术试验的重要性,并指出:"空间科学探测,不仅对认识自然界,比如,研究发生在近地空间、日地空间的各种自然现象,以及这些现象同人类赖以生存的地球和大气环境的关系,均具有重要意义,而且同人造卫星研制也有着十分密切的关系。"据田耀辉回忆:

空间技术研究院成立后不久,科技部领导夏冰部长让我负责主持规划小组制定我院十年规划。规划小组除科技部的部分同志外,京区所属部、所、厂,都有同志参加。经过多次研讨,还到部分应用部门调研,在原筹备小组以军事应用卫星为框架的基础上进行扩充与细化,形成了返回式卫星、导航卫星、通信卫星、资源卫星、气象卫星等系列,以及载人飞船系列。根据卫星、飞船设计的需要对空间环境虽有基本的了解,然而当时只能从国外公开发表的资料中获得相关的数据,其可靠性存在着不确定因素,再者卫星、飞船上许多关键技术还需要经过空间飞行试验,验证其可靠性。在提高可靠性的基础上,才能提高卫星、飞船等的成功率。基于上述两点考虑,在规划中还提出了增加以科学探测和技术实验为主要任务的科学试验卫星系列,定名为"实践卫星"系列,大概在1968年5月完成了《空间技术研究院十年规划》送审方案稿。我和杨照德同志到钱学森院长办公室请钱院长审批,钱院长看了高兴地说:"从系列角度考虑问题很好,这是自己需要的,也是我们必须做的。"之后经钱学森院长审批后上报国防科委。

在我国航天事业刚刚起步不久,聂荣臻副总理针对航天工程项目研制的特点,就明确提出要按"三步棋"安排科研生产,这一指导原则虽然是针对当时导弹研制提出来的,但是它的意义又远远超出导弹研制的范围,其精神适合于航天工程所有项目。1968年6月钱学森院长给规划预研处马礼晋、杨照德等单兵教练时,指出"三步棋"思想不单是用于按三个阶段进行组织安排的具体方法,它有更深层次的内涵。在组织领导的指导思想上,至少要看"三步棋",不能为眼前的事情所迷惑,要看得远一些,要有预见性。更要尊重科学,按客观发展规律办事。预先研究是工程项目的基础与先导。钱学森院长还特别提出:预先研究强调远近结合,即指以近期研究为重点,主要力量放在解决当前工程项目中的理论和技术关键课题,同时也要统筹兼顾专业发展,要当前任务有安排,近期任务有部署,远期任务有打算,系统进行管理。随后钱学森院长又给规划预研处交办两项任务:一是调研太阳能电池片生产状况及协作定点问题。他提出:从卫星规划任务来看,太阳能供电系统将是长寿命卫星的关键项目。太阳能电池片每年用量不是几千片,将来可能需要几十万片,研究院是否需要组建相应的配套厂。二是新技术项目飞行试验问题。当时"东方红一号"卫星正在研制,人们正忙于艰苦的攻关,也就是在那个时候,钱学森院长提出了一个令人深思的问题。他说:"科学、技术试验项目,除考虑发射卫星外,还应该充分利用其他卫星(指备份)的飞行试验也能搭上'公共汽车'。找一些人研究一下'东方红一号'卫星第一颗发射成功后,备份星与运载火箭如何利用。"

院机关有关人员随即就进行了调查研究。由孙家栋主持会议并召集沈振金、陈宜元、胡其正、沈以明、孔庆恩等总体部有关研究室人员一起研究。院机关杨照德、李沁生也列席了会议。经众人热烈讨论后,一致认为完全有可能将备份星改为试验卫星加以利用。考虑到卫星与飞船的发展需要,必须对长寿命应用卫星的关键技术,特别是要对太阳能电源技术系统进行试验。另外,还考虑到"651"会议所审定的卫星方案中的一些分系统,如太阳能电池、镍镉蓄电池、无源主动温控、姿态控制系统、各种空间探测仪器等,虽然当时这些未能列入"东方红一号"卫星方案中,但是各研究单位已开展了不少这方面的研制工作,只要经过努力就可在较短时间内成为正式飞行产品。随后,提出了"东方红一号甲"可成为太阳能电池试验卫星;"东方红一号乙"则成为姿控试验卫星。此事亦向钱学森、常勇作了汇报。钱学森明确提出:为了不影响"东方红一号"研制的进度,先将"东方红一号"甲和乙这两种型号卫星总体方案研究任务作为预研项目,列入院预先研究计划,由规划预研处按照预研管理的办法加强管理。

1968 年 8 月,经钱学森开会研究审定的"东方红一号甲"卫星的总体方案,是在"东方红一号"卫星的基础上,增加了太阳能电池镍镉蓄电池供电系统、长期工作的遥测系统和共用短波天线网络、无源主动式热控制系统、宇宙线计、X 射线计、磁强计、场效应管存储器、外热流测量计等 8 项空间技术试验及科学探测项目。这些试验项目分为两类:第一类是短期工作项目,工作时间预定为 15 天。这类试验项目主要是空间环境参数的测量仪器、卫星姿态测量仪器(红外测量仪和太阳角计)、卫星跟踪测轨设备(5 cm 应答机和 10 cm 信标机及超短波多普勒信标机)、场效应管存储器电路等。空间环境参数、卫星姿态测量参数和卫星工程参数由短期遥测系统传递。短期工作项目的供电由银锌化学电池提供。第二类是长期工作项目。这类试验项目是对将要发展的长寿命应用卫星的基本系统进行长期在轨试验,包括由硅太阳电池加镍镉蓄电池组成的电源系统、无源主动式热控制系统以及为其配套的新研制的小型遥测系统和电源电路。长期项目的设计寿命为一年。

"东方红一号甲"列入院预研项目之后,由各有关单位承担关键技术和预研课题,并组织队伍紧张地开展工作。如太阳能电源的硅太阳电池片,早期是由中国科学院半导体厂生产,但由于卫星的太阳能电池镍镉蓄电池都是由电子部天津 1418 所研制生产,故亦归口 1 418 所。为使产品耐受震动和适应空间环境,1418 所和卫星总体部一起在方案、工艺、组装等诸多方面进行了研究,并做了大量的可靠性试验工作。其中对太阳能电池片做了上千次的高低温交变试验;对镍镉蓄电池采用了密封工艺并对各种充电电流和放电电流以及温度交变等均进行了试验。为了提高可靠性,在方案上还采取了多种防止失效的措施。长期温控系统亦完成了对百叶窗主动热控制机构的预先研究,在闵桂荣的率领下,对双金属弹簧这一关键部件进行了上千次的高低温交变试验。百叶窗转动轴和轴承也是很关键的部件,特别要防止轴及轴承在低温、高真空环境下的冷焊或粘滞。这一细小的项目,在汇报会上却引起了钱学森的注意,他提出应作为重点安排到兰州物理所进行研究。该所技术人员经研究,选用了低导热系数的材料,即以偏氟乙烯作轴,银基合金做轴承,在真空度为 10^{-9} 毫米汞柱的条件下进行试验,性能完全满足了要求。在空间探测器方面,如多种探测仪器则由空间物理所承担,研究人员克服了种种困难,在当时混乱的局面下坚持在三线地区开展研制工作,按时拿出了合格产品。

鉴于"东方红一号甲"卫星总体及单项预研攻关取得较快的进展,钱学森适时地向国防科委提出申请,立项后转入了型号研制阶段。1969 年 11 月 17 日,空间技术研究院向国防科委报告《1970 年科研试制计划纲要(草案)》中建议,1970 年重点型号项目是:①"东方红一号甲"太阳能电池试验卫星;②"东方红一号乙"姿控试验卫星;③返回式遥感卫星;④通信卫星方案论证。在"东方红一号"卫星发射成功的鼓舞下,国防科委于 1970 年 5 月 12～14 日在空间技术研究院召开了有工人、干部、技术人员参加的三结合现场会议,审查"东方红一号甲"卫星总体方案。罗舜初、张震寰、杨国宇、钱学森、常勇、高万祥、孙家栋等人出席了会议。按照周恩来总理关于"综合利用"、"一次试验,全面收效"的指示,对原设计的"东方红一号甲"卫星方案进行了审查,确定了方案,落实了任务。钱学森在会议总结时强调长寿命是卫星在研制中,特别是在材料选择以及地面试验等方面必须充分注意的问题。要吸取"东方红一号"卫星经验,按科学规律办事,制定整星研制程序,并上报审批。会后国防科委决定将"东方红一号甲"卫星正式命名为"实践一号"卫星。1970年8月周恩来总理和中央军委办事组批准了研制"实践一号"卫星的报告。考虑到"实践一号"卫星的一些系统,尤其是结构系统采用了与"东方红一号"卫星相同的产品,在很大程度上继承了前一颗卫星研制的技术经验。一些新增加的系统又具备较好的预研基础,经钱学森审定卫星的研制程序简化为三个阶段,即方案阶段、初样阶段和正样阶段。正样星的测试和试验阶段亦于1970年8月开始,在测试过程中主要发现存在两个问题:一是正样星的热真空试验结果,上限温度下降了5度,考虑到下限温度为-15度,低温对蓄电池不利,而上限温度还留有余地,为此,将镀金吸热板面积增大50%;二是正样星检测中发现应答机受干扰,当短波天线伸展时,由于天线阻抗不匹配致使两台发射机相互干扰。1970年12月底,星、箭出厂汇报和故障预想时,运载火箭研制人员得知卫星上发现遥测发射机对应答机干扰的问题后,提出了卫星遥测发射机是否也会对运载火箭应答机干扰,钱学森当机立断要进行星箭联合试验。为此,于1971年元旦在运载火箭总装厂进行了一、二、三级火箭与卫星对接状态下的测试,经过选用合适的应答机后,解决了卫星内部及卫星与运载火箭之间存在的电磁干扰问题。

1971年初,"实践一号"卫星准备出厂。1月14日下午,周恩来总理主持中央专委会,在人民大会堂福建厅听取钱学森、孙家栋、戚发轫等有关卫星和运载火箭情况汇报。据戚发轫回忆:

  我们特意带去了太阳电池组合件、小遥测发射机和温控百叶窗三个部件。当部件摆放在地毯上时,周恩来离开座位,健步走到部件跟前,蹲下来,看得非常仔细。当他发现硅光电池片上有个小气泡时,便指着气泡问我们:"这有气泡还能上天用吗?"我告诉周总理:"这是试验产品,不是上天产品。"最使我们惊讶的是,当我汇报这一个卫星轨道参数时,周总理还清楚地记得第一颗卫星的轨道参数。周总理对我们的产品非常熟悉和感兴趣,问:"能不能把整个卫星拿来我们看看?"由于当时卫星和运载火箭已经装箱,准备运往发射阵地,我们表示以后一定把整星送来请总理看看。这次汇报,我们谈到星上大小遥测系统对应答机的干扰问题已经得到解决,但还未能在北京做充分试验验证时,周总理马上嘱咐我们到靶场后一定要认真做试验,得到验证后再发射。

在酒泉卫星发射中心,"实践一号"卫星、"长征一号"运载火箭很快地完成了技术阵地和发射阵地的测试。1971 年 3 月 2 日,周恩来总理召开中央专委会,听取"实践一号"卫星发射试验准备情况汇报。钱学森、任新民、王如庸、孙家栋、戚发轫参加会议,并把"实践一号"卫星的初样星送到人民大会堂。周总理仔细地观看了卫星,并询问了若干技术问题后,批准发射。

1971 年 3 月 3 日晚,"实践一号"卫星发射成功。卫星运行轨道近地点为 266 公里,远地点为 1 826 公里,轨道平面倾角 69.9 度,卫星绕地球一圈的周期为 106 分钟。卫星入轨后,跟踪测轨系统工作良好,实现了及时预报轨道的要求。然而使人焦虑的是在卫星发射后,全国各地遥测站都未能接收到卫星发送的遥测信号。第二天上午,卫星再次进入我国上空。设在山东莱阳的遥测地面站,在卫星过顶时,仅短暂地收到微弱的短期遥测信号,而长期遥测信号则被淹没在噪声之中。3 月 4 日晚 10 时,京西宾馆,国防科委由王秉璋主持召开紧急会议,参加会议的有罗舜初、钱学森、孙家栋等有关人员讨论遥测信号的故障问题。一种意见认为,两个遥测系统除了天线共用外,是各自独

1971年,实践一号卫星在装配

立的;两个遥测系统信号弱,其故障出现在天线上,4根天线只要有1根伸展,信号就会大大加强,看来这种故障现象是4根天线均未伸展;天线未伸展的原因是运载火箭第三级与卫星未实现分离,因为4根遥测天线是收拢并插在末级火箭外壳上,倘若天线未分离,天线就不可能伸展。另一种意见认为,卫星与火箭的连接共有4个爆炸螺栓,火箭遥测表明这4个爆炸螺栓均已点火爆炸,星箭不分离的可能性极小,是否是4根天线均从根部断裂而脱离星体。当时此事未能达成一致意见。周恩来总理得知这一情况后,指示全国组织接收,并要求钱学森组织各方面人员进一步认真分析。直到3月11日,即在卫星入轨后的第八天,全国各站突然都接收到了两种遥测信号,且信号很强,接收到的数据亦证明卫星工作正常。据此分析,卫星入轨后运载火箭未能与卫星立即实施分离,但连接两者的爆炸螺栓却已实施爆炸。在入轨后的第八天,运载火箭终于与卫星实现了分离,且遥测天线伸展,因此,遥测信号恢复正常。后来的光学观测也证实了这一分析。据云南光学观测站记载：

> 在发射后的第二天观测中，只发现了一个目标，由于当时有人认为星箭可能相距较近，不能证明星箭没有分离。后来一直因为气象条件不理想，被云层遮挡，光学观测无法进行。直至 3 月 20 日才清楚地观测到两个目标，此时遥测信号早已恢复正常。

"实践一号"卫星从 1971 年 3 月 11 日遥测信号恢复正常之后，在太空工作了 8 年之久，直至 1979 年 6 月 17 日，因轨道寿命结束才坠落于北美洲。不难看出，"实践一号"卫星的实际工作寿命远远超越了设计寿命。该卫星虽然比较简单，当时中国也尚缺乏能在空间使用的长寿命的元器件及其可靠性数据和经验，但是在经过钱学森等人的组织、领导与系统安排下，充分发挥研制人员积极性，并要求严格把守元器件质量和可靠性关，合理选择方案，有效继承了"东方红一号"卫星的成功经验，加上充分的地面试验，采用设计、研制、测试一体化的工作方法，以及扎实地应用预先研究的成果，为长寿命、高可靠性等方面提供了宝贵的经验。1978 年，"实践一号"卫星的长期电源系统、长期温控系统、长期遥测系统以及空间探测获得全国科学大会成果奖。

1969 年 10 月中央决定在上海地区研制运载火箭和技术试验卫星。在国防科委的领导和七机部的统一安排下，由上海国防工办高崇智主持筹备技术试验卫星和所需的运载工具总体设计工作。该技术试验卫星命名为"长空一号"，运载火箭取名为"风暴一号"。这项任务列为上海市 1970 年第一项任务，代号为"701"工程。上海市第一机电工业局蒋涛主持并组织卫星总体设计工作。总体设计单位设在上海汽轮机厂 701 车间(后发展成上海华银机器厂，现称上海卫星工程研究所)。上海市机电二局和上海市各有关单位抽调了一批技术骨干参加设计工作，同时国防科委亦抽调魏钟铨、孟执中、吕保维、陆志刚等工程技术人员支援卫星总体设计工作,整个协作共计 562 家厂、所及院校参加。

在拟定卫星总体方案设想时,"长空一号"卫星研制人员曾多次向北京空间飞行器总体设计部、北京控制工程研究所、西安空间无线电技术研究所等单位学习设计和研制工作经验。1969 年 12 月至 1970 年 1 月草拟卫星初步方案。根据当时国内元器件的条件,拟分为三个阶段来实现:首先发射技术试验卫星,以便在工程技术上取得经验。然后延长卫星寿命,进行试验与应用。最后研制实用卫星。据田耀辉回忆:

> 1969 年 11 月左右,上海市组织代表团来空间技术研究院调研考察,当时领导让我负责安排接待工作,我去请示钱学森院长接待的原则和要求。钱院长明确指示:"这是国务院的决策,我们要热情接待,对上海来的同志,没有保密问题,他们要看什么地方,要了解什么问题,就要让他们看什么地方,如实介绍情况。"随后就按照钱院长的指示精神给京区主要厂、所打了招呼,并领他们参观了总装厂、试验站和总体部。在总体部还和有关的研究室进行了座谈。

1970 年 2 月 21 日,国防科委通知,遵照中共中央、国务院、中央军委指示,技术试验卫星、通信卫星、气象卫星以及相应的地面测试、观察、接收设备,由上海市负责研究试制。有关上述卫星研制工作,由五院移交给上海市承担。上海地区接受研制卫星任务后,各项工作都要从头起步,十分艰巨。不过由于上海地区的工业优势十分明显,又贯彻了大协作的精神,并且采取几个单位或几个小组齐头并进、互相竞争的办法,大大地促进了卫星研制工作的进度。卫星经初样阶段串联星试验后,于 1972 年 7 月开始从事各系统仪器正样产品的生产。一次投产 4 台套,其中 1 台进行抽样可靠性与寿命试验,其余 3 台作为飞行试验的正样星、备份星与备份件。飞行试验的目的是:进一步检验总体方案的合理性,各系统的工作协调性和可靠性。

"长空一号"卫星发射星于 1973 年 3 月开始总装,经两次综合测试完成了地面全部检查试验后,5 月 29 日出厂运往酒泉试验场。卫星在发射场技术阵地的测试厂房中又通过了单机检测试验及卫星与运载火箭联合模拟飞行试验,各系统功能良好,动作协调无误。出现的 26 个问题都在现场采取措施解决。1973 年 6 月 20 日晚,全体汇报人员围坐在人民大会堂湖北厅内,热切盼望周恩来总理的到来。21 点整,周总理健步来到大厅,他环视了一下到会的同志,又看了卫星和火箭的各种汇报图表,然后高兴地说:"大有希望!"据孟执中《亲切的教诲　巨大的鼓舞》[①]一文中回忆:

　　在十分亲切的气氛中,我代表卫星研制单位作了汇报。我当时只有三十多岁,是第一次经历这样的场面,心里有些紧张,怕讲不好,便拿着稿子念,刚开头称呼"总理"时,周总理便用亲切的语气说:"要称同志!"简单一句话,我的紧张心情顿时消失了,汇报起来也比较顺了。周总理谦虚谨慎、平易近人的高贵品质给予到会同志深刻的教育。周总理继续说:"你是搞这项工作的,应该很熟悉吧! 要讲,不要念!"当汇报到卫星研制和其他有关工作时,敬爱的周总理意味深长地说:"地球围绕太阳转,卫星围绕地球转,我们的各项工作都要围绕共产主义这一共同目标。如果各行其是,什么工作都搞不好。目标要认清,方向要对头。只要你们认准这个方向,就一定会创造出新的成绩来。"汇报一直持续到深夜。最后,周总理非常高兴地对大家说:"你们都很年轻,都是二

---

① 于庆田:《飞向太空——中国空间技术研究院二十年》,宇航出版社,1987 年版,第 33 页。

十世纪的人。为航天事业攀登高峰要靠你们。"

1973 年 8 月 26 日,"长空一号"卫星全部测试工作结束,待命转运到发射阵地。9 月 18 日晚,"风暴一号"运载火箭携带着"长空一号"第一颗卫星顺利起飞,但是,当火箭飞行到 154 秒时,二级游动发动机发生故障,致使姿态失控而引爆自毁。根据起飞到自毁前收到的星上遥测工程参数,表明星上设备工作正常,这让卫星研制人员从失败中又看到了成功的希望,他们决心从零开始投入下一次发射试验。经过 5 个月的时间,又完成了第二颗发射星出厂前的一切准备工作,参加发射试验。1974 年 7 月 12 日下午 9 时 40 分,卫星再次进行飞行试验。运载火箭起飞后一级飞行正常,卫星大风罩按规定时刻正常分离,但二级发动机又发生故障,未能将卫星送入轨道,试验再次失败。据《当代中国航天事业》记载:

　　在积极采取技术措施的同时,还针对试验火箭中暴露出来的问题,加强了质量控制工作。广大职工为了把第一颗重型卫星送上天,日以继夜地努力工作。控制系统、遥测系统、外测系统、箭体结构各方面的产品质量有很大提高。但当时也受到了"四人帮"的严重干扰,尤其在发动机研制方面,存在着违反研制程序,片面追求进度,侥幸取胜等现象。对于地面试验中出现的问题,没有进行实事求是的分析,不听取科技人员提出的正确意见,甚至把发动机存在的技术问题归结为"阶级敌人破坏"。对 1971 年飞行试验中游动发动机出现的推力下降现象也未引起应有的重视。由于带着隐患上天,致使最初发射卫星失败。

两次试验失败之后,科研人员逐项复查和解决卫星方案以及各系统存在的问题,在可靠性上狠下功夫。

"风暴一号"火箭发射

　　经过艰苦的日夜奋战之后，1975 年夏，"风暴一号"火箭和"长空一号"卫星运抵发射场。国防科委钱学森、马捷两位副主任都亲临现场指挥。遵照国防科委通知，七机部一院、五院派人组成学习组到试验基地参观学习。舒润达、杨照德等 4 人在钱学森副主任指导下到技术阵地、发射阵地进行调查研究，受到上海试验队同志们的热情接待。在学习过程中，经常利用空余时间向钱学森汇报所闻与感受。在卫星、运载火箭经过精心测试已进入良好状态后，经中央批准，于 1975 年 7 月 26 日晚发射。当天各地气象台站通报了首区、飞行区、入轨区的气象数据；各测控跟踪站报告设备正常，准备完毕；通信线路畅通无阻。参试人员清晨就在发射塔上、地下控制室内忙碌起来，做好临射前的检查准备。钱学森亲临现场指挥。国防科委、七机部领导在北京指挥部听现场实况转播，叶剑英副主席十分关心这次发射试验，打电话给试验队说："恭候佳音。"参试人员的心像上了弦的箭一样，等候着卫星飞向太空。当日北京时间 21 时 29 分 40 秒，"风暴一号"运载火箭发动机喷出巨大的红色火焰，载着卫星腾飞，拖着火红的长尾渐渐

远去,最后变成一个圆点消失在遥远的天际。地面观测站不断报告:
火箭一级分离正常,二级点火成功,星箭分离,卫星入轨。消息传来,
人们欢声雷动。22时30分在现场庆祝会上,试验队临时党委传达了
叶剑英副主席电话指示:"我们在21点38分的时间,听到卫星正常入
轨了。南方四站已经抓住了,你们要继续注意新的工作。祝你们胜利
地把卫星送上了天。请向参加前线工作的同志传达向他们问好,祝他
们胜利。"钱学森在现场高兴地与大家一一握手,祝贺卫星发射成功。
他强调指出:"卫星上了天是成功的第一步,卫星数据下来达到目的才
是最大的成功。"随后,试验队的部分人员立刻整理行装,乘专机赶到
渭南地面测控中心。国防科委张爱萍主任在北京指挥,并挥笔和诗
一首:

长空激雷霆

红星照瀛寰

喜看风光好

再把险峰登

　　第二天,中共中央、国务院、中央军委发出贺电指出,这次卫星发
射成功是:"大力协作,发挥中央和地方两个积极性的又一曲凯歌。"
1975年12月16日,1976年8月30日,我国又用"风暴一号"火箭发
射了两颗技术试验卫星,均获得成功。

　　空间物理探测是为研究地球大气层外的空间物理现象和过程而
进行的探测,空间物理探测及其结果是空间物理学研究的主要手段和
依据。长期以来,钱学森在星际航行研究活动中对此曾进行较为深入
的研究,曾参与领导组织过地面台站观测、火箭探空观测、卫星探测工
程的实践。传统的空间物理探测是在地面上利用各种探测仪器进行
的,只能定性地了解空间物理环境,不能定量地描绘空间物理状况并

研究各物理量之间的关系,再加上大气层的影响,地面探测有很大的局限性。火箭和人造卫星的出现,使人们可以把各种仪器送入空间进行直接探测,空间物理也得以迅速发展成为一门独立的学科。空间物理探测卫星在离开地面几百公里或更高的轨道上长期运行,卫星所载的仪器不受大气层的影响,可直接对空间环境进行探测,因而成为空间物理探测的主要手段。

在空间技术研究院组建时,钱学森对空间物理及探测技术研究所的成立非常重视。他多次给院规划组指出:"要从需求出发来搞空间物理,长远与当前相结合,为卫星、飞船提供空间环境参数和研究空间变化规律,所有的卫星都可以上探测仪器。"规划组在钱学森指导下,对探测任务、探测仪器和卫星技术途径等进行调查研究,认为国际上早期的空间物理探测卫星较为简单,重量不大,往往只能进行单项或几项空间物理探测。后来探测区域逐步扩大,从单颗卫星孤立探测,发展到多颗卫星联合探测。几颗卫星在预定的轨道上运行,能同时在各个不同区域进行测量,并且卫星上还可以搭载一种或多种探测仪器。主要探测对象是中性粒子、高能带电粒子、微流星体、电离层和等离子体等。空间物理现象的特点是参数多、范围广、变化大、相关性强,因此需要进行综合观测。为此,1971年3月"实践一号"卫星发射成功后,空间技术研究院就着手考虑空间物理探测卫星的研制。1972年4月,"实践二号"作为我国第一颗专用于空间物理探测的科学试验卫星列入了国家计划。钱学森提出:"钱骥是空间物理专家,对空间物理探测任务比较清楚,由他组织总体设计部和空间物理及技术研究所对'实践二号'卫星的探测任务、探测仪器配备和卫星的技术途径等进行调查研究,是最为合适的。"

1972年5月,钱骥组织召开"实践二号"方案研讨会,明确了研制的指导思想,讨论了总体设想方案,审查了试验项目,商定了研制分工,并探讨了研制程序,从而初步确定了研制步骤。后来,由于航天技术发展规划的调整,发射"实践二号"卫星的运载火箭几经变动,"实践二号"卫星的设计方案也经历多次变化。1974年9月12日,空间技术研究院召开了"实践二号"卫星方案复审会。钱学森出席了这次会议,最后确定该卫星是一颗空间物理探测兼新技术试验卫星,充分体现了"一次试验,多方收效"的原则。星上携带11种探测仪器,其中磁强针、半导体质子方向探测器、半导体质子半全向探测器、半导体电子方向探测器和闪烁计数器等,用于探测地球附近空间的带电粒子、预报太阳质子事件、改进无线电通信和导航;长、短波红外辐射和地球-大气紫外辐射计用于测量地球和大气的红外和紫外辐射背景,为多种对地观测卫星提供基础性辐射背景资料;太阳中紫外辐射计和太阳X射线探测器用于探测太阳活动;热电离气压计用于测量大气密度,以便改进人造卫星轨道计算,提高卫星轨道预报精度。这期间,为了加强空间物理研究,钱学森曾在空间物理及技术研究所的规划体制报告上提出几点意见:应加强空间环境研究,临近地球太阳系内环境的研究,包括环境条件的预报,亦可称天象研究以区别于气象;研究所除参与发射专用卫星外,主要任务不是发射探空火箭,而是要充分利用其他卫星和导弹飞行试验做好搭载工作,每年都有多次机会;大力协同,包括科学院在内。

"实践二号"卫星方案用了不少新的技术,给研制工作带来了不少困难。研制人员努力、不断攻关,克服了困难。此时摆在钱骥面前最大的难点是运载工具问题,由于运载工具规划调整,"长征一号甲"运载火箭下马,致使"实践二号"卫星的运载工具没有了着落。钱骥不得不到处做工作,争取运载工具早日定下来,使卫星研制工作能正常进行下去。1977年初,钱骥、杨照德到国防科委向钱学森汇报"实践二号"卫星研制工作进展情况和存在问题。钱学森明确表示,"实践二号"卫星工作不能停,有关运载工具问题会得到解决。经全面权衡,钱学森提出用"风暴一号"火箭发射"实践二号"卫星,并提出了"一箭多星"的设想。1977 年 8 月，上海机电二局同意提供"风暴一号"运载火箭作为"实践二号"的运载工具。空间技术研究院吴鹏、杨照德、张福田、王壮等十多人，前往上海进行技术协调。"风暴一号"运载火箭是定型产品，对卫星质量（重量）、质心位置、刚度等都有较严格的要求。此时，"实践二号"卫星即将结束初样研制阶段，已不能进行改动。"风暴一号"的运载能力达到 1 吨以上，而"实践二号"卫星的重量是 250公斤，如何充分利用运载火箭能力，做到"一次发射，多方收效"，这又是摆在"实践二号"总体设计人员面前的新课题。在仔细分析了有利条件与不利条件以后，决定用"风暴一号"发射"实践二号"和"实践二号甲"、"实践二号乙"三颗卫星。"实践二号甲"卫星为电离层信标试验卫星，在星上装 1 台信标机，地面配 6～7 个台站，用多普勒接收机和法拉第接收机同时接收信标机发出的信号，以测量电离层电子密度。"实践二号乙"为双球卫星，用于无源雷达标定试验。其中，用直径 4 米的气球作为引导用的光学信标，直径 0.45 米的金属球作为地面雷达标校的对象，两球之间用 600 米长的丝绳连接。直径 4 米的球内装有升华物和少量残余气体，入轨释放后气球膨胀。直径 4 米的聚酯镀铝的表面很亮，由此引导雷达搜寻金属球。

1979 年 7 月，第一次发射因运载火箭第二级发生故障，卫星未能入轨。1981 年 9 月 20 日，"实践二号"等三颗卫星由"风暴一号"运载火箭携带拔地而起。这三颗卫星依序入轨，工作正常。"一箭三星"发射成功，使中国成为继苏联、美国、欧空局以后世界上第四个用一枚火箭发射多颗卫星的国家。通过"实践二号"卫星系列所取得试验与探测结果，充分地显示了科学与技术试验卫星，在空间科学探测和空间技术试验等领域的作用和前景。在卫星新技术方面的成果，为应用卫星发展提供了设计依据，许多新技术至今仍在卫星上使用。30 多年以来，钱学森开拓的空间科学技术试验卫星得到了不断的发展，中国科学与技术试验卫星的制造技术水平、空间试验水平和空间探测水平经历了由简单到复杂,由低级到高级的发展过程。中国与欧空局合作,开展了地球双星探测计划,两颗卫星已发射成功,使中国科学技术试验卫星从此走向世界,在深空探测方面将不断地取得新的成果。

导航通信远望测量

1957年第一颗人造地球卫星上天以来,可以说大部分卫星是用于获得和传递信息,然而针对地球和人类社会来说,最主要的是通信和广播卫星、对地观测卫星以及对地面物体定位和导航的卫星。钱学森曾指出:"我认为这种技术在今天是大有作为的,它可以使我们国家一下子跳过所谓发达国家100多年所走过的、现在看来并不十分高明的路子,达到现代化水平。"

钱学森回国以后,用广博的知识投身于新中国第一个远大规划——十二年科学规划的制定。他为原子能技术、喷气与火箭技术、通信技术、自动化技术、半导体技术等领域的决策作出了极其重要的贡献。为了贯彻毛主席关于"建立一支强大的海军"指示和国家关于"重点发展、迎头赶上"的发展方针,海军与一机部、二机部、中国科学院有关部门研究,提出了发展导弹核潜艇的规划。钱学森对"原子能作为军用动力堆的研究"、"潜艇、快艇提高速度的研究"等项目被列入十二年科学规划,也起到了举足轻重的作用。

1958年6月,我国第一座试验型原子能反应堆开始运转后,聂荣臻召集罗舜初、万毅、刘杰、张连奎、钱学森、王诤、张劲夫等人研究发展核潜艇问题。1958年6月27日以聂荣臻的名义向"德怀同志、总理并报主席、中央"写了关于研制导弹核潜艇的报告。报告指出:

我国的原子能反应堆已开始运转,这就提出了原子能和平利

用和原子能动力用于国防的问题。至于和平利用,科委曾召开过
几次会议进行了研究,并已有布置。在国防利用方面,我认为也
应早作安排。为此,曾邀集有关同志,进行了研究,根据现有力
量,考虑国防的需要,本着自力更生的方针,拟首先自行设计和试
制能够发射导弹的原子潜艇。

1958 年 6 月 28 日周恩来总理对报告作了如下批示:"请小平同志
审阅后提请中央政治局常委批准,退聂办。"次日邓小平总书记仔细审
阅报告后批示道:"拟同意。并请主席、彭总阅后退聂办。"①毛泽东主
席和彭总也随即圈阅了这个报告。就这样,一项事关海军建设大局,
也关系到国防现代化建设大局的重要尖端技术工作就决定了。从此,
这项具有深远意义的导弹核潜艇科研项目,在中国大地上秘密地拉开
了序幕。

1964 年,导弹、原子弹试验成功后,钱学森抓住机遇适时地向国
家领导人提出制定人造卫星规划建议,他认为测地卫星、通信广播卫
星、导航卫星等已经有明确的用途。他的思维已由陆、海、空一体拓展
到陆、海、空、天一体化的体系,并以大系统的思维考虑国防科技的发
展。1965 年前后,钱学森多次主持和参与导弹、人造卫星、潜艇的规
划制定,并有机会应邀列席一些中央专委会议,从而推动了这些科学
技术在国防系统中的应用、互相交叉和渗透,以及不断提出新的要求
的进程,促进了国防科学技术的进步。比如,中国在地地导弹研制的
基础上,也将研制洲际导弹的任务提到了日程上。而洲际导弹,必须
通过全程飞行试验,最终实地考察其战术性能。又如,人造卫星以及
载人飞船也必须建立相应的跟踪测量站,以保证其准确入轨和正常运
行。钱学森认为,尽管中国幅员辽阔,但对于需要飞行上万公里的洲

---

① 聂力,怀国模主编:《回顾与展望》,国防工业出版社,1989 年版,第 135～136 页。

际导弹试验来说,大陆已经不够用了,只有建立以船为基础的海上活动跟踪测量站,把我国陆上测控通信网延伸到海上所需要的范围。

1965 年 8 月、12 月,周恩来总理主持的中央专委第 13、14 次会议上,研究了建立海洋观测船问题,并要求国防科委组织有关部门进一步研究提出规划。随后罗舜初、刘华清、钱学森、张劲夫等有关部门领导在一起进一步研究测量船问题。经反复论证,决定将远洋测量船和人造卫星跟踪观测船合并为综合性的远洋测量船,担负火箭海上再入段的测量和卫星海上的跟踪测量控制任务。1967 年 7 月 18 日,国防科委召开会议,请总参谋部,国防工业办公室,二、四、六、七机部,海军及有关研究院领导,审查了六机部、中国科学院、国防科委西北导弹试验基地的论证方案,并向中央专委提出了研制远洋测量船(代号“718”工程)的建议。1967 年 9 月 6 日,经中央军委第 93 次会议讨论,同意国防科委提出的关于研制远洋测量船的初步意见,并责成国防科委拟出具体计划,报中央专委审批。

1967 年 12 月,钱学森在安排“东方红一号”、返回式遥感卫星方案论证与复审会之后,根据潜艇、测量船研制工作的进展,适时地组织规划组开展导航卫星、通信卫星的探索性研究。他还要求在论证时要到海军调研,主动争取并促进导航卫星、通信卫星能在国家立项,并列入计划,早日开展工作。经国防科委介绍,杨照德、何正华、李秉勣等到海军司令部调研,受到海军司令部科研部洪惠的热情接待。他也曾出席“651”会议,参加人造卫星发展规划制定。双方交换意见后,他主动介绍了测量船、核潜艇总体工作情况,尚处于起步论证阶段,需要各方面的力量结合在一起进行综合论证。海军首长对导航、通信都极为重视,将迅速组织有关方面进行研究,提出卫星通信、导航系统的使用要求。

1968 年 1 月初,国防科委 651 筹备处,经钱学森决定,安排何正华、杨照德赴上海市南翔镇,参加“718”工程测量船总体方案论证会。

会议由许学彦主持。参加会议的有：由六机部七院调集 10 个有关研究所的人员组成的"六四工程组"，国防科委西北导弹试验基地的上官世盘、王立春等有关科技人员，共同开展测量船总体方案论证。测量船可在公海水域范围内任意配置，扩大了航天器的测控范围，对于进行洲际导弹远程试验和载人飞船全程跟踪测控、数据采集以及救生都是不可缺少的。当时国际上仅美、苏两国拥有测量船。测量船的设备与陆地测控站基本相同，由测量系统、遥测系统、通信系统、电视系统、时间统一系统、计算机系统等组成。经会议研究提出需要装船跟踪的测量设备有：单脉冲精密测量雷达、激光电影经纬仪、微波和超短波综合遥测以及双频测速设备。通信设备有：远距离大功率短波通信及超长波通信等较完备的通信系统。为了确保各项测控设备在船上能正常工作，需要解决船位的船姿测量及跟踪波束的稳定问题。导航定位手段拟由惯性导航系统、卫星导航设备、天文经纬仪组成综合定位系统。卫星导航和天文经纬仪导航的高精度定位数据，校准惯性导航系统长期航行累计造成的零位漂移，可通过计算机使测量船的定位精度达到较高水平。会上还根据测量船工程的需要，对卫星导航定位提出使用要求，认为卫星导航是测量船定位的重要手段。会议结束后，杨照德将测量船方案的有关情况，及时向钱学森、常勇、夏冰等作了详细汇报。钱学森指示：测量船与导航卫星、通信卫星和载人飞船关系密切，要紧密配合，搞好大协作。

1968 年 2 月 23 日，国防科委在北京饭店召开"718"会议（代号"7223"会议）。刘华清主持，罗舜初、周希汉、钱学森出席了会议。会议研究了测量船第一期任务：担负洲际导弹全程飞行试验海上再入段测量和各种人造卫星的轨道测量。经过充分讨论确定了测量船的总体方案以及测控、通信、导航定位、打捞以及气象等系统的技术方案。会议期间，钱学森也作了即席讲话，他强调："远洋测量船是一艘多功能综合性的复杂船舶，国外是从旧船改装成单一功能的测量船，积累经验后,再建造多功能的综合性测量船。而718测量船,是从无到有,要求一举成功。研制工作是一项极为复杂、庞大的系统工程,需要统一指挥、分工协作。"1968年4月,国防科委下发"7223"会议纪要,纪要中明确指出:"卫星导航、卫星通信问题结合其他舰艇需要,请七院会同海军提出使用要求,由五院组织论证,提出方案,于七月底以前上报国防科委审批。"1968年6月,毛泽东主席、周恩来总理批准了《远洋靶场测量船研制计划》,毛主席、周总理的正确决策,以及中央军委、中央专委对这项工程的重视,推动着各承担单位积极开展各种船型及其配套系统的技术方案论证,以及各系统的研究、设计工作。

1968年7月,空间技术研究院收到海军党委给中央军委《关于研制和建设对潜艇指挥通信、导航系统》报告的抄件,并附有海军对卫星通信、导航系统的使用要求。报告中指出:为了保证对潜艇的指挥和洲际导弹的试验,要求通信和导航必须全球、全天候、高精度、高速度、可靠、不间断地工作。必须研制和建立新的卫星通信、导航系统和新的超长波通信导航台。还要求在1972年完成卫星微波通信、导航系统的建设;1974年完成超长波通信、导航系统的建设。在报告中对卫星通信、卫星导航的装备对象、主要用途、使用海区、导航通信距离、水下接收深度、工作波段、定位航向精度、捕捉定位时间等均提出了一些具体要求。钱学森院长对海军的报告非常重视,组织有关人员进行了深入细致的研究,深感要完成这一重大任务无论是在技术指标,还是在进度要求上都存在着较大的差距。为了确保任务的完成,他向国防科委建议,使用要求须由用户组织系统论证。为此,1968年7月国防科委召集会议,由赵廉清主持,五院的夏冰、杨照德出席了会议。会上研究了导航卫星、通信卫星归口分工问题,决定由通信兵部负责归口提出通信卫星使用要求;海军负责组织导航卫星战术指标论证;五院负责通信、导航卫星系统抓总工作,尽快论证导航卫星研制方案。

遵照国防科委指示精神,为保证潜艇和远洋测量船的远程导航,海军司令部于 1969 年 1 月 6 日至 2 月 5 日,在天津塘沽以三结合形式召开了关于卫星导航战术使用要求的论证会议(代号"6916"会议),参加会议的单位有七机部一院、五院、七院、二十基地、海军(其中东、南、北海舰队共 6 人),总计 23 人。鉴于当时核潜艇、测量船、导弹、运载火箭、导航卫星及测控跟踪站的论证工作,都是处于起步阶段,急需技术交底和相互协调。尽管当时处于"文革"混乱时期,大动乱冲击着每一个角落,但各单位仍以国防事业为重,冲破各种阻力,选派技术骨干出席会议。会议由海军司令部来光祖副参谋长主持,他遵照毛泽东主席"为了反对帝国主义的侵略,我们一定要建立强大的海军","团结起来争取更大的胜利"的指示精神,回顾了海军武器装备的发展道路,指出海军是装备技术极其复杂的军种,科学技术在武器装备中发挥着巨大的作用。来光祖希望大家按照海军党委给中央军委报告的精神,进行充分论证,卫星导航系统提高 09 潜艇和测量船的战斗能力。海军将全力支持尖端技术的发展,需要什么资料、设备都会提供,需要进行海上试验,也会全力支持。会上,来自一线的海军舰队的同志,通过实战体会,介绍了海军舰艇对导航的迫切性与使用需求的具体事例,归纳起来为"远、深、精、稳"四个字。导弹核潜艇的技术关键是潜地导弹水下发射技术和精确的水下导航定位技术。潜艇水下发射潜地导弹,要将导弹从水下几十米深处发射出水,并使其具有一定的速度。在海水、空气两种介质和艇的升沉、摇摆以及波浪、涌流的影响下,保持正常稳定的出水姿态,因而水下发射的难度要比水上发射大得多,对艇的稳定性也要求更高。导弹核潜艇对导航定位系统有更高的要求,除了要保证潜艇水下安全航行外,还必须准确定位,以提高潜地导弹的命中精度。在会议期间,海军各单位纷纷谈到了发展中国卫星导航系统的必要性和迫切性,并分别提出了对卫星导航系统的战术使用要求。经过论证,认为倘若要解决无线电波入水问题,则必须采用超长波无线电导航系统。然而,有关超长波在电离层中的传播机理、途径以及衰减等问题,当时在国内尚未着手研究,就连国外这方面的资料也很少,要解决这些问题决不是少数人在短时间内用少量资金所能办到的。基于上述理由,会议认为发展中国卫星导航系统应分两个阶段:第一阶段,发展水面卫星导航系统,以便解决海军部队的急需;第二阶段,发展水下卫星导航系统,使潜艇能在一定深度的水下进行导航定位。会议提出由国防科委五院负责导航系统总体和卫星本体的设计和协调。

1969年3月13日,国防科委在《关于下达导航卫星方案论证任务的通知》中,明确了导航卫星方案论证的指导方针,确定导航卫星工程代号为"691"任务。钱学森、常勇排除工宣队、军宣队的干扰,亲自安排,抽调各单位技术人员组成总体论证队伍,由孙家栋、闵桂荣负责主持水面卫星导航系统方案论证。钱学森则要求"上来一把抓,回去再分家"。这就意味着在研究总体方案时,各单位的参加人员都要从全局出发,提出几种总体方案进行比较后,从中找出具有共性的各系统支撑课题,回单位之后再开展系统项目研究,并尽快提出外协课题。他还反复强调要充分利用已有的研究成果,从中吸取正在研制的卫星系统的实际经验。总体人员要常常到分系统单位调研,学习相关的专业知识。为此,总体室按照分工对口联系,这样便可以起到桥梁作用,从而提高总体设计的水平。

1969年6月,国防科委发出"关于召开导航卫星方案讨论会议"的通知,并明确会议任务:讨论和确定水面卫星导航系统总体方案;共同协商总体对分系统的要求;讨论方案实施的技术途径;明确研制任务、进度及分工协作意见。该会议委托五院主持。五院接到通知后,指示卫星总体部全力以赴地投入导航卫星方案论证会议有关总体资料的准备工作。会前,钱学森曾到总体部听取卫星导航系统初步方案的汇报。参加会议的有孙家栋、韦德森、闵桂荣、吴玉石、何正华、李秉勣等及总体室的有关人员。会上,总体室提出了导航实验卫星和导航应用卫星的两个方案报告。一种意见提出导航卫星分两步走,第一步利用"东方红一号"卫星的备份星,更改星中有效载荷,即把双频多普勒导航发射机装上,换下"东方红一号"的短波发射机、乐音装置等,快速改装成一颗导航试验卫星,这样卫星本身很简单,在取得试验数据的过程中,同时设计导航应用卫星。另一种意见是一步走,不要走试验星的路,应直接按海军要求研制应用卫星。应用卫星与试验卫星是一种技术状态,试验成功了就试用。通过讨论,归纳出两种卫星导航系统的方案:一种是采用双频多普勒测速的导航系统;另一种是双频测速和雷达测距的导航系统。前者已成功用于美国的子午仪卫星导航系统,并为众多用户所应用,但这种系统不单纯依靠卫星,还要依赖于庞大而复杂的地面测轨预报系统,它的研制周期较长。后者基于718测量船的要求,定位任务紧迫,且定位精度高,在该船上安装了"154－Ⅱ"型单脉冲精密跟踪雷达,故具有采用雷达定位的条件。会上还对导航卫星的研制采取两步走,还是一步走,要不要先经过试验星再到应用星,对这些过程有不同的看法。钱学森为了说服大家,他深有体会地讲了许多搞科技工作必须遵循科技发展规律的实例,从而说服大家搞导航卫星应该采用试验星和应用星两步走的方式。

1969年7月29日至8月11日,受国防科委委托,国防科委五院在北京海运仓总参招待所主持召开水面卫星导航系统方案讨论会(代号"691"会议)。海军、四机部、七机部、国防科委二十基地,以及第五、七、十、十四、十六研究院等单位代表参加了会议。会议由钱学森院长、郭天才副院长主持。海军来光祖副参谋长、航保部程文举部长出席了会议。国防科委罗舜初、刘华清副主任到会并作了总结性发言。五院总体部做了"691"导航系统初步方案报告,并提交大会文件资料。报告中重点讲了体制选择、双频多普勒系统原理、频率选择、导航精度分析,卫星导航系统星上电路与舰船设备接口方框图。报告中提到目前卫星导航体制基本上分两类:主动式和被动式。主动式卫星导航系统,如卫星双曲线系统、卫星中继测距系统,这类系统特点是被导航对象必须发射强大的无线电波,因而易于暴露,不适于09艇使用。被动式卫星导航系统,如卫星中继双曲线系统、卫星时间测距系统和多普勒系统等,这类系统中被导航对象不发出无线电波,只靠接收卫星发出的信号,独立导航,适合09艇安全隐蔽的要求。"691"导航系统选用超短波波段,并采用双频,其目的是为了消除电离层对无线电波传播的影响。导航精度的初步分析,舰艇航速引起误差50米,定位误差80米,轨道预报误差175米,则导航定位精度(均方根值)小于200米。

会议通过深入、认真的讨论和协商,确定水面卫星导航系统采用双频多普勒体制是适宜的和可行的。这种全被动式导航系统,具有较高的导航精度,可以满足海军提出的战术使用要求。同时,研制这种卫星导航系统,国内有一定的技术基础,能够解决面临的技术问题。而混合式导航系统,因增加了各方面的技术难度,未得到会议采纳。会议确定的卫星导航系统的战术指标和要求包括:导航覆盖区为南、北纬80度,导航定位精度(均方根值)小于200米,定位时间间隔为4小时,卫星连续工作寿命为1.5~2年,卫星运行轨道的近地点高度为1000公里,偏心率为0.015,倾角为70度左右,卫星质量小于200公斤,卫星组网数为3颗。会议对第一颗导航卫星是实验星,还是应用星,是否分两步走,以及研制进度的讨论争议较大。

从使用角度考虑,要求短期内发射应用卫星,以便满足舰船执行远洋试验任务的需要。研制单位考虑从设计、试验、初样到正样生产需要一定的周期,而且整机元件、材料都有新的要求,齐头并进很难满足需要。但在当时政治气氛中,会上大多数人都满腔热情,一定要按照使用要求去完成任务。而钱学森作了长达40分钟的讲话,重点讲科学规律。比如,爱迪生搞科研遵从科技规律;毛主席搞土改曾经过二十多年长时间的逐步试验。他指出,从失败中得到的教训,往往比成功的经验更为宝贵。他还介绍了苏联专家撤走后,国防部五院的全体人员,热情很高,决心刻苦学习,在实践中增长才干,战胜了因经验不足和国外封锁带来的种种困难。在"为国增光"的口号下,大家日夜奋战,一方面抓紧时间,为试制、生产、试验创造有利条件,另一方面则紧张地进行各分系统的设计和产品试制。仅用了一年多的时间,进行首批发射试验的火箭就研制出来了。虽然首次飞行试验不顺利,但通过总结,大家认识到,这次试验失败,暴露出来的问题是多方面的。比如,在工程技术方面,主要还没有掌握自行设计的规律,对火箭系统工程的复杂性、各分系统的技术协调性认识不足;有些必要的地面试验却没有做成或做得不充分;对产品质量检验缺乏科学的标准,在科研管理方面,尚未建立技术责任制;严格的研制程序和工作制度也未建立起来。特别是在思想方面,急于求成,缺乏科学态度,对基础工作特别是地面试验重视不够,对于可能遇到的问题和困难考虑得少,对产品存在的缺陷与隐患,没有采取有力措施最终清除。钱学森针对会前各有关方面所提出的使用指标、进度与要求,明确表示,按科学规律先搞导航试验卫星,再搞导航应用卫星。试验卫星是五院内部的工作安排,在会上就不要讨论了。最后,钱学森指出:导航卫星是关系国家战略防御和人造卫星发展的重大问题,涉及火箭、舰艇、"09"工程、"718"工程等国家重大工程的全局。导航系统的高度综合性和技术复杂性,靠五院一个部门是难以胜任的,必须依靠国家的力量,依靠全国各有关部门和地区的协同支援。这次会议希望大家遵照毛主席"要大力协同做好这件工作"的指示,把系统方案论证好,安排好各项工作,多次协调,多次试验,尽快圆满完成任务。

会议结束后,钱学森、常勇根据国防科委《"691"会议纪要》的精神,重点抓总体方案论证,研制队伍落实,和协作配套项目的安排。院科技部规划预研处按照钱学森的统一部署,派人到一院、十院了解遥测、遥控任务安排情况。经了解,由于当时很多科技人员下放农场锻炼,一院遥测研制单位已经承担的遥测任务很重,如果要承担"691"遥测系统,也只能排在第 28 位,从现状看较难安排。遥控研制单位主管部门也表示,遥控系统只能我们一家单干,无法合作,如要合作他们就不再承担"691"任务了。根据当时五院承担的卫星、飞船任务情况,钱学森考虑今后五院的发展,下决心自己干。他明确指出:要通过"691"任务带动研究所的方向任务与体制调整,不能"就汤下面",要把分散的力量集中起来形成拳头,逐步完成卫星各分系统设计、试制、试验配套的建设。据陈世平回忆:

> 五院建院初期,在钱学森院长和常勇政委的领导下组织了导航卫星(代号"691")、通信卫星(代号"706")和载人飞船(代号"714")研制工作。测控系统开始采用双频体制。在钱院长和常勇政委创新意识的鼓励下,504 所提出了同时用于通信卫星、导航卫星和载人飞船遥控、遥测、测速、测角以及导航信号传递、航天员语言信号传送的具有"统一载波体制"的综合系统。其地面接收系统包括一副 10 米口径天线,采用 X－Y 型支架将跟踪死区移至水平方向,同时包括一套伺服设备和一套双频接收设备。院领导将此任务命名为"520"任务,同时决定采取大会战方式开展研制和生产,会战地点选在位于山西太谷的 549 厂。549 厂有数百人,504 所有 40 余人,501 部和 502 所有 10 余人参加了会战。会战从 1970 年下半年开始,在十分艰苦的条件下,几乎每天加班都超过晚上 12 点钟,仅用不到一年半的时间就完成了所有设备的研制。

1970 年 9 月 1 日,七机部通知,各类卫星大总体由五院抓总,运载工具作为一个分系统由一院负责。10 月,国防科委委托七机部主持召开导航卫星技术方案复审会议。钱学森对导航卫星的技术方案进行了深入的审查,并建议导航卫星命名为"灯塔一号"卫星。1970 年

11 月 9 日~26 日，受国防科委委托，七机部在北京京西宾馆召开了"灯塔一号"卫星技术方案审查会议。会上，与会人员讨论确定了卫星导航系统的方案、技术指标以及大总体对各分系统的研制任务书。"灯塔一号"卫星导航系统，由卫星本体、地面测控站和用户设备三大部分组成。"灯塔一号"卫星本体由结构、热控制、姿态控制、天线、双频测速、时间同步、数据传输、遥测、遥控、能源和激光测距等 11 个分系统组成。

　　双频发射机在发射双频信号的同时，还发送标准时间信息和轨道预报数据。数据传输系统又分为下行传输系统和上行传输系统两部分：下行传输系统，除向地面发送双频频率外，还同时向地面发送卫星标准时间信息、轨道预报数据和遥测信息；上行数据传输系统，除向卫星发送地面遥控指令外，还可向卫星发送时间校正信息和轨道预报数据。"灯塔一号"卫星是高度 1 243 毫米，直径 1 230 毫米的 8 面柱状体，顶部装有 8 块太阳能电池帆板。卫星采用太阳能电池加镉镍蓄电池组合的供电方案，在星体侧面及帆板上共装 17 000 多片太阳能电池。卫星采用重力梯度稳定对地定向，在卫星顶部的中心线上，装有姿控系统的重力梯度杆和阻尼球。在卫星顶部阻尼球的两边装有交叉振子天线和环形天线。在卫星底部的中心线上装有直径 684 毫米、高 183 毫米半球形交叉谐振子天线，底部的侧面装有用于俯仰和偏航测量的 2 个红外地平仪，卫星底部的其他侧面装有用于地面对卫星的激光测距激光反射器。卫星的上部装有 1 个具有热控制的仪器舱，用来安装关键电子设备。为了使"灯塔一号"卫星有别于"子午仪"卫星的信号，经钱学森组织 501 部和 504 所等单位讨论，确定"灯塔一号"卫星上双频发射机采用一种特殊的信号形式，用于副载波，既能携带标准时间信息和轨道预报数据，又不会对双频测速的精度产生干扰。同时对"灯塔一号"卫星无线电系统进行了星、地、船多方面的协调。星上无线电系统确定为由遥控系统、时间统一系统、遥测系统、跟踪测轨系统、天线系统组成。经过讨论通过了各分系统的研制任务书,从此各系统开始了星、船、地面各分系统的工程研制和技术协调。

1971年9月9日,20试验基地向国防科委提出《关于卫星导航地面系统总体方案和中心注入站建设方案的报告》,10月8日钱学森副主任在报告上批示:首先是卫星导航系统的总体方案定下来,可先向七机部五院征求意见,然后再开会。随后国防科委机关给五院科技部联系,要求该部就下列几个问题进行汇报:①卫星导航系统方案是否已经确定? 是否还要作修改;②"灯塔一号"的运载工具,采用"长征一号"还是"长征二号";③20基地提出的地面系统总体方案和中心注入站的建设方案是否可行。

1972年1月31日,国防科委副主任钱学森主持召开了卫星导航地面站建设问题的讨论会。任新民、程文举、谢昌年、杨照德等出席会议。会上同意卫星导航中心注入站的建设方案,设备仍由原研制单位落实。会上钱学森进一步明确第一期工程是飞行试验,第二期工程是定型试验。第一期工程可按现有方案实施,力争早日进入试验。4月14日~20日,国防科委委托20基地在北京前门饭店召开《导航地面系统设备落实会议》(代号"414"会议)。钱学森任会议领导小组组长,副组长由孙茂祥、程文举、崔子高、陈关福、谢昌年担任。国家计委、718和09领导小组办公室、上海市工交组、四机部、七机部、中国科学院等50多个单位参加了会议。会上钱学森多次强调"灯塔一号"卫星导航地面系统主要用于"09"工程、"718"工程及其他大型水面舰船的导航定位,是毛主席批准的"09"工程的配套项目,是一项战备任务,是为建立强大海军服务的,因此,要求大家积极承担任务,按时按质完成。20基地六部报告了地面系统总体方案及中心注入站设备系统的组成。会议分总体、计算机、双频测速仪、遥控、遥测、授时、长波接收机等专业组。会议期间,对口协调技术指标,签订协议与编写会议纪要。"灯塔一号"卫星导航地面系统和中心注入站建设已列入了国家计委计划,代号"691"工程。7月3日,国家计委向叶剑英副主席,李先念副总理呈送了《关于"灯塔一号"卫星列入国家计划》的报告,在报告中明确提出需要计划专款经费1亿5千万,请予支持。随后,在国家计划调整期间,为了促进"灯塔一号"卫星工程尽快上马,国防科委在1973年4月5日给周恩来总理、叶剑英副主席、中央专委又呈上了《关于导航、通信卫星列入国家计划和研制分工请示》报告,在报告中提出:遵照总理指示,我们于去年6月开始着手研究"四五"、"五五"期间的卫星、飞船发展规划,先后和研究计划部门交换过意见,因当时领导精力主要还在抓各单位的批林整风,解决领导班子问题,工作规划未全面展开,目前尚不能提出通盘安排意见。然而导航和通信卫星是急需的,但因未列入国家计划,有些设备订不上货。1973年4月13日经国家计委建议,正式批准列入国家计划。此后,"灯塔一号"卫星、地面测控、运载火箭等各大系统,在钱学森统一协调与组织领导下,全面展开,进展较快。

　　1974年1月,"灯塔一号"卫星在各分系统逐级联试的基础上,完成了第一次电性星桌面联试的工作。在这次联试过程中,验证了电系统的总体方案和各分系统的电性能及接口关系,发现了星载各分系统之间、星载系统和地面测试设备之间存在大量的接口问题和信号干扰问题。这些问题,经逐级排除和系统改进之后,整星的工作趋于稳定可靠。1974年6月~1975年7月,完成了热控星和结构星的总装以及温度环境和力学环境的模拟试验,全面检验了热控设计和结构设计。1975年10月~1976年8月,在全面修改和完善星载设备及地面测试设备的基础上,完成了第二次电性星桌面联试工作,为电性星的总装以及电性星综合联试创造了条件。1976年8月~1977年4月,完成了电性星的总装以及电性星联试和力学环境试验。这些试验证明,"灯塔一号"初样卫星达到了设计要求。1977年6月22日~7月6日,空间技术研究院受国防科委委托召开了"灯塔一号"卫星导航工程总体及卫星本体协调会议。会议确定用"长征一号甲"运载火箭替代修改后的"东风四号"火箭作为"灯塔一号"卫星的运载工具,确认"灯塔一号"卫星初样研制阶段结束,正式转入正样研制阶段。1979 年 9 月 14 日～17 日,空间技术研究院召开了"灯塔一号"卫星计划协调会议,确定 1980 年年底完成总装测试,安排分系统的星上设备及地面检测设备均由工厂生产。根据研制进度要求,承担"灯塔一号"卫星设备研制各单位,均在 1980 年 6 月以前完成了星上正样产品 4 套。这些正样产品也都验收合格。

1980 年 12 月 31 日,国防科委通知,为了进一步贯彻调整方针和研制急用、实用卫星的原则,撤销"灯塔一号"卫星研制任务,卫星完成环境试验后封存,将"灯塔一号"卫星资料归档。经过十年的艰苦努力,"灯塔一号"卫星已经完成了卫星正样设计和正样设备的生产。研制阶段,各系统特别是星上设备及地面跟踪测控设备和与它配套的用户接收设备等取得可喜的进展。据陈彬、马捷、张蕴钰在《"三抓"是"两弹"的继续攀登》[①]一文中指出:

> "三抓"目标确定以后,在如何抓好落实问题上也作出了许多符合实际的抉择。一是确保重点,坚决调整不具备条件的工程。当时,弹道式导弹的防御系统正处于技术途径探索之中,短期不可能取得成效。于是经中央专委批准,这项工程转为预先研究。同时,还暂停了导航卫星,放慢了气象卫星研制,使人力、财力、物力向"三抓"重点转移。

今天,中国社会、经济、国防科学技术的发展离不开卫星导航,"北斗"卫星导航系统的地球静止轨道卫星,在新型"长征三号丙"运载火

---

① 聂力、怀国模主编:《回顾与展望》,国防工业出版社,1989 年版,第 102 页。

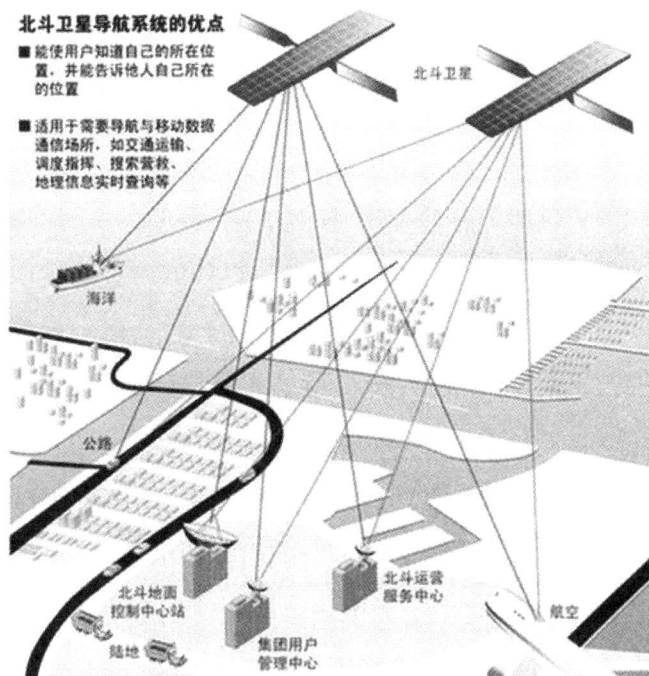

北斗卫星导航系统的优点
■ 能使用户知道自己的所在位置，并能告诉他人自己所在的位置
■ 适用于需要导航与移动数据通信场所，如交通运输、调度指挥、搜索营救、地理信息实时查询等

"北斗"卫星导航示意图

箭的托举下，扶摇直上，踏上了太空之旅，拉开了"北斗"导航星座部署的序幕，在中华航天史上竖起了又一座丰碑。中国航天事业靠着一代又一代航天人的勇气和智慧铸造了今日卫星导航的辉煌，在回顾中国的卫星导航史的时候，我们不能忘记"灯塔一号"导航卫星的开拓性工作，不能忘记钱学森创业时期的丰功伟绩。

　　卫星通信亦是潜艇、远洋测量船的重要保障手段。钱学森早在十二年科技规划制定时期，就明确提出通信技术既是国防建设的关键技术，也是经济建设中不可缺少的技术。自从 1958 年美国发射第一颗实验通信卫星以来，卫星通信技术取得了极大的发展。由于卫星通信具有容量大、传输距离远、传输质量好、能全天候通信、构成通信网络等许多显著特点，因此，一经出现就引起了钱学森、陈芳允、屠善澄等人注意，纷纷倡导开展预先研究工作。1966 年卫星系列规划草案指出：通信卫星的主要用途在于军事应用，同时还可以进行广播，直接对全世界广播语言及电视节目,以扩大政治影响,也可以用来构成全球通信网。

通信卫星中的同步轨道,轨道高度为 35 800 公里,在赤道上空,运转的速度与地球自转的速度相同,对地面来说,就经常固定在一个地区的上空。初步设想有三颗这样的星,再解决了卫星间的通信问题,导弹预警情报就可以随时传递回来,也可以构成一个全球通信网。要发射这样的卫星,除了要解决卫星姿态控制、遥控、磁带记录等应用卫星所必需的技术问题外,还需解决卫星的改变轨道问题、微波宽频带通信、抗干扰、长期供电的能源乃至光通信等一系列的尖端问题。

1968 年,空间技术研究院成立后,钱学森组织规划组到海军、通信兵部、邮电部等部门调查研究。当时我国民用陆上通信主要靠明线和短波,通信线路主要集中于大中城市和人口稠密的地区。而在边远省区或崇山峻岭地带,通信线路则极少。近海和远洋通信主要靠短波、超长波无线通信。因此,无论从民用通信、军用通信、海事通信,还是外交通信等方面都需要迅速发展卫星通信,改变通信落后状态。钱学森考虑当时中国卫星重点是"东方红一号"卫星,而通信卫星、导航卫星只能作为重点预研项目来安排。为了摸清通信卫星的关键技术,他提出开展总体方案探索性研究。1969 年 3 月 13 日五院发出《关于开展通信卫星研制工作的通知》,要求总体部及各有关研究所尽快组成通信卫星的研制队伍,对通信卫星的使用要求和国内技术基础进行周密、细致的调查,提出一个使用要求及总体技术指标意见,供总体方案论证使用。据田耀辉回忆:

> 1969 年底,通信兵部金万超参谋来我院调研,介绍了他们根据军委通知,组织队伍到上海落实通信卫星的研制任务时,上海方面表示目前技术力量集中在技术试验卫星、气象卫星上,通信卫星要到 1980 年之后才能安排。为此,通信兵部觉得这样安排

未免太慢了,来五院联系问到我们能不能提前安排? 我们马上表示可以组织力量安排通信卫星的研制任务,待给领导汇报后再与之进一步联系。事后,我向科技部夏冰部长汇报之后又向钱学森院长报告。钱院长说:"你负责与通信兵部联系,告诉他们,我们原来就有计划,我们可以承担通信卫星研制任务。尽快通知总体部作必要的安排和准备。"

"东方红一号"卫星发射成功后,通信兵部提出了利用通信卫星实现对包括边远省区在内的全国覆盖;完成电视转播;完成中央人民广播电台的对内、对外广播节目传送;完成潜艇和远洋测量船通信以及国内边远省区的军事通信等任务的要求。1970 年 6 月,在钱学森的安排与指导下,空间技术研究院举办了通信卫星总体方案准备学习班。7 月 4 日,提出了《通信卫星方案初步设想》(讨论稿)。学习班之后,经多方面的调查研究,提出了"东方红二号"通信卫星初步方案。11 月钱学森主持召开了方案论证会,研究了卫星的总体方案设想,提出了关键项目的研究课题,并研究了协作分工等事宜。据薛继忠回忆:

　　我和王声窍、沈金龙作为 508 所的代表,参加"东方红二号"通信卫星的方案论证会。当时该卫星的各个系统正处于起步阶段,复合材料夹层结构更是一片空白。为了减轻卫星的重量,卫星的太阳电池壳、仪器安装板、天线等构件,都需要做成复合材料结构。当时,没有哪个厂家研制生产过这种结构,都不敢轻易承担。只有 508 所在探空火箭的尾翼上使用过。为了早日把卫星研制出来,送上天,我们三个人商量,由我负责写了一份"请战书",代表 508 所请战,承担星上的所有复合材料结构件。在大礼堂开会时,当我把"请战书"送到钱学森院长手上,并说明请战的目的时,他十分高兴地说:"有你们这样的决心和行动,卫星一定能早日送上天。"我斩钉截铁地回答说:"只要领导把任务交给508所,我们会千方百计地坚决完成任务。"后来这项任务,果然下达给508所。508所领导动员有关职工进行会战,按照总体部的设计图纸,保质保量保进度地完成了研制任务。其后,"东方红二号"卫星的平台还被用在"风云二号"气象卫星上,直到现在。由此开辟了复合材料结构用于各种卫星、飞船和运载火箭上的先河。

然而,当时正处在"文化大革命"的动乱时代,卫星通信工程举步艰难,进展缓慢。1974年4月,邮电部黄种玉、林克平、钟信义写信给周恩来总理,建议由国家统一组织卫星通信工程。5月19日,周恩来在信上作了"由国家计委、国防科委联合召开一个有关部门参加的会议,先将卫星通信工程的研制、协作和使用方针定下来,然后再按照分工作出规划、督促进行"的批语。

根据周恩来总理的批示,国家计委、国防科委甘子玉、钱学森、陈关福等人多次组织七机部、四机部、邮电部、广播事业局等有关部门进行研究,确定首先解决有关问题,以满足各有关方面的试验要求,然后逐步地提高其性能,并建议整个卫星通信工程由国防科委负责抓总。1975年2月,国家计委和国防科委联合向中共中央、中央军委写报告,3月31日经中央军委报送中共中央、毛泽东主席批准。从此将我国卫星通信工程(代号"331"工程)正式列入国家计划,开始了型号研制。

1975年5月23～28日,空间技术研究院召开座谈会,发扬技术民主,讨论了空间技术的发展方向和未来五至十年任务规划。国防科委副主任钱学森到会并讲话。他指出:"四星一船还是五星一船,要排队。怎么排? 要求大家根据老五院(国防部五院)18年的工作以及总结的经验,在统一认识的基础上排队。有一条大家都同意,静止通信卫星要放在第一位。第一位的事情要抓紧,要组织一个小组,让它吃小灶,先解决它。"6月2日国防科委主任张爱萍在研究院规划汇报会上指出:"要以通信卫星为重点。它在政治上、经济上都有价值,要集中力量搞。"

在卫星通信工程走向正轨之后,工程速度明显加快。为了使研制单位之间更好地协调,并进一步搞好科研、生产和使用三结合,加速有关基础工程的建设速度,国家成立了卫星通信工程领导小组。七机部任命孙家栋为试验通信卫星总设计师、钱骥为副总设计师。在他们的率领下,试验通信卫星总体队伍,抱着早日将试验通信卫星送上天的决心,积极主动地完成总体设计、大系统间的技术协调,攻克了一个又一个的技术难关。

卫星通信工程,分为卫星、火箭、发射场、测控网、地面应用五大系统,近60个分系统,几万台(套)设备、仪器,分布在纵向近4万公里,横向万余公里的空间里。数万人的队伍要在精确的时间统一勤务条件下准确工作,要驾驭这一巨大系统,必须运用统一领导、统一组织、密切协作的科学方法。据刘良栋、吕振铎回忆:

我国发射的"东方红一号"卫星、"实践一号"卫星以及返回式遥感卫星,其控制方式是自旋稳定被动式,或是主要由星上自主完成的三轴稳定式,仅有少量的地面遥控由地面测控系统完成。而同步卫星的发射全过程则要复杂得多。除了通常由测控中心及测控站进行的轨道测定外,卫星的姿态数据采集、姿态确定计算和卫星姿态、转速、轨道控制的计算机执行均要由地面测控中心指挥有关测控站实施控制。同时要对卫星的各种遥测参数进行实时监视判断,进行故障诊断及对策,因而地面测控任务相当复杂繁重。当时的国防科工委副主任钱学森在一次"331"工程总体汇报会上,把同步通信卫星发射过程中卫星在各种轨道上的姿

"东方红二号"试验通信卫星

态控制,形象地比喻为孙悟空大闹天宫。张爱萍为此提出要练好"三手",要求我们除了做好发射靶场的各项工作外,更要充分重视地面测控任务的组织实施。

通信卫星地面测控网,是一项庞大的工程。它包括一个拥有多台计算机的测控中心,两个精度高、作用距离远的微波统一系统,三艘装有电子和光学的测量跟踪设备远洋测量船。李奇和聂力在《忆远洋测量船队的建成》[①]一文中指出:

1972年4月8日,叶剑英主持军委办公会,听取"718"工程汇报,当"718"工程领导小组办公室副主任李奇汇报时,张春桥几次打断发言;当国防科委副主任钱学森汇报到洲际导弹全程飞行试验需要测量船队负担那些主要任务时,叶剑英、李先念、余秋里、张才千等领导同志都表示赞同,而张春桥却无动于衷。当海军副

① 聂力、怀国模主编:《回顾与展望》,国防工业出版社,1989年版,第394页。

司令员周希汉汇报 718 测量船队大部分协作任务已安排在上海地区,建议由上海承担测量船、远洋调查船、打捞救生船的建造对加速工程研制比较有利时,张春桥说,这项工程是不是一定搞?要搞,由上海承担有很大困难。叶剑英当即表示:现在下马不行,要硬着头皮搞。并决定第一期工程先搞五型六艘船,即两艘测量船及远洋调查船、打捞救生船、油水补给船、救援拖船各一艘。同时还强调了"718"工程领导小组人选,决定由周希汉、钱学森为工程领导小组的主要负责人。

1973 年,周恩来审查批准了调整后的测量船工程研究报告,决定远洋测量船工程领导小组由国务院、中央军委直接领导,周希汉任组长,钱学森、余秋里等任副组长。1973 年 9 月,钱学森在测控系统规划会上提出:要总结经验,从总结经验中形成一个概念,这就是"测控网",要在全国建立一个测控网。钱学森提出"测控网"的概念,是指测控设备的布局能适应多场区、多射向、多弹道导弹飞行试验的特点和不同发射倾角、不同运行轨道卫星的测控要求。1975 年 10 月,以西北导弹试验基地上官世盘为组长的测控网技术调查组,提出了《导弹与航天测控网初步设想》。1976 年 5 月,国防科委下达了《关于开展导弹与航天测控网规划和设计工作》的通知。据此,测量设备研究所相继提出了导弹、航天测控网总体方案和导弹、航天通信网总体方案的初步意见,建议在已有的测控、通信能力的基础上,远近结合,全面规划,弹、星兼顾,综合利用,逐步形成一个布局合理、工作协调、适应性强的导弹、卫星测控网。1977 年 1 月,国防科委确定重点建设北京试验指挥所、洲际地地导弹全程飞行试验测控、通信系统和海上测量船队。在此基础上,再建设潜地导弹海上飞行试验测控、通信系统和地球同步通信卫星测控、通信系统,逐步形成一定规模的导弹、卫星测控网。

1977 年 9 月 18 日,中共中央、中央军委、中央专委决定:集中力量,突出重点,大力抓好洲际导弹、潜地导弹和通信卫星研制、试验的"三抓"任务。中央专委明确将"718"工程作为洲际导弹全程飞行试验、潜地导弹水下发射试验、地球同步通信卫星发射试验这三项任务的共同组成部分,并于 1977 年 9 月,在远洋测量船工程进行到关键阶段,张爱萍、钱学森在上海主持召开协调会议,要求加快测量船研制、建造的进度,确定两艘测量船均应于 1979 年底完成试航和特种设备的安装调试,进行海上联调试验及待命执行试验任务,并责成承担任务的研制单位以立军令状的决心确保任务的完成。在 1979 年 10 月,张爱萍、陈彬、钱学森又到上海去检查"远望"号测量船质量和测控设备联调的情况,安排了从 12 月 16 日开始在海州湾海域进行试航和实施海上联调计划。经过各方面的共同努力,到 1979 年年底,测量船的设备安装、调试以及全船总体联调、校飞工作全部完成,性能基本上达到了战术技术任务书的要求。到 1980 年已完成了"远望一号"、"远望二号"测量船和"向阳红 10 号"调查船各一艘;打捞救生船、援救拖船、油水补给船各 3 艘共计 5 种型号 12 艘船的研制任务。测量船是中国自己研制的第一艘海上综合测量跟踪站。远洋测量船队的建成,使中国继美国、苏联、法国之后,成为第四个具有海上跟踪测量能力的国家,填补了中国海上测量的空白,形成了从陆上到海上的测控通信网。我国国防尖端科技事业从此踏上了继续攀登新的高峰的征程:1980年 5 月向太平洋海域发射了洲际导弹;1982 年 10 月进行了潜艇水下发射导弹试验;1983 年上半年导弹核潜艇试航;1984 年 4 月,发射了"东方红二号"通信卫星并准确地定点在东经 125 度地球同步轨道上。

"东方红二号"通信卫星的研制、试验成功,为中国卫星通信开辟了新纪元。第二颗发射星成功后,完成了各种不同的地球站的通信试验(包括电视传送、广播节目传播、数据和图片传真、标准时间和频率发布),尤其是进行了核潜艇的报务通信。这些试验均取得了良好的效果。"东方红二号"通信卫星还实现了边远省区大城市(乌鲁木齐、拉萨、昆明）的电视传播，发送 15 套广播节目。北京至乌鲁木齐市、拉萨、昆明的军事通信，新华社及地震局的数字通信，水利电力部的水文调度等卫星通信业务。陈彬、马捷、张蕴玉在《"三抓"是"两弹"的继续攀登》一文中指出：

> "三抓"的任务，技术新，难度大，周期长，技术与知识以及设备均十分密集，组织协调复杂，安全要求严格，是现代化合成兵团的科学会战。正是：万里连营布阵，空中陆上水下，千军万马协同作战，时间分秒不差。要取得这样大规模立体战的胜利，必须建立一个坚强的指挥部，形成高度集中统一，严密精确的指挥体系。"三抓"任务是在张爱萍同志的领导和支持下进行的，钱学森、朱光亚同志从技术上协助，我们整个领导班子分工合作，互相支持，围绕中心任务，团结和谐地进行了工作。

1984 年 4 月 8 日，"东方红二号"通信卫星发射成功，钱学森与张爱萍在北京卫星地面站

第十章
载人航天神州圆梦

早期飞天探索活动

在中国卫星辉映出满天星光的时候，中国第一艘载人飞船——"神舟五号"于 2003 年 10 月 15 日北京时间 9 时成功发射，在轨道运行一天后，于 16 日 6 时 23 分安全着陆。航天员杨利伟自主出舱，标志着中国成为世界上第三个掌握了载人航天技术的国家。钱学森企盼了多少年，这一闪光的时刻，终于在他有生之年到来。他以无比欣喜的心情亲笔写了贺词："热烈祝贺神舟五号发射成功，向新一代航天人致敬!"

早期航天员训练

2003 年 10 月下旬,钱学森应中国空间技术研究院邀请,破例为《神舟圆梦》①一书写了序言。序言前一部分写道:

> 广阔无垠的太空,总是激起人们无尽的向往。
>
> 曾为人类灿烂文化宝库作出巨大贡献的中华民族,自古就有着遨游太空的遐想,从庄子的《逍遥游》到嫦娥奔月的美丽神话,以及明朝人万户的飞天壮举,都是飞天情愫的真实写照。当历史的脚步进行到 21 世纪时,"神舟五号"飞船实现了我国首次载人航天飞行,炎黄子孙终于让人的夙愿变成了现实,中国航天迎来了新纪元。
>
> 认识宇宙和开发利用空间资源,人类进行了不懈地探索和实践,航天技术被世人普遍认为是 20 世纪现代科学最重大的成就和发展最快的学科之一,是现代科学技术与基础工业最新成就的高度综合,是一个国家科学技术水平和综合国力的重要标志,航天员太空飞行已经 40 多年,人类登上月球也已 30 多年,虽然太空探索的道路并不平坦,但我们探索太空的脚步从未停止。

早在 20 世纪 30 年代,钱学森在《浙江青年》杂志上发表一篇题为《火箭》的文章,从内心深处发出了"我们必须征服宇宙"的豪言壮语。文章中写道:"你在一个晴朗的夏夜,望着繁密闪闪群星,有一种可望不可及的失望吧。我们真的如此可怜吗? 不,决不! 我们必须征服宇宙。"早在 20 世纪 40 年代,他就在航空与航天领域提出了若干重要的概念:比如,提出火箭助推起飞装置的构想,这个想法后来实现了,从而使飞机起飞距离缩短;提出火箭旅客飞机的概念和关于核火箭的设

---

① 袁家军主编:《神州圆梦——载人航天知识问答》,中国发展出版社,2003 年版,第 1 页。

想。他还在 1953 年研究了行星际飞行理论,并提出从卫星轨道上起飞的可能性。他的这些超前的设想和科学的预见性,已被后来航空航天技术的发展陆续证实。

1957 年 10 月 4 日,世界上第一颗人造卫星上天之后,钱学森积极倡导开展中国的空间科学研究工作,提出分三步走的发展战略,先搞探空火箭,再搞小卫星,后发射大卫星。1961 年 4 月,宇航员加加林首次进入太空,标志着航天技术进入了载人航天飞行阶段。6 月 3 日,钱学森在中国科学院第一次星际航行座谈会上发表了题为《今天苏联及美国星际航行中的火箭动力及其展望》的讲演,论述了星际航行与洲际弹道式火箭,星际航行的动力学问题。最后讲了进入宇宙空间的问题,他指出:

　　昨天(6 月 2 日)人民日报刊登了苏联科学家对人进入太空问题的意见,说:以前人对于生理和失重现象考虑得比其实际重要性还多,但最大的问题是辐射影响,以前这方面考虑得不够,最难的问题是防辐射问题。地球附近的两条辐射带(主要是内带)都不可怕,宇宙线的一般强度还好对付,最怕的是太阳耀斑爆发。一级二级耀斑的粒子能量不大,薄壁就能挡住;三级耀斑是平均半个月爆发一次,除 10% 为 X 粒子外,主要是能量值达到 500 兆电子伏的质子,必须用较厚的壁来防护。有时太阳表面还会产生超级大耀斑的爆发,1956 年 2 月就有一次特大爆发。根据测得的资料,离子浓度增大几万倍,能量达 200 亿电子伏。太阳耀斑爆发没准,如在空间走上几个月,要准备太阳耀斑爆发。过去 20 年中,平均每 3～6 年一次,持续时间为几小时。如果要防护它,就需要很厚的防护屏蔽。有人计算每平方米屏壁就需要 2 吨重的材料,这就是一个非常严重的问题,星际飞船将会变得非常重,科学技术问题要困难得多了。

当然,如果我们完全掌握了耀斑大爆发的规律,我们可以钻两次耀斑爆发之间的空隙。但看来耀斑的出现还没有规律,是随机的。所以只要星际航行的旅程在几个月以上,非常有效的屏蔽是必要的。由此看来星际航行的生物物理问题与原子能的生物物理问题有其近似之处。

钱学森的报告引起了大家的极大兴趣,与会的科学家们各抒己见。李敏华谈到失重问题,她认为短期失重问题不大,长期失重时,可配备小火箭,让火箭(卫星、飞船)自转;贺慕严指出:自旋对人的神经系统有影响,要设法使自旋有更大的半径;林同骥设想:刚生的小孩在肚子里是倒的,可否把刚出生的小孩加以训练以适应失重;贝时璋指出:人体的排尿、渗透压、肌体内运动都因失重而有影响。最后钱学森建议:军事医学科学院蔡院长(蔡翘)曾在《中国青年》(1961年第9期)发表了一篇关于人体如何适应宇宙航行的文章,拟可作为一篇入门的文章来读。

1962年10月,在中国科学院第七次星际航行座谈会上,蔡翘作了《宇宙飞行的生物学研究方向的探讨》专题报告。激发了与会者对发展空间生物讨论的兴趣。竺可桢、吴有训、钱学森、贝时璋等学者分别对遗传学、辐射生物学、空间失重等问题作了即席发言。竺可桢还就利用探空火箭开展生命科学研究提出了建议。当时因导弹、探空火箭等任务均处于机密状态,对富有神秘色彩的火箭技术、总体指标以及研制的进展情况,生物科学方面的专家不可能了解,因此,空间技术与基础学科之间的发展出现了脱节现象。1962年11月,钱学森在力学所办公室内给杨照德讲解科研管理课时,介绍到国外科学管理的发展态势,深有体会地说:"你们在新技术局除管理探空火箭任务外,还要管理科学院与国防部五院间的协作任务,有利条件很多,你们要学会任务带动学科,为工程与学科发展牵线搭桥。"他的一席话,使杨照德茅塞顿开,明确了科研管理的方向。经过各种调查研究与初步分析,杨照德与舒润达一起提出了利用 T－7A 气象火箭改装,进行小狗、大白鼠空间飞行试验的方案。1963 年 1 月就此事向竺可桢副院长作了汇报,竺副院长给他们讲解了有关空间科学方面的知识,并指出让生物物理研究所贝时璋尽快提出具体要求;请上海机电设计院杨南生、王希季组织论证。不到两个月的时间,上海机电设计院朱守己、倪惠生送上总体方案设想报告,提出了两个方案。一是利用现有探空火箭改装,进行大白鼠试验,每枚火箭上装有 2 只固定大白鼠,2 只活动大白鼠,4 只小白鼠和 12 支生物试管。试管内分别装有果蝇、须酶及其他生物制品。主要试验大白鼠在失重状态下的姿态变化;空间辐射环境对遗传的影响。另一方案是根据狗的体型与其他试验要求,为狗研制专用生物箭头,需将箭头直径由原来的 450 毫米增加至 600 毫米。它可以将 1 只狗、4 只大白鼠和 12 支生物试管发射到高空。经张劲夫、竺可桢、钱学森、谷羽研究,决定将生物火箭列入星际航行发展规划,同意新技术局将生物火箭列入年度计划、予以组织实施,并进行技术协调。

美国、苏联从 20 世纪 50 年代初就开始利用生物火箭将猴子、小狗和大白鼠等动物送上太空,进行一系列生物试验,研究试验生物在火箭密封舱内对飞行的适应性及对飞行因素作用的耐受能力;研究超重、失重、高空弹射、宇宙辐射等因素对生物机体主要生理功能的影响,为空间生物学研究和载人航天的生活舱和生命保障系统提供科学依据。

在王希季总师的领导下,上海机电设计院按照生物试验要求,在"T－7A"气象火箭的基础上,对该火箭的箭头进行了重新设计,新箭头由密封生物舱、供气系统、摄影系统、遥测舱和回收舱五个部分组成。为了确保生物能安全软着陆,回收系统采用了减速伞和主降落伞的二级减速装置特殊处理。密封生物舱是生物试验火箭最重要的部分,它是生物在飞行中居住、活动及生活必需的保障场所,分为上、下两段,采用整体密封结构。固定鼠盒被安装在带有弹簧减震的底板上,尽量减少因火箭而传给固定鼠盒的震动影响。在固定鼠盒的周围还设有铜丝网做屏蔽,以减少空间无线电杂波对遥测大白鼠心电参数的干扰。当进行生物振动试验时,发现在一定频率范围内,遥测所得的大白鼠心电曲线紊乱,无法判读。要有效地解决这个问题,首先必须搞清楚造成这种现象的原因到底是什么。有人认为是传感器的电路有问题,有人则认为是机械部分的振动与获取心电图的频率间产生了共振所致。王希季在充分地听取各方面的意见后,认为不要把问题看得太复杂了,当即拍板决定采取适当的减振措施,使问题得到了解决。

　　1964 年 7 月 19 日,第一枚生物试验火箭在安徽广德发射场升空,飞行高度达 60～70 公里,依靠返回装置使箭头生物舱内的大、小白鼠均活着安全返回地面,箭头内遥测与摄影等数据获取系统工作均完全正常,拍摄到了大白鼠从超重过渡到失重状态的图片。中国老鼠飞上了天的喜讯传到北京,张劲夫副院长让杨照德尽快起草一份简讯,向毛泽东主席等中央领导报告,并要求如实反映、文字精炼、深入浅出、通俗易懂,字数不超过 500 字。这一成就与苏联 1951 年成功发射生物火箭相比,虽然相差 13 年,但站起来的中国人民,终于用自己的双手将生物送上了天,缩小了与世界的差距。在"东风二号"研制发射成功的这一时期,钱学森正在制定我国导弹事业的发展规划,就在制定规划的前期,他曾亲笔写信给王希季,提出要进行载人飞船探索性研究,为制定规划做好技术准备。

　　1965 年 1 月 8 日,钱学森在给国家建议的报告中明确提出:

　　重量更大的载人卫星在国际上的应用,现在虽然还不十分明确,但也得有所准备。这些工作是复杂而艰巨的,必须及早地开展有关这方面的研究、研制工作,到时才能拿出东西。

　　载人飞船,是能够保障航天员在外层空间生活、工作以及执行航天任务并返回地面的航天器,又称为宇宙飞船。载人飞船一般包括卫星式飞船和登月载人飞船。1961年苏联发射第一艘"东方号"飞船,后来又发射了"上升号"飞船和"联盟号"飞船。在同一时期,美国也相继研制成功"水星号"飞船和"双子星座"飞船。钱学森提出的建议正代表了广大科技工作者的心声。为此,中国科学院、七机部八院以及军事医学科学院等单位,均积极组织有关专家进行研究,以便提出开题报告并立项。经过几个月的酝酿,中国科学院张劲夫、裴丽生、钱学森、赵九章、谷羽等人一起研究做出了决策,责成钱骥、舒润达执笔,于1965年7月起草了《关于发展我国卫星系列的设想》报告。其中附录(一)为我国十年内拟发射的人造卫星设想表,表中共分四类列出20颗卫星及飞船。其中科学实验卫星、通信卫星代号为"东方红";返回卫星代号为"解放";气象卫星代号为"气象";生物卫星和飞船代号为"大跃进"。为便于大家研究钱学森的航天科技思想,现将保存多年的有关载人飞船规划设想(草稿)有关部分摘录如下:

　　"大跃进一号"生物及回收试验卫星。

　　发射年度:1971年左右。重量300~500公斤。

　　主要目的:试验生物在飞行条件下的生理机制,为载人飞行准备条件;研究并发展生物生命维持系统;进行搭载生物容器的回收试验,同时为返回卫星准备条件。

　　主要仪器设备:重约300~500公斤的容器中装狗一只;生命维持系统(调节温度、压力、湿度及气体成分等);生理参数测量装置(心电、呼吸、体温等);加速度计、磁记录器等;制动火箭、回收降落伞等;卫星姿态控制部件。

"大跃进二号"生物及回收试验卫星。

发射年度:1972年左右。重量500公斤。

主要目的:考验长期失重对生物机能的影响;发展姿态控制及回收技术。

主要仪器设备:容器中装狗一只,飞行7～10天;大容量的生命维持系统;生理参数测量部件。

"大跃进三号"无人飞船(一)。

发射年度:1974年左右。重量3 000～5 000公斤。

主要目的:载人座舱的适用性试验;生命维持系统可靠性的实验(卫星运行15圈);定点安全回收试验;高空摄影。

主要仪器设备:载人座舱中装有狗、猴各1只;生命维持系统;生物参数测量装置;高空摄影机;传输实况的电视设备。

"大跃进四号"无人飞船(二)。

发射年度为1974年度左右。其重量为3 000～5 000公斤。

主要目的及仪器设备同无人飞船(一)。

"大跃进五号"载人飞船。

发射年度1975年。重量3 000～5 000公斤。

主要目的:进行第一次载人飞行及扩大政治影响;试验人在宇宙空间飞行条件下的环境适应能力和生理机能以及在失重状态下的操作能力;进行高空机动摄影。

主要仪器设备:载人容器(如果火箭推力允许则载2人);生理参数测量设备;实况电视设备及无线电通话设备;手动操纵设备及高空照相机;姿态控制及回收系统。

1965年8月中央专门委员会原则批准了规划方案设想,在中国第一颗人造卫星上天 5 年后发射载人飞船。为此还安排了近 200 项预研课题。为了及早开展载人航天预研工作,按照中央专委"由简到繁、由易到难、由低级到高级、循序渐进、逐步发展"的方针,在 1965 年 11 月 23 日,由赵濂清、谷羽、黎映林、钱骥、胡海昌、耿青、王道力、于志等二十多位同志进行了专题讨论。在讨论过程中,生物物理所同志提出:1970 年前,用"T－7A"火箭进行高空生物试验,共需 7 次,其中 5 次作近似于直上直下飞行试验,2 次作弹道式飞行试验。会议商定,在 1965 年 12 月中旬,就"和平号"火箭的研制安排问题,由七机部主持进行论证。主要内容是讨论箭头方案、试验次数和研制进度,以及"T－7A"火箭研制计划的落实与进展等问题。

　　1966 年 5 月,中国科学院先后几次召开了有关卫星系列规划论证的准备会,钱学森对规划论证会十分重视,尽可能抽出时间参加这些会议,他听取了载人飞船专题人员的汇报,并与大家一起讨论。经过研究,一致认为:载人飞船是灵活机动的侦察卫星或是空间武器。根据苏、美等国发展的情况来看,必须解决人长期在空间活动的问题。而我国要发射载人飞船,首先要具备大推力、制导精度高的运载火箭,还要掌握可靠性高的回收技术。这其中还涉及要进行耐高温材料、隔热材料的研究;再入大气层时的通信、降落伞及安全着陆等许多问题。另外,还需要考虑研究生命保障系统以及地面训练宇航员所需的整套环境模拟设备。当然这项工作,在时间上比起其他卫星,要略微推迟一些。因此,对十年发展规划中的载人飞船这一部分进行了相应的调整,并且将生物试验尽可能列入其他卫星的搭载试验里。至于规划中的飞船系列,则由原来的五项调整为两项。第 1 项是生物卫星无人飞船,预计发射时间为 1972 年,重量为 2 000～3 000 公斤,试验目的:试验生物长期在空间生活的情况;试验小再入角、低超重状态下的返回技术;试验地面观测系统对载人飞船的适应情况;考验生命维持系统和安全保障系统的功能。第二项为载人飞船,预计发射时间为 1973

年。重量为 2 000～3 000 公斤。试验目的：用毛泽东思想武装起来的人首次进入空间，扩大政治影响；试验用人来执行军事应用卫星任务；为发展空间武器打基础。

1964 年 7 月 19 日，我国第一枚生物试验火箭发射成功后，1965年 6 月 1 日及 5 日又先后重复试验了两枚生物火箭，这三枚生物火箭均飞达 60～70 公里高度。1966 年 7 月 15 日、18 日又发射成功两枚"T－7A(S)"生物试验火箭，火箭飞行高度约 70 公里，搭载的雄狗"小豹"和雌狗"珊珊"。先后安全着路，返回地面。

20 世纪 60 年代，我国用探空火箭进行了小狗的升空试验

生物试验火箭研究了生物在火箭密封舱内对飞行的适应性，以及对飞行综合因素的作用；研究超重、失重、高空弹射、宇宙辐射等各种因素对生物机体主要生理功能的影响，为空间生物学研究和载人航天的生命舱和生命保障系统提供依据，积累了宝贵的经验。

"曙光"飞船推动科技

载人航天是密集性高、综合性强的尖端科学技术。它集合了现代科学技术众多领域的最高成就,同时又对现代科学技术的各种领域提出了新的发展需求,从而推动了整个科学技术的进步和高新技术产业的发展。钱学森在《神舟圆梦》序言中指出:

> 早在 20 世纪 50 年代末,我国就开展了航天技术的探索。我曾经多次讲授星际航行课,为普及航天知识奔波。在 60 年代,我和其他同志一起向中央建议开展载人航天的研究,在中国空间技术研究院组建了飞船总体室,开展了飞船技术论证和关键技术攻关,并取得了一些技术成果。

在几十年的航天生涯里,钱学森始终站在航天技术发展的前沿,对我国航天技术发展规划、方案论证、技术攻关均做出了大量卓有成效的工作,为我国的星、箭、弹、船研制开辟了道路。在运载火箭和人造卫星研制工作正紧锣密鼓开展的同时,载人飞船的研究工作也时不时地被钱学森提起。1966 年 7 月下旬,钱学森找了王希季研究载人飞船工作及组织落实的问题。他还传达了周恩来总理在中央专委会上的指示精神:"我国在研制卫星的同时,载人飞船的研究工作也应该逐步开展起来。"随后,王希季组织了部分人员进行探索性研究,按照载人飞船的规划设想,由无人飞船到载人飞船的发展步骤,进行论证与综合分析。随着工作的深入与势态的变化,一些群众代表到七机部机关向钱学森提出要求:"不要走外国人先搞狗、猴上天飞行试验的老路,要尽快让中国载人飞船一步登天。"钱学森当即表示:"载人飞船是国家的大事,是大方向,究竟分几步走,大家回去可多做一些工作,待有关部门研究后再定。"

1967年3月,遵照国防科委有关载人飞船尽快起步的精神,在钱学森的领导下,王希季与有关人员一起进行了中国载人航天发展途径和步骤等方面的专题研究。参加单位有来自第七机械工业部第八设计院、总后勤部军事医学科学研究院航空宇宙医学研究所,以及中国科学院生物物理所等单位的范剑峰、王普秀等一批科研人员。会议对于1966年制定的《发展我国人造卫星事业的十年规划》(修订草案讨论稿)有关生物卫星与载人飞船部分,进行了深入地研究。经过充分讨论,认为苏联、美国在载人航天初期,主要解决将人送入地球轨道并安全返回的问题。在此之前先发射了无人飞船和生物卫星,用以验证载人航天系统的安全性和可靠性,以便确保载人航天获得成功。苏联和美国已多次把人送上了天,证实了人在过载、失重、真空和强辐射等恶劣环境下不仅能生存,而且能有效地工作。因此,中国在研究载人飞船之前,不一定需要先以狗、猴等高等动物作轨道飞行试验。

1967年6月,王希季组织载人飞船总体方案论证组,进行了载人飞船总体方案概念研究。按照当时有关单位提出的要求,进行了任务分析、方案制定、总体性能参数分解与综合、轨道设计、构型设计以及分系统设计等一系列工作。并于9月,由总体方案论证组完成了搭载一名航天员的飞行方案论证报告。10月,钱学森在听取一人方案汇报时,提出了要体现集体英雄主义,不搞个人,而要搞五名航天员的方案,要充分进行多方案的比较。并告诉大家,中央专委办公室建议中国第一艘载人飞船命名为"曙光一号"。在汇报会之后,总体组还对苏联"东方"号飞船、"上升"号飞船;美国"水星"号飞船、"双子星座"飞船进行了综合分析与比较。同年年底,总体组先后完成了可搭载1名、2名、3名和5名航天员的四种方案的设想。经钱学森与有关专家研究决定,先深入开展以搭载2名航天员为主的总体方案的论证。随着国防科研体制改革,空间技术研究院成立后,"曙光一号"载人飞船总体工作划归空间飞行器总体设计部。

载人航天属于国家级大系统工程,钱学森的任务是尽快地将研制队伍组织起来,按照分工迅速地开展工作。空间技术研究院建院初期,科学技术基础薄弱,研制条件十分简陋。在钱学森领导下,该研究院制定了《人造卫星、宇宙飞船十年发展规划(草案)》。1968 年 5 月,钱学森要求规划预研处马礼晋、杨照德、汪凤传,尽快提出载人飞船分工与协作意见。当时研究院下属各研究所虽然已承担了"东方红一号"卫星、返回式遥感卫星的研制任务,但尚有富余的技术力量,迫切希望多承担载人飞船的任务。在钱学森的主持下,经院办公会讨论审定了"曙光一号"飞船的分工意见。明确了空间飞行器总体部负责总体、结构、热控制和天线以及总装测试等项目;空间控制技术研究所负责制导、导航和控制;空间电子技术研究所负责遥控和电视;宇宙医学及工程技术研究所负责生命保障和航天员的选拔训练;回收技术研究所负责弹射座椅救生和降落伞回收;环境工程研究所(兰州物理研究所)负责部分有效载荷设备和燃料电池氢、氧贮罐的研制;试验站负责KM4 等地面大型试验设备的研制和试验;卫星飞船总装厂负责生产和总装。

钱学森重视发挥各学科专家与技术带头人的作用。建院初期,他亲自列出名单,让常勇在接管工作中采取特殊保护措施。为了加强"曙光一号"飞船研制,钱学森安排屠善澄参与总体方案研究工作。因此,屠善澄首先承担了"曙光一号"飞船控制系统的预先研究工作,进行了飞船外形、弹道的选择以及控制系统方案的确定,采用以肼为推进剂的单组元发动机作控制姿态的执行机构,并重视试验室与试车台建设。肼发动机系统是我国以后研制的通信、气象、地球资源、广播等卫星上都要使用的姿态执行机构,该系统首先在"实践二号"卫星上应用,为上述的这些卫星提供了宝贵的经验。随后各单位都先后成立了飞船分系统总体室,从事探索性研究,提出研究课题并立项,进行实验室建设,并与外单位合作研制新的仪器与设备。承担飞船任务的科研人员热情很高,主动到总体部飞船总体室联系,了解飞船总体构思,争取多承担一些飞船工程项目,迫切要求总体组尽快对各分系统提出具体设计要求,以便更好地开展分系统研究工作。

　　总体设计工作是定方案、定大局、做出决策的全局性和开创性的工作,在飞船研制过程中始终起着主导作用。钱学森带领院机关各部门有关人员到四楼会议室,听取总体部有关"曙光一号"飞船总体论证情况汇报,了解需要院里协助安排与解决的问题,并作出了具体技术指导。他强调要根据任务需求和系统的整体性规律进行总体设计,也就是说,从飞船的总体出发,把握好各组成部分之间的相互联系和相互协调,以便于开展总体设计;另外,还应进行系统分解和综合两方面的技术分析;在总体设计中,必须防止脱离整体功能和性能,而一味追求局部高性能或迁就局部低性能的倾向;要尽一切可能避免把系统分解和综合的技术分析做成简单的加加减减,而是应根据内在的相互联系、相互协调和相互作用的关系,进行系统分析和计算,从而进行分解与综合。总而言之,要使系统设计和技术协调达到整体最佳化的目的。当时载人飞船大系统工作是由空间技术研究院负责抓总工作,而飞船所需的运载工具、地面测控站、发射场、远洋测量船等方面的论证工作,也几乎同时起步。因此,钱学森要求总体室在总体方案论证时,要密切注意与有关部门加强联系,做好技术协调工作。

　　作为空间技术研究院首任院长,在载人航天方面,钱学森一手抓"曙光一号"飞船大系统设计,一手抓航天员的遴选、培养和训练。他很早就指出:"人类进入太空进行探索和开发,是人类为求自身发展的必然趋势,是人类文明史上必然的一次飞跃。"在国防科研调整初期,钱学森曾建议成立宇宙医学及工程研究所,从事空间医学科学研究,并负责航天员的遴选、培养和训练工作,使医学与工程二者的多学科相结合,培养训练出一批中国航天员。1968年3月22日,国防科委通知,军事医学科学院宇宙医学研究所,从4月1日起调归空间技术研究院建制。至此,宇宙医学及工程技术研究所(后改名为航天医学工程研究所),在钱学森院长、常勇政委领导下在北京成立。研究所以总后军事医学科学院的航空宇宙医学研究所为主体,再加上中国科学院的生物物理研究所、力学所以及中国医学科学院的实验医学研究所等部分人员。航天医学是专门从事研究航天活动对人体的影响,保障航天员的健康与安全,提高完成各种飞行任务时的效率,以及为航天工程技术发展提供科学数据的一门综合性医学科学。因此,航天医学工程是航天医学与航天工程技术相互结合的一门应用科学。在建所初期,钱学森、常勇、赵一鹤等院领导,在听取何权轩、陈信汇报研究所的方向、任务以及工作安排时,钱学森当即指出:"必须把载人航天地面设备的建设放在全院工作的优先位置。只有在航天员的生命安全有绝对可靠保障时,才能把人送入太空。"1968年8月20日,为训练出符合要求的航天员执行1973年"曙光一号"载人飞船的飞行任务,在钱学森、常勇的主持下,空间技术研究院向国防科委呈送了《关于选拔、训练航天员的请示报告》。

同一时期,钱学森根据航天医学工程研究所提出的技术要求,安排兰州物理所于庆田等人研制大型人用离心机。该设备采用了全液压传动、闭环控制、自动测试与观察系统,具有10米和12米半径的两个转臂,分别与三轴和单轴两种吊篮舱配合进行实验研究。人体医学实验最大值达12 g,工程实验最大设计值为25 g。这台涉及机械、液压电气、电控、光学和计算等10多个专业的大型设备,在上海四方锅炉厂、上海彭浦机械厂、富拉尔基重型机械厂和北京锅炉厂等20多个单位共同努力和大力协同,于1978年研制成功。航天医学工程研究所的技术人员在北京安装公司和设计人员的配合下,完成了这台亚洲最大的人用离心机安装、调试,于1985年投入使用。而太空生活模拟实验舱也是航天员上天不可缺少的地面大型环境模拟试验设备之一,钱学森指出这项设备也应该抓紧研制。他对航天医学工程研究所提出了设计要求,还组织有关专家进行审查,并安排兰州物理研究所王南豪等人于1968年开始进行研制。这台模拟太空生活环境的主要设备是在研制低压环境模拟舱的基础上设计的,密封实验舱体积72立方米。舱内可调节温度、湿度、压力、风速、气体成分等因素,予以变换试验环境,并设有5个乘员居住的生活设施及条件,可供较长期实验使用。这台设备由上海锅炉厂、上海电冰箱厂和大连化学物理研究所等10多个单位加工生产,并在北京安装公司配合下完成安装调试,于1975年正式投入使用。这个舱做过人体实验几千次,其中1次5人在舱内进行了较长期的模拟太空生活实验,取得了宝贵的资料。

据陈信所长回忆:"经过周密的调研,我们对一些必须建设的大型设施逐项进行了必要性、可靠性以及可行性的论证。尽管当时正是动乱的'文革'时期,但由于指导思想明确,我们在全国各方的大力支持与协作下,排除了干扰,克服了困难,经过十年的艰苦努力,终于在80年代初建成了一套相对齐全并配套的载人航天地面实验设备。这套全部国产化的实验设备,大致可分为三个部分:一是航天物理环境实验设备,如各类人工微小环境模拟舱;二是航天动力环境模拟设备,如人用离心机、振动台、冲击塔等;三是航天环境模拟飞行器。此外,我们还建成了配套的具有各类小型环境模拟设备,比如小型模拟实验室、微波实验室、噪声实验室、心功能实验室、脑功能实验室、肺功能实验室、人机功效实验室等。在组织结构上同时也组建了系统总体研究室等9个研究室和1个实验工厂。"

1970年4月24日,空间技术研究院在北京五棵松沙窝村工程兵招待所,召开了"曙光一号"载人飞船计划工作会议。该会研究讨论了研制目的、任务、设计指导思想、总体方案的总进度等。会议由常勇、高万祥、何权轩主持,参加会议的有总体部、研究所、工厂等单位的领导与相关的科技人员。当获悉"东方红一号"卫星发射升空,再次激发了人们开展载人航天研究的热情。常勇等领导决定会议延长几天进行深入的讨论,初步确定了总体布局,将采用双人乘坐的总体方案。在会议结束前,钱学森风尘仆仆从试验基地回来后赶到会场,给大家做了简短的发言,他指出:"东方红一号"卫星上了天,下一个台阶就是返回式遥感卫星、"曙光一号"飞船。他还告诉大家"东风六号"运载火箭比发射第一颗人造卫星的运载火箭具有更大的推力。方案论证工作也正在抓紧进行,大家要紧密配合,争取载人飞船早日升空。会议结束前,会务组将507所由上海运来的航天员食品,送到会议室,请大家品尝。这是"曙光一号"飞船任务的首批科研成果之一,引起到会代表们极大的兴趣,有许多人一边吃一边说:"好吃,好吃!"钱学森笑着说:"请你们继续吃一个星期后,再给大家说说好吃不好吃。宇航食品要有中国风味,能不能有些压缩米饭、中药饮料,宇航食品大有文章好做,食品研究要让数据说话。"早期的太空食品是糊状食品,如苹果酱、牛肉酱、菜泥和肉菜混合物之类,这些浆糊分别包装在塑料袋中。袋的一端有一个进食管,用手挤压塑料袋,食品就通过进食管挤入口中。除糊状食品外,还有复水食品和"一口吃"的食品。实验员反映,糊状食品口感不好;复水食品加水后不易软化;像牙膏状包装的食品令人恶心;"一口吃"食品在吃的过程中会喷出许多碎屑,不仅弄脏周围仪器设备,还可能吸入肺中,造成严重后果。后来经过多年的研究,航天员的食品相当丰富多彩,除了种类繁多的鱼、肉罐头,面包等外,还有中式菜品,如鱼香肉丝、宫保鸡丁等,比西餐更加食香味美。脱水米饭、咖喱米饭等主食全装在一个个书本大小的银灰色袋子里。菜肴也很丰盛,还能吃上大虾等海鲜。由于我国航天员爱喝茶,所以除了橙汁等常规饮料外,冰红茶、绿茶等时尚的现代饮料也一应俱全。科研人员还为航天员准备了草莓、苹果、香蕉、水蜜桃等水果,为了便于保存,在低温下去掉水份,加工成冻干水果,虽然水果变成了"干果",但口感色泽还都不错。1970年7月14日毛泽东圈阅了国防科委关于选拔航天员的报告。"曙光一号"载人飞船研制任务代号为"714"工程。中国载人飞船的研制工作开始全面启动起来。

高裕祥在《制作曙光一号全尺寸模型》一文中回忆:

> 1970年4月24日我国第一颗地球人造卫星"东方红一号"遨游太空,展示了中华民族自立于世界之林的能力,振奋了全国人民,也给予正在进行方案论证的"曙光一号"载人飞船研制队伍以极大的鼓舞。中国空间技术研究院成立后,"曙光一号"载人飞船总体划归501设计部负责,经过多方案比较论证,确定为双人乘坐的总体方案,并初步确定了总体布局。为了给1970年11月召开的飞船方案论证会的领导、专家和研制人员有一个参观、协调的实体,推动研制工作,院决定按初步确定的总体布局做一个全尺寸模型。模型由501部总体、总装设计人员和529厂的师傅成立了"三结合"小组完成制作,各分系统按要求交付设备实体模型,507所交付航天员的模拟人体和相关生保产品。8月的北京,天气闷热得挥汗如雨,全尺寸的飞船模型的制作在529厂3车间没有空调的大厂房内进行。没有滚弯机,3米多直径的大框竟由工人师傅用手锤把角钢捶打成型;设计人员将图纸铺在地上和师傅商量边制作边修改,航天员的座椅参考国产歼击机座椅按照需要的安装角度制作。经过一个多月的努力,装饰一新的由返回舱、制动舱和设备舱组成的全尺寸"曙光一号"载人飞船模型,跃然呈现在人们面前,前来参观的老总们说:"干了这么多年,终于看到了'曙光一号'是个什么模样,以后的总体协调工作要方便多了。"

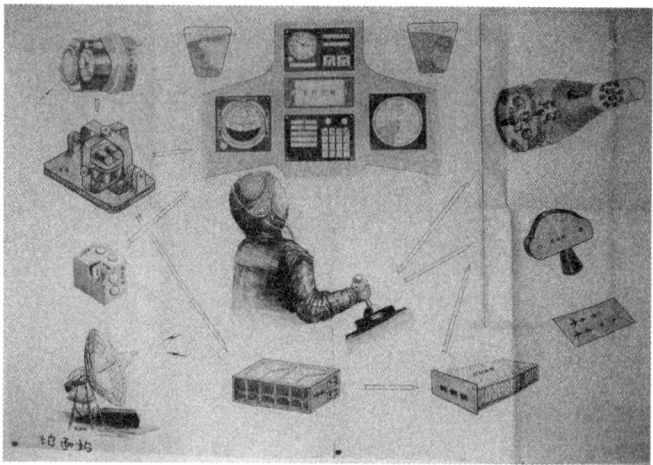

"曙光一号"飞船设计草图绘于 1974 年(陈祖贵提供)

　　1970 年 11 月 9 日至 26 日,受国防科委委托,七机部在北京京西宾馆召开了"曙光一号"载人飞船方案论证会,代号"911 会议"。杨国宇、钱学森、常勇、何权轩、王如庸、孙家栋、陈信等出席了会议。会上总体部范剑峰、李思强等人作了"曙光一号"载人飞船总体方案报告,会议还审查了有关总体方案及技术指标,进一步明确了研制进度和分工。这是"曙光一号"载人飞船第一次大型技术会议,经过与会的全体人员共同努力,圆满完成了计划协调任务。会议期间,到会领导与各单位代表先后到卫星总装厂参观了"曙光一号"飞船模型,还品尝了自己研制的航天员食品。会议结束前,钱学森在会上作了总结性发言,他特别强调:"我们承担的都是中央专委、国务院确定批准的任务,我们一定要抓紧落实,认真做好,给部队、给国家一个好的交待!"1970 年 11 月 27 日,国防科委向周恩来总理、中央专委呈送了《关于研制载人飞船、通信卫星、导航卫星的请示报告(草稿)》,提出"曙光一号"载人飞船由 2 名航天员驾驶,最长飞行时间为 8 天,运载火箭拟采用新研制的"东风六号",争取 1973 年先发射无人飞船,成功后再于 1974 年发射载人飞船。会后,各承制单位立刻积极投入研究工作,开展了大量试验。1971 年 4 月 18 日至 5 月 14 日，在王希季组织领导下，林华宝等人在河南省郑州市成功地进行了"曙光一号"载人飞船大模型 8 架次空投试验任务，达到了预定目标。1972 年 8 月 7 日空间技术研究院向七机部呈报了卫星、飞船对宇航工区建设和使用要求以及"曙光一号"载人飞船对宇航工区的医学工程要求，以便加速航天医学工程研究基地的建设。1973 年初七机部就研制无线电微波统一系统地面站有关问题发出通知。无线电微波统一系统地面站代号为"450"工程，战术指标按"东方红二号"卫星、"东风五号"远程导弹全程试验和"曙光一号"载人飞船的要求确定。在任新民、陈芳允、张履谦、童凯、刘铁昌等领导下的"450"工程办公室，组织七机部有关厂、所研制微波统一系统，这是我国航天技术发展的又一个里程碑。

钱学森在载人航天学术交流会上

随着国防科研任务的调整，1973 年 5 月 16 日，周恩来总理在国防科委召开的座谈会上指出，尖端工作要实行双重领导，发挥两个积极性。希望二机部、七机部的尖端工作，要加快，要多快好省，快才能多，当然要好。质量不好，过不了关，上去不响不行。搞尖端不能浪费。会后，由于"东风六号"的技术战线拉得太长，精力难以集中，技术力量过于分散，因而不利于集中兵力打歼灭战。又因国家当时的经济状况,不可能投入大量资金给"东风六号",在奋战了几年之后,只能中途下马。它的下马,给"曙光一号"飞船研制任务亦带来了连锁反应。当时有人提出"曙光一号"飞船、航天医学工程也应下马。然而,钱学森明确提出建议,"曙光一号"飞船不是下马,而是调整规划,积蓄技术力量,继续进行关键技术预先研究。航天医学工程研究所更不能取消,应保留军队建制,由国防科委直接领导,加强航天医学工程所与试验基地的建设,要扎扎实实地坚持开展载人航天中关键项目的预先研究、武器装备与特殊作业中的人-机环境系统工程的应用研究,以及人体科学的实验研究。1974 年 1 月 1 日,空间技术研究院正式划归七机部建制,航天医学工程研究所划归国防科委建制。1974 年 10 月 24 日,国防科委、七机部向中央军委、中央专委报告中指出:"1965 年 8 月中央专委第 13 次会议曾原则同意发射第一艘载人飞船的规划设想。1970 年起,七机部和有关单位开展了我国近地轨道载人飞船第一个型号"曙光一号"的研制工作,但进展十分迟缓,应对原方案作适当修改。"1975 年 5 月 23～28 日空间技术研究院召开的科技座谈会上,讨论空间技术的发展方向和五年、十年任务规划时,钱学森再次提出:"飞船不是下马";"四星一船还是五星一船,要排队"。根据这一精神,1976 年 6 月 20 日空间技术研究院提出十年任务规划设想中正式提出,前五年开展载人飞船关键技术预先研究,狠抓基础建设。后五年进行第二代应用卫星和载人飞船研制,并向一星多用及综合应用的技术途径迈进,为进行新型号研究奠定基础。

"曙光一号"载人飞船经过八年多的预先研究,取得了不少成果,在钱学森的领导与坚持下,培养了一批从事飞船研究的技术队伍;在飞船工程大系统方面,提出了对运载工具、地面测量控制、发射场、测量船的总体要求,推动了航天工程技术的发展,刺激了相关配套系统向更高层次规划发展;在飞船总体方面,已积累了一定的经验;在飞船外形设计、质量特性分配、返回走廊设计和安全救生等诸多方面均进行了大量的分析计算，尤其是在气动力风洞试验方面作了大量工作；还有像结构、能源、热控制、制导、导航与控制、测控与通信、数据管理、环境控制与生保系统等均进行了原理性探讨与技术攻关，其中不少分系统已通过了地面试验，还有的已完成了初样研制；在大型地面设备和航天员选拔与训练方面，对多名锻炼员进行了大量的人体科学研究。"航天生命保障系统医学工程研究与应用"获国家级科技进步一等奖。此外，由于"曙光一号"飞船的高技术需求，在预研阶段向国内18个省市、部委提出了425项协作项目，间接推动了中国光机电技术的发展，带动了新材料、新工艺的开展与应用。

高瞻远瞩"神舟"起步

中国第一名航天员杨利伟圆了中国人的飞天梦。2006年1月10日，杨利伟看望钱学森，他们手拉手，心连心。此时此刻，钱学森无比激动，企盼了多少年，这一闪光时刻，终于在他有生之年到来。钱学森在《神舟圆梦》序言中指出：

> 随着我国综合国力的进一步增强，党中央作出实施载人航天工程的正确决策，经过航天人前赴后继的不懈拼搏，今天，中华民族的飞天梦想，终于在年轻一代手中实现了。这一事实雄辩地证明，有中国共产党的领导，有优越的社会主义制度，有自强不息的民族精神，有优秀的科技队伍，有求是的科学态度，中华民族一定能为人类作出更大的贡献，一定能自立于世界民族之林。

钱学森是一位前瞻性非常强的科学家，他总是站在高处，谋划着未来。1979年，钱学森在贯彻国家"调整、改革、整顿、提高"方针中，

1986年6月,钱学森与聂荣臻畅谈未来的航天发展

一方面,集中主要力量搞远程运载火箭、固体燃料火箭和试验通信卫星三项重点任务,"曙光一号"载人飞船暂停研制,缩短型号研制战线。另一方面加强航天医学工程的预先研究和综合利用返回卫星搭载试验。他自始至终跟踪着国际航天科学技术前沿,使中国载人航天发展始终位于世界先进之列。多年来,钱学森坚持不懈地倡导与支持载人航天工程中的航天医学工程技术研究;建立并完善了航天医学工程学科;重视培养航天医学工程专业人才;提出了医学与工程结合,人-机-环境系统工程等具有创新性的学术思想和研究方法;建设了一批能从事航天医学工程研究的大型地面设备。所有这些成就,都使中国的航天医学工程技术取得了长足的进步。

科学研究与思考,对钱学森来说是永无止境。他潜心研究的工程控制论、系统工程理论,已广泛应用于军事和工、农、林业乃至社会经济各领域的实践活动。70岁以后的钱学森似乎又进入了学术高产期,他经常深入航天医学工程研究所,指导并参加学术讨论,提出了大量独特而系统的见解。据陈信在《载人航天医学工程研究的回顾》一文中回忆:

科学而先进的学术思想,是科学研究的统帅,是决定研究水平高低的重要因素。我们在著名科学家钱学森同志提出的系统科学观点指导下,根据多年来以医学与工程为代表的多学科结合的实践,深入分析载人航天研究中的全过程,提炼成三个基本因素,这就是人(航天员)、机(载人航天器或生命保障系统)和环境(如失重、超重、真空等)。这三个因素总是在一个系统中出现,例如,载人航天的中心任务是人乘坐飞行器在太空飞行和进行太空科学探索活动,这就是航天员-载人航天器-航天特殊环境系统。在这个系统中,既要保障人的生命安全,又要提高人的工作效能。由于航天员在航天环境中进行大量复杂与精细的工作,它大大加重了人的脑力与体力负荷。为解决这些问题,除医学上要通过人体试验找出人对各类特殊环境的忍受限度之外,还要从工程技术方面提供一个良好的人工环境。但是,无论是工程还是医学都必须考虑到人的因素、机器因素和环境因素,并把它视为一个系统整体来考虑,找出这个系统的最佳状态,使整个系统获得安全、高效和经济的最佳效果。这就是我们从整个载人航天科研中总结出人-机-环境系统工程这一学术思想的基础。

历史会记住钱学森在航天医学工程科研活动中的贡献。据《当代中国国防科技事业》记载:

> 航天医学是研究航天活动对人体的影响,以保障航天人的健康和安全、提高各种飞行任务的效率,以及为航天工程技术发展提供医学数据的一门综合性学科。航天医学工程是航天医学与航天工程技术相结合的一门应用科学。随着航天技术的发展,从20世纪50年代末期开始,中国航天医学工程的科学实验研究工作逐渐开展起来。30年来,研制了一大批大型地面模拟实验设备,并相应地开展了航天医学工程的实验研究。其中包括高空生理与航天医学基础理论研究;人进入太空时所需要的生命保障医

学工程研究；以对抗航天因素对人体影响为目的的中医、中药以及综合防护等研究；航天员选拔、训练与医学监督和医学保证的研究；航天工效与脑科学研究；航天救生技术与航天医学工程综合测试技术研究；航天服装系统与航天食品的研制；在航天活动中人-航天器-环境系统工程的总体设计与分析技术研究等。这些综合性研究，先后由总后勤部军事医学科学院航空宇宙医学研究所、中国科学院生物物理所、中国医学科学院宇宙医学专业组和国防科委航天医学工程研究所承担，钱学森、蔡翘、贝时璋、张锡均、何权轩、陈信以及贾司光等主持了这些科研活动。这些综合性研究工作，为中国载人航天技术发展做了必要的技术储备。

20世纪70年代，钱学森多次主持载人航天学术研讨报告会

　　作者在写作本书期间，曾拜访了老领导常勇将军。96岁高龄的常勇将军在细数钱学森所从事的载人航天当年事时，十分感慨且意味深长地说："中国6名航天员先后上了天，个个都有特色。看来那时我们和钱学森坚持将航天医学工程研究所保留下来，打基础、培养人才，这一决策是对的。"他对钱学森的科学思想总结了一句："心胸宽阔，知

足常乐。"早在组建空间技术研究院,钱学森与常勇一道组织"曙光一号"飞船研制工作时,钱学森开发太空的思想就十分活跃。这也可以从涂元季著作《人民科学家钱学森》中得到佐证:

　　钱学森早在 1969 年就认识到,随着航天技术的发展,它将能为国民经济建设作出许多贡献。除了通信、气象等卫星以外,更长远的,他注意到可以在天上搞生产,那里的环境特殊,前景十分诱人。对此,他分析说,我们必须看到天上的条件有其特点:一是有太阳的辐射,有各种粒子流;二是极高真空;三是失重的条件。如果在天上建立车间,即在空间站上搞个车间,我们就能利用这些特殊的条件来进行生产,使其所花的劳动量(包括送东西上天的劳动量)比在地球表面的劳动量少,那在天上搞生产就划算了。现在看来,天上生产有哪几方面的可能性呢?(1)制造折射率高的特种玻璃,如氧化铝、氧化铪玻璃。从而能在复合棱镜中解决二次光谱校正问题;(2)制造无缺陷的电子器件用晶体;(3)制造需要特殊分离过程的药物,如采用离心分离机和电渗方法制造的菌苗;(4)制造新的合金,即各种各样的新材料;(5)制造和分离同位素。有人认为用天然铀和钍可以在天上生产铀-223 和钚-239;(6)制造高强度的硼丝,直接从熔化的硼用电磁场来拉丝。所以我们在天上建立了空间站,并解决了往返多次的运输问题之后,就逐步地具备了在天上搞生产的条件,可以设想,这在 21 世纪将是一个不小的产业。在天上也可以搞农业,他说:"天上阳光充沛,是搞农业的好场合,将来地面上农业生产满了,可以到天上去。也可以从另外一个角度出发,即太阳光照射到地球表面的只有极少一部分,我们到天上去,就可以捕获地面以外的太阳光能量,这就是一项开发。将来也可以把太阳光反射到地球的夜间表面,这也是提高产量的一个办法。"他还说:"这些当然是十分遥远的事情。"

20世纪80年代伊始,世界上主要的经济、军事强国相继迸发出一股追逐高技术的巨大洪流,高技术已经成为当时全球竞争的焦点。1983年3月23日,美国在国防顾问格雷厄姆将军提出的"高边疆战略"的基础上,正式制定了将耗资1万亿美元的"星球大战"计划。如同60年代的"阿波罗"登月计划、70年代的航天飞机计划一样,他们试图以此带动科技和经济的全面振兴,抢占21世纪的战略制高点。1984年4月中国试验通信卫星发射定点成功,宣告航天战线三项重点工程已经全部完成。我国航天技术将面临着从技术试验阶段向应用阶段的历史转变。此时,国务院召开的新技术革命与我国对策的讨论会上,将航天技术列为我国新技术中的重点开发项目。一些著名的社会经济学家纷纷提出发展载人航天的建议,在国防科工委召开的航天技术发展战略、规划工作会议上,王希季提出利用返回式卫星搭载,开展载人航天技术、空间材料与生命科学实验研究等建议时,钱学森当即表示:"我赞成,我支持。"在会议结束后,钱学森将杨照德带到他的办公室,详细了解中国空间技术研究院规划、预研任务情况,在杨照德作了详细汇报后,他说:"载人航天是人类航天技术领域的大课题、大系统,所涉及的知识对许多人来讲,还非常陌生,要大力普及载人航天科学知识,让更多的人了解这个领域十分必要。"当谈到科普创作时,他语重心长地说:"中国航空学会主办的《航空知识》杂志编辑多次请我给他们写些文章,我现在岁数大了,接触青年人机会少了,工作又忙,顾不过来给他们写一点儿。你在这方面要多下点功夫,要普及航天知识,对内对外,对上对下都要宣传,多学一点,多写一点,要为此多做些工作。"最后钱学森还对杨照德的工作进行了指导,他说:"你管的规划预研工作,除抓好正常的工作外,还要密切关注空间站对空间资源的开发与利用,因为空间工业化、商业化以及军事化的进展,将对航天技术和相关的科学与技术的发展起着关键作用。空间技术研究院应该先行一步,先安排一些院管课题,尝试一下将有关的情报研究工作亦开展起来。"这次将近一个小时的谈话,给杨照德留下了极其深刻的印象,令他终身难忘,受益匪浅。

遵照钱学森的指导,中国空间技术研究院在闵桂荣的领导下安排了一批院管预研课题,开展载人航天空间科学探索研究。尽管我国在1984年通信卫星发射成功,返回式卫星也一个个按期返回,但是直到1986年,我国利用航天器进行空间微重力科学研究方面仍处于空白,与先进国家之间的差距越拉越大。面对开发空间资源的竞争,倘若一个国家高技术不发展,不强盛,就不会有应有的国际地位。我国在参加一些国际上召开的空间微重力学术会议时,只能听,没有发言权,更谈不上平等的合作。1986年10月,我国一些材料、生物领域的科学家,到联邦德国进行空间微重力科学考察,探讨两国间的空间科学合作时,对方态度傲慢,认为桌子、板凳不一样齐,很难平等合作。这些激发起了我们的民族自尊自强的精神,只有下决心以我为主、开拓创新、迎头赶上,尽快缩小与发达国家的差距,才是唯一必然的选择。半导体材料科学家林兰英院士感受最深,认为中国人有能力发射自己的卫星,也就有能力开创空间微重力科学,要利用中国返回卫星的优势,走一条具有我国特色的发展道路。回国后她与闵桂荣、王希季联系,并取得了共识,还获得国家科委、国防科工委、航天工业部和中国科学院领导的大力支持。在1987年8月5日、9月7日先后发射的两颗返回式卫星上,共有80件微重力搭载项目,包括法国马特拉公司的藻类培植和微重力速度测量两件,国内材料加工半导体砷化镓晶体生长等10件,其他还有生物种子、微生物、昆虫、探测器等68件,所有搭载样件,经过5天和8天空间飞行,全部完好无损返回地面。同时,在钱学森系统工程科学思想指导下,512所熊延岭(原名熊延龄)进行了微重力科学情报研究,完成了"空间材料加工的发展及其分析"、"空间生命科学实验系统工程"课题,为各单位进一步开展空间科学技术研究,适时地提供了信息。

林兰英院士在座谈会上作空间砷化镓晶体生长学术报告

1987 年 11 月,中国召开了首届微重力科学技术探讨会,会前国家科委宋健主任看到了从空间归来的火炬形砷化镓单晶,他充分肯定了返回式卫星的技术水平。该成果是自力更生、大力协作的结晶,也是航天技术由军用向民用转移的典范,它对开创中国空间微重力科学具有深远意义。

由钱学森主持的全国科协座谈会上,林兰英院士深有体会地说:"航天工业部门为科研单位提供条件,科研部门提供地面科学研究成果以及科技支持,缺一不可,谁也离不开谁。这种精神今后还要继续发扬,我们是一个发展中的大国,一穷二白,只有依靠艰苦奋斗和社会主义大协作,才能够跟上世界高科技发展。"

1987 年 12 月在北京召开的中国与联邦德国空间科学合作会议上,我国拿出的一份份实验报告,一张张图片,许多的成果是世界首创。返回式卫星搭载试验,受到西德专家们的称赞,主动提出要与中国进行空间科学合作。1988 年 2 月将中国空间微重力试验录像资料,在联合国空间大会上播放,展示了从嫦娥奔月,到万户飞天,中华民族探索宇宙奥妙的强烈愿望,在人类探索宇宙空间的浪潮中,不甘示弱的中华民族一刻也没有停止过挺进太空的脚步。早在 20 世纪 50 年代末,我国发射成功探空火箭后,为了发展宇宙生物学和宇宙医学,摸索并掌握空间环境对生物的影响,为实现我国的载人航天做准备,相关部门就着手空间生物试验。1964年生物试验火箭发射并回收成功,揭开了中国载人航天序幕。1975年返回卫星发射成功,突破了载人航天的关键技术——卫星回收技术。利用返回式卫星进行生物试验,旨在进一步解开载人航天的奥秘。中国惊人的速度与成就,引起各国同行的称赞。此后,1990年10月,载着两只小白鼠和其他生物的卫星升上太空,开始了中国首次携带高等动物的空间轨道飞行试验,其目的是考核中国航天医学工程研究所研制的搭载舱,特别是生命保障系统设计的可靠性,亦为实现我国的载人航天探索积累了经验。同时,研究太空环境对生物的影响,为我国载人航天中因恶劣太空环境对航天员身体影响,摸索一条切实可行的道路。经对回收后的动物进行研究证明,我国科学家设计的空间生命保障系统经受住了考验,试验获得了圆满成功,从而为我国载人航天器生命保障系统的设计以及长期载人太空飞行获得了许多宝贵的数据。在1996年10月我国发射的第17颗返回式卫星上,科学家搭载了一个多功能生物试验舱,舱内设计了许多小盒子,在其中的一个小盒子中,放置了一只小乌龟,科学家用它来进行心肌观察试验和失重状态下的病理反应试验。经过18天的太空飞行后,科学家对其进行了解剖,获得了一些宝贵的空间效应结果。此次太空生物试验的另外一个项目是将老鼠送入太空,进行神经细胞元生长发育试验,试验取得了成功。这些试验活动,都为进一步搞清太空环境,实施中国的载人航天工程铺平了道路。

早在1985年航天部完成了"七五"计划的制定以后,便开始研究航天事业下一步的发展方向。1985年7月,航天部科技委任新民主任,在秦皇岛主持召开了颇具开创意义的"太空站课题研讨会"。会上,专家们探讨了载人航天的各种技术方案及应用前景。会后,任新民在出版的文集序言中写到:

　　"太空站"迟早是要搞的,但等人家都成了常规的东西,我们才开始设想,那时候就晚了。所以,从现在起就应有一个长远规划,对其中的某些单项关键技术应立即着手研究,一旦国家下决心发展载人航天,就能及时起步。我们要争取在21世纪初,在地球的近地空域翱翔着中国的永久型"太空站",在"太空站"和地球之间有中国的运输工具,装载着人员、物资、设备穿梭往来,我国的航天员、科学家和工程师在太空站上紧张地进行各种各样的科学技术活动。

　　1986年3月,国务院批转航天部《关于加速发展航天技术报告》中指出:"航天技术是我国跻身于世界先进行列的综合技术之一,已具有比较雄厚的基础,现正处在发展的关键时期,同意开展载人航天技术的论证工作。"

　　载人航天是航天界众多专家、学者和单位十分关注的课题,当时的国防科工委、航天部和中国科学院纷纷组织战略研究组,召开各种研讨会。1986年3月22日,中国空间技术研究院在王希季领导下成立了空间站及空间运输系统研究组。同年4月22～24日,王希季主持召开第一次太空站研讨会,任新民、庄逢甘、王寿云、杨嘉墀、屠善澄等出席了会议。王寿云代表国防科工委科技委在会上传达了1986年3月5日邓小平对王大珩、王淦昌、陈芳允、杨嘉墀等4位科学家提出的《关于跟踪研究外国战略性高技术发展的建议》的批示:"这个建议十分重要,请找专家和有关负责同志,提出意见,以凭决策。此事宜速决断,不可拖延。"这是一个伟大的决策。会上大家学习讨论,认为真正的高技术是花钱买不来的;高科技研究取得的成果是要花力气和时间的;提高技术不仅可以集中现有的科技实力出成果,而且可以培养新一代高技术人才等。从此,中国航天科学技术研究发展进入了一个新阶段。

508所与会同志提出了采用飞船向空间站运人运货、载人飞船兼作空间站轨道救生艇的建议。1986年5月15日,中国空间技术研究院成立了载人空间站系统总体组。508所成立空间站论证小组,承担多用途飞船的论证工作,论证组经过广泛收集、研究有关资料,并进行了实事求是的深入分析后,于7月中旬提出了用弹道升力式飞船作为空间站救生系统的方案设想,并在1986年7月21～26日召开的中国空间技术研究院第二次太空站会议上宣读,受到领导和与会者们的重视和好评。为了学习和借鉴国外有关空间站的技术和成果,512所编辑出版20集的《空间站系列文集》,以期促进我国空间站的研制工作。在各单位专家的支持与配合下,分类出版了《空间站应用》、《空间平台》、《日本空间基础设施及运输系统》、《空间站航天医学工程》、《航天员的业务培训》等专集,这些专集在高技术论证中也都发挥了有益的作用。

根据中共中央、国务院批准的"863计划"精神,国防科工委于1987年2月组建了以屠善澄为首席科学家的专家委员会。主体项目之一为大型运载火箭和天地往返运输系统主题(简称204主题项目),主要是研究能发射小型空间站的大型运载火箭和天地往返运输系统;另一个是空间站系统及其应用主体(简称205主题项目),主要研究发展规模较小、性能先进、模块式的空间站系统,并进行空间科学与技术研究,实现载人空间飞行。在屠善澄的主持下专家们对我国载人航天技术的总体方案和具体途径进行了全面论证。他综合各方面的意见及技术与经济上的可能性,初步形成了中国发展载人航天分三步走的设想,即准备阶段、初期试验与配套阶段、各应用试验与开发阶段。关于组成载人航天大系统主要环节的技术途径,以屠善澄为首的专家委员会主张从飞船起步,以便尽快地实现初步配套的并以空间试验研究为阶段目标,逐步发展,循序渐进,力争在21世纪初期建成我国的载人航天工程大系统。"863计划"航天领域中的预先研究,为我国载人航天事业打开了新的局面。

中国载人航天如何起步？由于它在科学界里已成为技术概念论证的一件大事，所以这次讨论十分活跃，思想相当解放，视野也特别开阔。据粗略统计，参加这一论证的有航天部、航空部、国家教委、中国科学院、总参谋部、国防科工委等系统所属 60 多家科研单位的 2 000 多人参加，这是中国航天技术发展史上前所未有的。其间，"百家争鸣"的焦点是中国以载人飞船还是用小型航天飞机作为载人航天技术的突破口。航天飞机论证组认为："航天飞机方案"大大优于"多用途飞船方案"。载人飞船作为天地往返运输手段已经处于衰退阶段，航天飞机可重复使用，代表了国际航天发展潮流，中国的载人航天应当有一个高起点。搞飞船做一个扔一个，不但不能争光，还会给国家抹黑。而载人飞船方案论证组则认为：载人飞船既可搭乘航天员，又可向空间站运输物资，还能作为空间站轨道救生艇用，且经费较低，更符合中国国情。航天飞机无论是造价还是维修费用以及发射场建设都相当昂贵，况且中国此时还不具备航天飞机的生产工艺条件。

1988 年 7 月，"863－2"专家委员会在哈尔滨召开了方案评审会，在会上王希季总结航天发展历程，明确提出从国情出发，中国应以载人飞船起步来突破载人航天技术。现阶段的飞船应是发展多用途飞船，主要向空间站运人顺带也运一些货，载人飞船兼作空间站轨道救生艇。此时，钱学森在《总结"两弹一星"工作的经验是有现实意义的》一文中指出：

　　我们千万不可目光短浅，拼死拼活，花了国家大量的人力、物力，到 21 世纪初，搞出个像今天美国和苏联都在搞的什么"航天飞机"，效率很低，那将是远远落后于下世纪世界先进水平的东西，或者说人家要淘汰的东西，那我们就无法向人民交待了。

据屠善澄回忆：

领导让我到国防科工委科技委兼任副主任，主持"863 计划"航天领域研究论证。钱学森给我交代任务时指出："搞不搞载人航天，不是你的事，是领导决策问题，技术途径你要负责。"当时国际上要发展载人进入太空并工作一段时间回来的飞行器方案有三个：一个叫做宇宙飞船，一个叫做航天飞机，还有一个叫做空天飞机。航天科学家们为此争论得不亦乐乎。中国的专家们也在为采取哪一个方案激烈争论着，甚至是各执一词，互不相让。"863 计划"是国家在财政并不富裕的条件下投入巨资支持的高科技计划，一定要搞出实际东西来。

1989 年 8 月 12 日，屠善澄根据国家航天领导小组办公室主任丁衡高的指示，到国防科委钱学森办公室汇报"863－2"论证工作情况，当时在场的还有王寿云、涂元季。在汇报结束时，钱学森指出：

"我要提一点不同层次的意见，根据国家经济、政治情况一起考虑了一点意见。将来人上天这个事业，比民航飞机还要复杂得多，没有国际合作是不行的，哪个国家自己也干不起。我想美、苏在载人航天方面都会搞不下去的，财政上承受不了。他们这种情况和教训，应引起我们的注意和思考。我们穷得多，再模仿他们走过的道路，恐怕是不行的，与国力不相称，这是大问题，要研究。专家委员会(组)研究了用飞船把人送上天的问题。人送上天，到底干什么？不清楚。美、苏是为了政治竞争，比国威，实际上没有什么用处。人上天到底对国家起什么作用？空间生产可以干些什么？划得来？划不来？这个问题我觉得也没有搞清楚。我的看法是这些大问题要研究。这是国家最高决策。在 50 年代要搞

　　'两弹'就是国家最高决策,那也不是我们这些科技工作者能定
的,而是中央定的。"

　　接着屠善澄问:"假如要人上天,飞船作为第一步,钱老意见怎么
样?"钱学森表示:"假设要人上天,第一步可以是这样。如果说要搞载
人,那么用简单办法走一段路,保持发言权,也是可以的。"屠善澄还回
忆:国家航天领导小组办公室在向中央报告时,将报告复印了一份,呈
送钱学森征求意见。他在报告上写了一行至关重要的字:应将飞船方
案也报中央。这短短的十个字,在搞航天飞机占压倒优势的情况下,
非常清楚地表达了钱学森的意见。

　　经过四年载人航天概念研究,从任务和需求的适应程度、技术基
础的状况,配套的工程项目规模、投资的经费以及研制周期这五个方
面进行衡量后,航天系统所属各单位一致表示同意从飞船起步,因而
对中国载人航天的技术发展途径取得了共识。1991年1月航空航天
工业部成立了"载人航天联合论证组",经过三个多月的论证工作,提
出了载人飞船工程总体方案和载人飞船工程的技术指标以及技术要
求。1992年1月8日,中央专门委员会决定开展中国载人飞船工程的
可行性论证工作。这一消息给予多年从事载人飞船研究论证的工作
人员极大的鼓舞与鞭策。1992年9月21日,中共中央政治局十三届
常委会第195次会议讨论同意了中央专委《关于开展我国载人飞船工
程研制的请示》,正式批准我国载人飞船工程上马,自此,我国载人航
天工程正式立项实施,代号为"921工程"。1994年,"921-3"载人飞
船被命名"神舟"号。载人航天工程是一项跨世纪的大型工程,其意义
十分重大,影响非常深远。载人航天工程包括航天员、飞船应用、载人
飞船、运载火箭、航天发射场、航天测控与通信以及着陆场等七大系
统,涉及的学科领域广泛,技术密集,科技含量高;参加研制、建设和试
验的单位达3000多家,主要科技人员数以万计。经过各方共同努力,

攻克了载人航天工程一系列关键技术,研制成功了先进的运载火箭和飞船,建立了体现我国尖端和前沿科技集成的飞船应用系统,建成了现代化的载人航天发射场、测控网和飞船着陆场,组建了航天员队伍并进行了系统化训练。根据中央领导的指示,载人飞船工程是一项大型的保密工程,应贯彻"要静静地、坚持不懈地、锲而不舍地去搞","多干、少说","只干,不说"的原则,不报道、不宣传。因此,自 1992 年末,载人航天工程就在全国各有关单位中悄无声息地全面开展起来。

　　1999 年 11 月 20 日,由江泽民总书记题写的命名为"神舟"的我国第一艘载人航天试验飞船,在酒泉卫星发射中心新建的航天发射场,用新型运载火箭发射升空,进行了预期的空间科学试验。11 月 21 日 3 时 41 分,在内蒙古中部地区成功着陆。这一成功,拉开了中国人遨游太空的序幕。2000 年至 2003 年,在先后经过"神舟二号"、"神舟三号"和"神舟四号"共 3 次无人飞行试验考验后,2003 年 10 月 15 日,我国成功地将自主研制的"神舟五号"载人飞船和第一位航天员杨利伟送入太空,并于 10 月 16 日安全返回地面,中华民族的飞天梦想终于变成了现实。胡锦涛总书记在 11 月 7 日举行的庆祝我国首次载人航天飞行圆满成功大会上的讲话中,对决策过程作了系统总结:

　　　　"发展航天事业,是党和国家为推动我国科技事业发展,增强我国经济实力,国防实力和民族凝聚力而做出的一项强国兴邦的战略决策。40 多年前,以毛泽东同志为核心的第一代中央领导集体从国内外大局的战略高度出发,以长远的眼光和非凡的胆略,毅然决定研制"两弹一星"。十一届三中全会以后,以邓小平同志为核心的第二代中央领导集体明确把发展载人航天事业纳入发展高技术的"863 计划"。上个世纪 90 年代初,面对世界科技进步突飞猛进、综合国力竞争日趋激烈的新形势,以江泽民同志为核心的第三代中央领导集体高瞻远瞩、审时度势,对我国尖端

载人航天二期工程完成航天器太空交会对接

科技事业的发展进行了全面部署,做出了实施载人航天工程的重大战略决策,并对工程建设倾注了大量心血。11 年的实践证明,这一重大战略决策是完全正确的。

2005 年 10 月,航天员费俊龙、聂海胜乘坐"神舟六号"飞船进入太空,实现 2 人 5 天的太空飞行,标志着我国跨入真正意义上有人参与的空间试验阶段。2008 年 9 月,航天员翟志刚、刘伯明、景海鹏乘坐"神舟七号"飞船遨游太空,完成了中国人的第一次太空出舱活动。由陈善广、杨利伟作词的歌曲《我为祖国感到骄傲》,以及由航天员选出的《我的祖国》、《望月》、《千里之外》、《真心英雄》、《男儿当自强》等百首歌曲,被载入"神舟七号"航天员的电子手册中,随航天员一同进行了非凡的太空之旅。《我为祖国感到骄傲》表达了航天人的心声:航天人的每一次成功都站在祖国母亲的肩膀上,如果没有祖国的繁荣昌盛,没有钱学森为首的几代科技工作者甘当人梯的精神,航天人的航天梦就无法实现。当亿万人注视着翟志刚手中那面飘扬的五星红旗的时候,人们不能忘记中国航天成就背后钱学森的伟大贡献。

从"东方红 1 号"卫星到"神舟七号"飞船,中国卫星事业走过了 50 年,在这不平凡的 50 年中,中国用自己研制的 12 种长征运载火箭,分别从酒泉、西昌、太原三个卫星发射中心,成功地发射了 115 颗应用卫星和 7 艘载人飞船,极大地缩小了中国与发达国家在尖端科技领域的差距,它的重大意义将永远载入史册。搞航天需要科学家的志气,还需要科学家的勇气。这种勇气是政治家们所依靠的力量,是政治家们决策的依据,是我们国家航天实力的基础。为了早日实现中华民族的千年飞天梦想,党中央的领导大力支持,这就为神舟飞船取得一次又一次胜利奠定了坚实的基础。

"神舟五号"航天员出征仪式

中国航天事业的发展正处在一个关键时期,引起世人的高度关注。党中央、国务院、中央军委对航天事业提出了新的要求,要"紧紧瞄准人类探索宇宙活动的前沿,不断开创我国航天事业的新境界,为全面建设小康社会,实现中华民族的伟大复兴,作出新的更大贡献。"胡锦涛总书记指出:"时间告诉我们,高度重视和充分发挥科学技术的重要作用,努力以科技发展的局部跃进带动经济社会发展,是加快发

2004 年,钱学森在家中(陈大亚摄)

展的一个重要途径。"航天技术具有这样的能力和特点。航天技术的
跨越式发展能带动一大批相关技术的发展,进而带动我国综合国力的
全面提升。

钱学森精神永放光芒

　　遨游太空是人类自古以来的梦想。千百年来,祖辈的路,父辈的路,我们的路……世界上共有多少路？数不清。但人们知道,有一条铺向太空的路,很长,很宽,很险,也很坎坷。登天之路,钱学森梦想了多少年;登天之行,钱学森为之奋斗了大半个世纪,终于成为了现实!

　　钱学森是中国星际航行、航天事业、中国卫星的奠基者。五十多年来,中国航天事业的发展是与钱学森紧密相连,密不可分的。他瞄准世界科技前沿,紧紧围绕国家重大战略目标和需求,耕耘宇宙,高举自主创新之大旗,开创了中国的航天事业;主持了我国第一颗人造卫星研制和发射工作;精心培养了我国第一代人造卫星技术专家与人才;规划了我国卫星事业的发展;推进了我国航天事业成功起步和迅速发展;不断创造了中国航天事业多个"第一"。

　　钱学森以他高尚的品德、渊博的知识以及诲人不倦的精神为党、为人民、为国家建立了杰出的功勋,党和人民也给了他深切的关怀和很高的荣誉使他能够更好地施展自己的抱负,发挥自己的聪明才智。1991 年 10 月 14 日,在国务院、中央军委在授予钱学森同志"国家杰出贡献科学家"荣誉称号的命令中指出:

　　　　他一贯努力学习马列主义、毛泽东思想,坚持运用马列主义哲学理论指导科学活动。他热爱中国共产党,热爱社会主义祖国,热爱人民,充分体现了新中国知识分子的高尚品德,他是我国爱国知识分子的杰出典范。

国务院、中央军委号召广大科技工作者向钱学森同志学习,学习他崇高的民族气节,严谨的科学态度,朴实的工作作风,像他那样忠于党、忠于社会主义祖国,忠于人民;像他那样坚持运用辩证唯物主义和历史唯物主义的科学世界观、方法论指导科研工作;像他那样勤勤恳恳,艰苦奋斗,顽强拼搏,无私奉献,为发展和繁荣我国科技事业,推进社会主义现代化建设,作出新的贡献。

钱学森一生硕果累累,誉满天下,但他却淡泊名利。面对各种荣誉和褒奖,他反复强调:

我作为一名科技工作者,活着的目的就是为人民服务。如果人民最后对我的工作满意的话,那才是最高奖赏。

一切成就归于党,归于集体。我个人不过适逢其会,做了一点点事,自己想来,也很内疚,因为做得太少了。

钱学森与杨保华、李开民亲切交谈开发太空美好前景

2008年2月18日,正当中国空间技术研究院成立40周年前夕,

现任院长杨保华、书记李开民专程前往首任院长钱学森家中,代表全院员工看望 96 岁高龄的钱老,向他送去新春的祝福。在与钱老分享建院 40 周年的喜悦。此时钱学森想到的是中国空间技术研究院的未来发展。他在祝贺中国空间技术研究院成立 40 周年的信中说:

> 值此中国空间技术研究院建院 40 周年之际,我谨向全院同志致以热烈的祝贺! 40 年来,中国空间技术研究院几代科技工作者热爱祖国、艰苦奋斗,为完成人造地球卫星、"神舟"飞船、月球探测卫星等国家重点工程任务作出了突出贡献。对此,我感到十分欣慰! 希望你们继续弘扬"两弹一星"精神,坚持自主创新,为实现空间事业又好又快发展作出新贡献。

在钱学森诞辰 100 周年之际,航天人深情追思钱学森。中国航天科技集团公司总经理马兴瑞表示:

> 我国航天事业在钱学森开辟的道路走过了 55 年的历程,取得的成果中蕴含着钱老的智慧和力量。要学习钱学森的感人事迹、杰出贡献和崇高品质,更好地继承钱老的遗志,为航天事业的发展提供精神力量。

曾与钱学森一起工作过的刘纪原、程连昌等老领导、老专家深情回忆与钱学森接触中的点点滴滴,分享钱老的教诲,在大家回忆中,一幅幅历史画面历历在目。大家纷纷表示,在与钱老的接触中获益匪浅,他的崇高品德、科学思维,对航天人乃至整个中华民族来说都是十分宝贵的财富。

宋健院士在深切怀念钱学森时说:

　　航天事业是一个非常伟大的，一个全国的，甚至全世界的，有影响的这样一个重大的工程，没有像钱学森这样优秀的科学家，这样的执着，这样的知识渊博，这样有能力和具有奉献精神的这样一位领导，（实现的）可能性很小，我认为他是一个非常伟大的科学家，是一个对我们的祖国，对中国的科学技术事业做出过巨大贡献的一位前辈。

　　王希季院士也很深情地表示："钱先生是中国航天事业的奠基者，尊敬的师长。我们要学习钱学森精神，热爱祖国，热爱科学，开发空间资源，造福人类。"

　　叶培建院士表示："茫茫太空，有一颗小行星叫'钱学森星'他闪耀着科技光辉，也闪烁着思想光辉。'嫦娥'月球探测仅仅是开头，我们还远远没有达到'钱学森星'那样高度。规划未来，我们要在钱学森精神指引下，向火星包括小行星在内的深空发展，让中国星尽快飞向'钱学森星'。"

　　科技进步永无止境，太空探索任重道远。中国卫星、飞船向非凡跨越挺进。从无人实验飞船到模拟载人飞行，从多人多天飞行到圆梦太空行走，短短十多年间，中国载人航天实现了一个又一个历史性跨越。2011年9月29日凝结着中华民族智慧与梦想的"天宫一号"目标飞行器的成功发射，再一次在浩瀚的太空中铭刻了中国人民的印记，中国航天向载人空间站时代又迈出了意义非凡的一步。

　　全党、全国各族人民的优异成绩迎接党的十八大胜利召开的时候，"神舟九号"载人飞船于2012年6月16日18时37分，由"长征二F遥九"运载火箭送入太空。在轨飞行期间，它于6月18日完成了与"天宫一号"的首次载人交会对接。航天员景海鹏、刘旺、刘洋于当天17时左右进入"天宫一号"，开展科学实验、技术试验、锻炼和休息。6月24日12时50分左右，"神舟九号"在与"天宫一号"分离成功后，准确地实施了首次手控交会对接试验,它标志着我国全面掌握空间交会对接技术。6月29日10时左右,"神舟九号"返回舱在内蒙古四子王旗地区安全着陆,三名航天员安全出舱,我国首次载人交会对接圆满成功。中共中央、国务院、中央军委在贺电中指出:"这是建设创新型国家取得的新成就,是中国人民在攀登世界科技高峰征程上铸就的新辉煌,是中华民族为人类探索、利用外层空间作出的又一卓越贡献。这对于增强我国综合国力、振奋民族精神,鼓舞和激励全国人民奋力夺取全面建设小康社会新胜利,不断开创中国特色社会主义事业新局面,具有重大而深远的意义。全体航天人建立的丰功伟绩将彪炳史册,祖国和人民永远不会忘记!"

志存高远,再铸辉煌。在宇宙空间,中国将建立起通信卫星、电视直播卫星、导航定位卫星、气象卫星、资源卫星、海洋卫星系列和环境与灾害监测小卫星群系统。随着载人航天和月球探测技术的日益成熟,经济力量更加雄厚之后,将会参与全球性的载人航天活动,为人类探索、开发月球和火星作出应有的贡献。

历史将永远牢记对中国航天事业作出伟大贡献的开拓者与组织者——钱学森等一大批科学家和决策者。"钱学森星"和钱学森精神永远闪耀在宇宙中,与天地同在,与日月共存!我们可以期待的是,在将来的宇宙航行中,人们有可能登上太空中的"钱学森星",去探索它的奥秘!

仰望星空,太空在召唤,钱学森精神永放光芒!承载着光荣和梦想的中国航天人,将殚精竭虑不负这个伟大的时代!

后　　记

　　应"钱学森与中国航天"课题组安排,我们怀着十分崇敬的心情,以多年来的亲身经历和感受为线索,进行钱老与中国卫星事业专题研究。以作者1991年发表的《钱老与中国卫星》、2001年发表的《钱学森——中国空间事业的骄傲》和《钱老教我搞管理》为基础,并多次采访熟悉钱老的专家朋友,撰写了《钱学森　中国星》一书。

　　回顾中国空间技术的发展历程,深感我们的事业能有今天的成就,与以钱老为首的一批富于创造的科学家、专家辛勤工作是分不开的。他们是中国空间事业的开拓者,是中国卫星事业各学科的带头人。翻开张劲夫、裴丽生、谷羽、王大珩、杨嘉墀、钱骥、陈芳允、庄逢甘、宋健、王希季、孙家栋、闵桂荣、戚发轫等回忆中国卫星研制历史的文章,可以清晰地看到,中国空间技术研究院的创建、中国卫星事业发展规划的制定以及各种关键技术的储备,无一不凝聚着钱老的智慧与心血。我们谨以此书表示对他的深切怀念。

　　应当说明的是,我们在撰写本书之初,曾向原中国空间技术研究院政委、96岁高龄的常勇将军和王希季、屠善澄、闵桂荣、戚发轫、叶培建等院士请教,他们热心指导并回忆了钱老的许多往事。在撰写本书的过程中,得到中国空间技术研究院现任领导杨保华、李开民以及张浩等许多离退休老同志的指导与支持;得到"钱学森与中国航天"课题组的石磊、王春河、陈大亚、陈中青、张宏显、李晓萍、刘登锐、王文祥、余盘清等同志给予的热情帮助与支持;得到钱永刚教授、上海交通大学出版社给予的大力协助,在此,一并表示真诚的感谢!

　　本书力求根据第一手资料和比较可信的史料进行编写。限于作者水平,书中难免有不当之处,敬请广大读者斧正。

作　者

2012 年 10 月